RANFT · 2 WOCHEN ZU FUSS

2 Wochen zu Fuß

WANDERUNGEN IN EUROPA
UND ANDERSWO

Herausgegeben von
Ferdinand Ranft

Piper

Informationskapitel von Gunhild Albers und Jutta Einfeldt
Karten von Wilhelm Bielert und Holger Everling

ISBN 3-492-02223-5

Gesetzt aus der Linotype-Janson
Gesamtherstellung: Hieronymus Mühlberger, Augsburg
Printed in Germany

INHALT

VORWORT

Wandern ist wieder eine zeitgemäße Art der Fortbewegung geworden. Man gibt sich hierzulande mit Hingabe nostalgisch, aber auch sportlicher Look ist schick; der Drang zum einfacheren Leben ist angesichts des überall ausgebrochenen Sparwillens geradezu das Gebot der Stunde.

Nichts von alledem hat uns freilich bewogen, den Leser auf die eigenen Füße zu verweisen. Wir fanden vielmehr, daß der heute so perfekt entwickelte Tourismus vielen Menschen den eigentlichen Sinn des Reisens mehr und mehr verstellt: Veränderung, nicht um anzukommen, sondern um zu sich selbst zu kommen, Abenteuer, um die eigene Erlebnisfähigkeit zu prüfen, auf Entdeckungen gehen, wieder Schauen lernen, die Welt nicht nur als Photographierobjekt abhaken, sondern sie an Ort und Stelle erfahren, Aussteigen aus dem Korsett des Alltags, Freisein, der Phantasie einmal freien Lauf lassen, die eigenen Kräfte erproben.

Wo könnte dies alles besser erfahren werden – jedenfalls von einem durchschnittlichen Urlauber – als beim Wandern? Deshalb also in der Reihe der ZEIT-Reisebücher »Zwei Wochen zu Fuß«. Ganz korrekt ist der Titel freilich nicht, denn einige Autoren dieses Buches haben es bei einer Woche bewenden lassen, andere sind allerdings auch länger gewandert, einer ist einen geschlagenen Monat unterwegs gewesen. Aber, wie in allen Büchern dieser Reihe, werden dem Leser auch hier ganz unterschiedliche Vorschläge unterbreitet; er mag selber entscheiden, welcher Form der Wanderung er den Vorzug geben will.

Einige unserer Autoren haben sich ganz allein auf den Weg gemacht, manchmal sogar abseits der gesicherten Wanderrouten. Das ist nicht jedermanns Sache. Wer zwar guten Willen, aber keine Erfahrung hat, wird beim ersten Versuch zögern. Mir ging es jedenfalls so. Wo wandere ich, wie mache ich das, was nehme ich mit, wie teile ich mir die Strecke ein, welche Jahreszeit ist am günstigsten? Fragen über Fragen. Warum also nicht beim ersten Mal Wandern in der Gruppe? Einige Vorschläge dieses Buches sind Gruppenwanderungen, und der Leser wird aus den Schilderungen unschwer herauslesen können, daß die Autoren allesamt über ihre positiven Erfahrungen angenehm überrascht waren.

Wandern war für uns andererseits auch keine Weltanschauung, so etwas soll es ja geben. Hier wird also auf 284 Seiten zwar zünftig gewandert, jedoch nicht tierisch ernst. So schämen wir uns nicht, daß in einigen Artikeln Taxis, Automobile, Kleinbusse oder die gute alte Eisenbahn vorkommen, warum eigentlich nicht? Damit der Leser sich besser orientieren kann, bringen wir zu (fast) allen Wanderungen auch die genaue Wanderroute des Autors, bei einigen Beiträgen erübrigt sie sich auf Grund der detaillierten Schilderung des Reiseverlaufs.

Das Kernstück unserer Vorschläge besteht aus Wanderungen in Deutschland. Dieter Piel machte die überraschende Erfahrung, daß es auch in Nordrhein-Westfalen, zwischen Rhein und Weser noch Ruhe und frische Luft gibt. Rudolf Walter Leonhardt wanderte 1. Klasse im Schwarzwald, nach dem Motto: Wenn schon Wandern, dann aber im Hotel schlafen. Rolf Zundel erforschte die Höhlen der Schwäbischen Alb, Dieter Buhl lief mit seinen Kindern durchs Jagsttal, eine intakte Landschaft, wie man sie in Deutschland selten findet. Stefan Woltereck besuchte den Harz, vielmehr das Stück dieses Mittelgebirges, das in der Bundesrepublik liegt. Aber wir waren auch auf »der anderen Seite«, in der DDR: Marlies Menge zog es in das Gebiet des Spreewalds, eine Landschaft, die so gar nicht in das Klischeebild passen will, das wir uns von der DDR gemacht haben. Die Stille, der Geruch von frischem Stroh und Kamille und das Quaken der Frösche, aber nicht nur das, erwecken den Wunsch wiederzukommen. Dann haben wir den Kreis unserer Wanderrouten etwas weiter gezogen, zu unseren Nachbarn. Jürgen Peters tippelte durch Flandern und vollbrachte dabei höchst spektakuläre Tagesleistungen: bis zu 46 Kilometer. Ein wenig bescheidener, was die Kilometerleistungen anbelangt, ging es im Schweizer Nationalpark zu; dafür stiegen wir freilich hoch hinaus, nicht ohne Anstrengung und Schweißvergießen. Eduard Neumaier unternahm eine Tour durch den »österreichischen Schwarzwald«, das Mühlviertel, nordwestlich von Linz, Manfred Sack spazierte einmal um den Vierwaldstätter See, Gisela Graf unternahm eine zünftige Bergtour durch die Karnischen Alpen.

Weitere europäische Wanderziele waren die Karpaten, Portugal, Lappland und Irland; Hayo Matthiesen besuchte dabei die russische Grenze, wo sie niemand kennt, und einige der kunsthistorisch-aufregenden Moldauklöster; Ingeborg Flagge wanderte allen politischen Aufregungen zum Trotz entlang der portugiesischen Küste; Karl-Richard Könnecke stürzte sich in das Einsamkeitsabenteuer einer Fjell-Wanderung; Rolf Michaelis versuchte in den Wicklow Mountains den Trinksitten der Iren auf die Spur zu kommen. Ruth Herrmann wandelte in Bosnien auf den Spuren von Titos Partisanen, Stephan Birk kämpfte in der Auvergne dreißig Tage gegen Wind und Regen, Dieter Piel durchquerte die Insel Korsika, Barbara von Jhering verirrte sich im Nebel der schottischen Western Highlands, Ruth Herrmann fand, daß das Hinterland von St. Tropez ein herrliches Wanderrevier ist, Wolfgang Boller genoß die Gastfreundschaft der

Mönche vom Berg Athos, Wolfram Runkel das Hüttenleben im norwegischen Rondane-Nationalpark, Cornelia Jacobsen schließlich wanderte am Ligurischen Meer, zwischen Genua und La Spezia; offenbar war es eine genußreiche Tour: »Nach einem Weinfrühstück legten wir los.«

Weniger genußreich, dafür strapaziös sind unsere beiden außereuropäischen Wanderrouten: Wolfram Runkel schlägt vor, bei einer Zwei-Wochen-Tour durch die Smoky Mountains in Tennessee Bären am besten zu ignorieren und Sybille Herrmann, eine erfahrene Alpinistin, zeigte ehrgeizigen Männern, wie man es anstellt, einen 5800er, in diesem Falle den Nevado Pisco in den Anden, zu bezwingen.

Zu den einzelnen Reportagen gibt es in bewährter Form wieder Hinweise, wie's gemacht wird: Informationsadressen, Wanderführer, Karten, Tips für die Anreise, für preiswerte Unterkünfte, für die Ausrüstung und Planung von Wandertouren und natürlich auch Preisangaben, vor allem für die jeweiligen Verkehrsmittel, dazu Devisen- und Einreisebestimmungen.

»Zwei Wochen zu Fuß« ist ein amüsantes Lesebuch, denn die Autoren verstehen es, ihre großen und kleinen Wanderabenteuer anschaulich und mit einem Schuß Humor darzustellen. Doch beim Schmunzeln soll es nicht bleiben. Wenn es nach uns ginge, sollte aus jedem Leser auch ein Täter werden, ein Wanderer, für wieviele Wochen auch immer.

Ferdinand Ranft

ANDEN: Das Krachen im Eis der Cordillera

Von Sybille Herrmann

Die Abfahrt ist auf halb acht morgens festgelegt. Aber der Bergführer beruhigt die Langschläfer und kalkuliert von vornherein eine halbe Stunde Verspätung ein. Schließlich liegt der Startpunkt unserer alpinen Unternehmung in einem Land, wo es mit der Höflichkeit der Könige nicht so genau genommen wird. Nichts eilt – wir sind in Südamerika. Wir haben mit dem Deutschen Alpenverein (DAV) eine Trekking-Tour durch die Cordillera Blanca in den peruanischen Anden gebucht.

Mit zwei Stunden Verspätung (eine Panne ist schuld) kommt schließlich das bestellte Transportmittel an: ein Lastwagen mit offener Ladefläche – in Südamerika als »Sammel-Taxi« durchaus üblich. Wir nehmen auf unseren Packsäcken Platz: sechs Frauen und sieben Männer, darunter der aus Bayern mitgebrachte Bergführer. Der älteste Teilnehmer ist 67, der jüngste 31 Jahre alt; Durchschnittsalter der Gruppe 45 Jahre.

Über eine staubige Schotterstraße fährt der Lastwagen die 13 in Daunenjacken verhüllten *gringos* durch das Santa-Tal, das, eingebettet zwischen einer schwarzen und einer weißen Bergkette – der erdigen Cordillera Negra und der Cordillera Blanca – bereits auf einer Höhe von 2500 Metern liegt. Messerscharf ragen die Eisgrate bis weit über 6000 Meter in den tiefblauen Himmel. Fast 6800 Meter hoch ist der Huascaran, der höchste Berg Perus. An seinem Fuß soll unsere Tour enden, aber erst einmal müssen wir elf Tage um das gegenüberliegende Huandoy-Massiv herum laufen. Dabei gilt es, 8000 Höhenmeter zu überwinden: Zwei Pässe in 4700 Meter Höhe sind zu überqueren, und schließlich wollen alle in den letzten drei Tagen den 5800 Meter hohen Nevado Pisco schaffen.

Nachdem die Wanderwege in Nepal allmählich überlaufen sind (allein von unserer Trekking-Crew waren schon elf im Himalaja), hat der Alpenverein im vorigen Jahr die Anden-Route für sein Trekking-Programm entdeckt, jetzt geht zum erstenmal eine Urlaubergruppe auf diese Tour. Unsere Lkw-Fahrt geht vorbei an ärmlichen Lehmhütten, wir begegnen Indiofrauen, die mit schweren Lasten auf dem Rücken noch im Gehen Wolle spinnen. Vor fünf Jahren hat ein schweres Erdbeben im Santa-Tal 75 000 Tote gefordert. Vom Huascaran löste sich eine Eis- und Schlammlawine und verschüttete die Stadt Yungay mit 25 000 Menschen. Zwischen den mit Ginstern bedeckten Felsbrocken steht heute kein Mauerrest mehr. Nur unzählige Grabkreuze ragen aus dem Boden.

Der Lastwagen klettert noch gut 500 Höhenmeter über enge Haarnadelkurven nach Santa Cruz hinauf: Endstation der Zivilisation. Fünfzig Indiokinder treten für die weißen Fremden zum Gesang an. Ein Troß, bestehend aus 15 Eseln, drei Mulis, fünf Hühnern, einem Hund und sechs Mann Personal für Küche und Organisation, empfängt uns, um fortan Sorge zu tragen, daß es in unserem Wanderhotel nicht an Komfort und Service fehle: Die Tiere schleppen unser Expeditionsgepäck, das aus fünf Schlafzelten, einem Speise- und einem Küchenzelt und unseren 15 Kilo schweren Packsäcken mit der Bergausrüstung besteht. Die sechs *arrieros* (Eseltreiber) helfen beim Aufschlagen der Zelte, kochen und spülen das Geschirr ab. Das Frischfleisch für die leichtbekömmlichen Menü-Variationen wird lebend mitgeführt: fünf Hühner in einer Pappschachtel mit Luftlöchern. Mittags gibt's ein Lunchpaket, zum Frühstück täg-

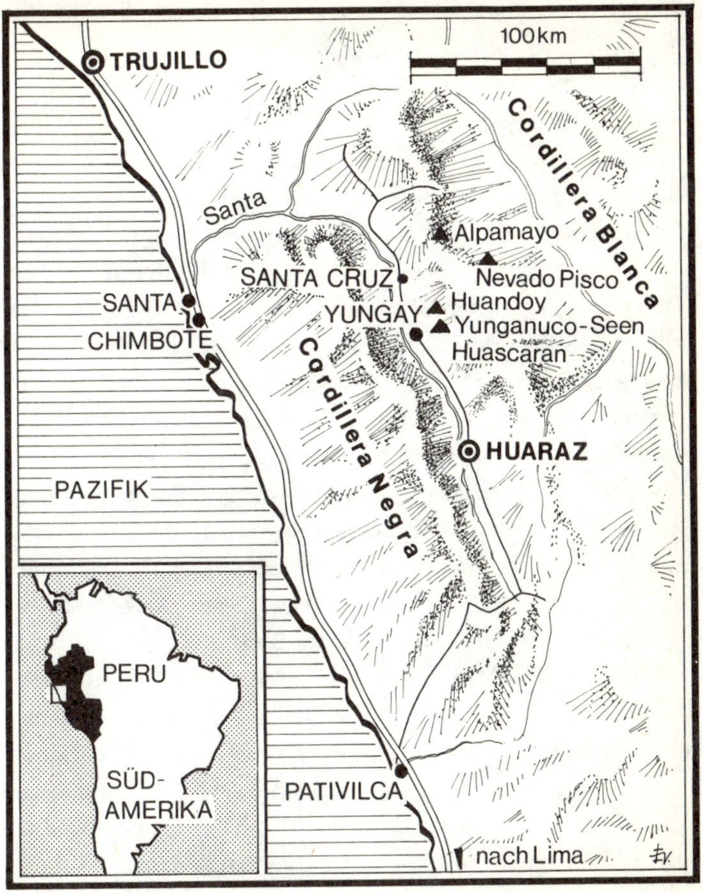

lich ein frisches Ei. Das ist Camping-Urlaub mit Hilton-Service.

Am nächsten Morgen verlassen wir unser erstes Lager auf 3000 Meter Höhe. Zum Frühstück gibt es frisch gebratene Forelle und für jeden eine Rolle Klopapier. Wir müssen nur mit leichtem Tagesrucksack marschieren, teils auf Saumpfaden, auf denen einmal Lamas Erze transportierten, teils durch sumpfiges Gelände. Fünf bis sechs Stunden gehen wir am Tag, immer gemäßigten Schritts, damit uns die dünne Luft in der Höhe nicht zu sehr zu schaffen macht. Für den Ernstfall, daß einer von uns höhenkrank wird, hat Augusto, unser peruanischer Begleiter, zwei Sauerstoffflaschen im Gepäck versteckt.

Langsam steigen wir das Santa-Cruz-Tal hinauf. Zwischen steilen Felswänden ist es ganz und gar von Orchideen überwuchert, wir laufen wie durch einen botanischen Garten. Bis weit über 4000 Meter Höhe sind die Berghänge mit blühender Vegetation überzogen, auch mit blauen Lupinen und gelben Ginsterbüschen. Ein paar Bergbauern bestellen in dieser Höhe noch ihre kargen Äcker mit Kartoffeln und Gerste. Noch in 5000 Meter Höhe, wo hier etwa die Schneegrenze beginnt, blüht Moos in leuchtenden Farben. Dabei haben wir Winter. Das ist in den südamerikanischen Bergen südlich des Äquators die niederschlagsarme Zeit. Tagsüber bringt die Sonne die Luft auf angenehme Temperaturen, so wie bei uns im Herbst. In der Nacht messen wir in unseren Hochlagern bis zu 15 Grad Kälte.

In der dritten Nacht schlafen wir bereits auf 4400 Meter Höhe. Wir haben uns einen schmalen Pfad hochgekämpft, auf dem wir am nächsten Tag über einen 4750 Meter hohen Paß in ein anderes Tal, das Huaripampa-Tal, laufen wollen. Als Augusto auf einer Holzkiste, die mit einer weißen Decke zum Tisch ernannt wird, Nudelsuppe mit Hühnerschlegel serviert, schmeckt es allen wieder. Kurz vor Lunchtime hatte ich mit der Andenkrankheit *soroche* Bekanntschaft gemacht, die sich in der ungewohnten Höhe in Kopfweh und Übelkeit äußert. Der Magen revoltierte. Jetzt ist er um Frühstück und Mittagessen erleichtert, und ich bin wieder fit. Fast die Hälfte der Gruppe – vor allem die Raucher und jüngeren Leute – hatten bereits vorher ihren Bergtribut gezollt. Einer bekam auch Nasenbluten.

Zu den Anforderungen dieser Tour meint der Leiter der DAV-Auslandsfahrten, Günter Sturm: »Eine gute

Kondition ist erforderlich, deshalb raten wir dringend zu einer ärztlichen Untersuchung.« Frauen empfiehlt ein DAV-Merkblatt, die Periode zu verschieben. Trotz bester Vorsorge sind Unfälle natürlich nicht auszuschließen. Aus einer anderen Anden-Gruppe mußte eine ohnmächtig gewordene Frau abtransportiert werden. In unserer Gruppe stehen alle die Strapazen durch. Abends erklingen am Lagerfeuer zünftige Berglieder zur Gitarre. Die *arrieros* revanchieren sich mit ein paar melancholischen Liedern von der herrlichen Cordillera Blanca. Bevor die Tablette wirkt, die gegen Schlaflosigkeit in diesen Höhen helfen soll, höre ich in der Stille der Nacht das Zusammenstürzen der Eistürme aus dem nahen Gletscherbruch.

Als nach fünf Tagen das Frischfleisch ausgeht, organisiert Augusto ein Lamm. Der Kartoffel- und Gemüsevorrat wird in Colcapampa nachgefüllt, einzige Ortschaft und tiefster Punkt (3300 m) auf unserem Wanderweg. Noch einmal müssen wir über einen 4767 Meter hohen Paß, der Wasserscheide zwischen Pazifik und Atlantik ist. Als wir an den Yunganuco-Seen unser Basislager für die Besteigung des Nevado Pisco erreichen, brät Augusto das Lamm.

Drei Tage haben wir Zeit, um die 1600 Höhenmeter bis zum 5800 Meter hohen Nevado Pisco zu schaffen. Bis auf 4600 Meter Höhe begleitet uns ein Teil der Eselskarawane. Ein letztes Mal bittet Augusto zum *Candlelight-Dinner*.

Das Weiß der Tischdecke schimmert nur noch matt durch die braunen Tee- und Essensflecken. Statt Servietten, die längst ausgegangen sind, reicht uns Augusto eine Klopapierrolle. Aber den Dreck unter den Fingernägeln bringen nun auch die oft verspotteten Waschfanatiker, die jeden Tag zur Morgentoilette schritten und ihr Frühstücksei zwar mit geputzten Zähnen, dafür aber mit einer verschnupften Nase aßen, nicht mehr weg. Unsere Männer zieren Bartstoppeln von über einem Zentimeter.

»Jetzt brauchen wir Steigeisen, Pickel, Klettergürtel und Reppschnürl«, verkündet der Bergführer. Für das Hochlager auf 5200 Meter Höhe werden Verpflegung und Gepäck reduziert, da wir keine Esel mehr haben. Langsam – wegen der Akklimatisation – machen wir uns an den Berg heran. Noch einmal übernachten wir. Trotz Daunenschlafsack, in den ich mit Jacke, Hose und Schuhen, ebenfalls aus Daunen, krieche, verzichte ich nicht auf meine Tages-Bergsteigerkluft: wollene lange Unterwäsche, Cordhose, Bluse, Pullover. Das Thermometer sinkt in dieser Nacht auf minus 15 Grad.

Am nächsten Morgen ist es noch dunkel, als uns der Bergführer weckt und das Teewasser aufsetzt. Mit klammen Fingern legen wir die Steigeisen an und bilden zu je vier Mann eine Seilschaft, denn das Gelände ist voller Gletscherspalten. Für unsere Sicherheit und zur Erleichterung schlägt der Führer mit dem Pickel Stufen in den leicht vereisten Bergrücken. Mit jedem Schritt wird das Atmen schwerer. Aber nach fünf Stunden stehen wir alle dreizehn – auch der 67jährige – auf dem Gipfel. Der Höhenmesser zeigt 5800 Meter. Um uns die bizarren Eisspitzen der Cordillera Blanca, die mit der Schneepyramide des Alpamayo und dem Eisriesen Huascaran zu den schönsten Bergketten der Welt gehört. Es stört uns wenig, daß unser Berg ausgerechnet einen Schnapsnamen hat. Französische Bergsteiger haben den Gipfel nach dem einheimischen Traubenschnaps *pisco* getauft, als sie nach der Erstbesteigung die Träger »voll« vorfanden.

Als wir ziemlich »geschafft« wieder unser Hochlager auf 5200 Meter erreichen, wo wir noch einmal übernachten müssen, versuchen wir uns beim ersten warmen Tee in Motivforschung. Warum nimmt man solche Strapazen auf sich? »Das befreiende Gefühl, am Gipfel zu stehen«, schwärmt theatralisch eine Teilnehmerin. »Selbstbestätigung« ist ein anderes Stichwort aus der Runde. »Ehrgeiz« gibt eine andere Teilnehmerin an, und einer entdeckt »sozialen Druck« als Antriebskraft: Keiner will schlechter sein als die anderen. Unser Führer und Berg-Profi beendet die Debatte lapidar: »Ein Gipfel ist für einen Bergsteiger immer eine Herausforderung.«

Die Wanderroute

1. Tag: Abflug mit einer Linienmaschine der Lufthansa von Frankfurt nach Lima.
2. Tag: Stadtrundfahrt in Lima.
3. und 4. Tag: Flug nach Huaraz im Santa-Tal und Akklimatisierung in 2000 Meter Höhe.
5. Tag: Mit dem Lkw nach Santa Cruz ins erste Lager auf 3000 m.
6. Tag: Die Wanderung beginnt im Santa-Cruz-Tal. Lager auf 3700 m.
7. Tag: Nur wenig Steigung (300 m) bis zum Lager in 4000 m Höhe.
8. Tag: Aufstieg zur Punta Union, einem 4730 m hohen Paß, und Abstieg ins Huaripampa-Tal.
9. Tag: Einmarsch in Colcabamba, größte Ortschaft dieser Route und zugleich tiefster Punkt (3300 m) zwischen den beiden Pässen. Lager wieder auf 4000 m.
10. Tag: Auf einem vielbegangenen Handelsweg wird der zweite Paß, Portachuelo de Yanganuco (4767 m) überschritten. Lager am Yanganuco-See (4000 m).
11.–13. Tag: Anstieg zum Nevado Pisco (5800 m) mit zwei Lagern, das höchste auf 5200 m Höhe.
14. Tag: Abstieg vom Hochlager zurück zum Yanganuco-See.
15. Tag: Mit dem Auto Rückkehr in die Zivilisation von Huaraz.
16. Tag: Schlafen, essen, Swimming-pool im Hotel Monterrey.
17. Tag: Flug nach Lima.
18. Tag: Flug nach Iquitos, dann nach Belen, dem schwimmenden Dorf.
19. Tag: Tagesausflug mit einem Schnellboot zu den Yugua-Indios.
20. Tag: Flug nach Lima.
21. Tag: Abflug nach Europa.
22. Tag: Ankunft in Frankfurt.

INFORMATIONEN UND PREISE

ANREISE: Der normale Linienflug von Frankfurt nach Lima und zurück kostet 3466 Mark. In der Hauptsaison (Juli bis September) zahlt man 3882 Mark. Bei einer Reisedauer zwischen 14 und 45 Tagen ermäßigt sich der Preis auf 2787 Mark (1. 10. bis 30. 6.); in der übrigen Zeit kostet der Flug 3056 Mark. Flüge ab 2700 Mark bietet beispielsweise die Internationale Flug und Touristik (Loehrsweg 11, 2000 Hamburg 20) an.

PAUSCHALREISEN: Der Deutsche Alpenverein (DAV) bietet für Peru vier Wanderprogramme an. Die Reise zur Cordillera Blanca mit Besteigung des Nevado Pisco dauert je nach Termin 22 oder 23 Tage. In Lima sind Aufenthalte auf der Hin- und Rückreise eingeplant. Reisepreis einschließlich Linienflug, Unterkunft und Verpflegung 4490 Mark. Die eigentliche Wanderung dauert 11 Tage. Transfers und Ausflüge nehmen den Rest der Zeit in Anspruch. Der DAV-Katalog »Reisen zu den Bergen der Welt« enthält eine weitere Anden-Wanderung durch die Cordillera Vilcanota (3 Termine, Ausgangsort ist Cuzco). Auch die Hauser Exkursionen (Neuhauser Straße 1, 8000 München 2) bieten Peru-Programme für Wanderer und Bergsteiger an. 17tägige Städtereisen nach Lima kosten bei Airtours rund 3900 Mark (14 Übernachtungen, Flug ab Frankfurt).

SONSTIGES: Von Dezember bis April ist im Hochland Regenzeit (sehr heiß). Beste Reisezeit: Mai bis Oktober. Die hier beschriebene Wanderung wurde im Juni/Juli unternommen. Tägliche Gehzeit 6 bis 8 Stunden. Der Nevado Pisco kommt laut DAV nur für gute Bergsteiger in Frage. Huaraz, der Ausgangspunkt, ist von Lima per Autobus (in 10 Stunden), Sammeltaxi oder Flugzeug zu erreichen.

EINREISEBEDINGUNGEN: Reisepaß, Pockenimpfung.

DEVISEN: Währungseinheit ist der Sol (= 100 Centavos). 100 Soles entsprechen zirka 5,40 Mark. Ein- und Ausfuhr bis 1000 S. Beste Umtauschwährung ist der US-Dollar.

REISEFÜHRER UND KARTEN: Polyglott, Band 814, Peru/Bolivien, 64 Seiten, 5,80 Mark. Mai's Weltführer, Peru, 104 Seiten, 14,90 Mark; Goldstadt, Nr. 220, Peru, 366 Seiten, 12,80 Mark. Kodansha International, Central Andes, Bildführer, 118 Abb., 46 Textseiten, englisch, 13,80 Mark; Hagen, Cuzco and Machu Picchu, Kleiner Führer, 85 Seiten, englisch, 7,80 Mark. Karten Cordillera Blanca: Schweizerische Stiftung für alpine Forschung (1 : 300 000, 11 Mark); Alpen-Verein/Innsbruck (1 : 200 000, 9,80 Mark).

AUSKÜNFTE: Deutscher Alpenverein e. V. (DAV), Berg- und Skischule, Praterinsel 5 (Alpenvereinshaus), 8000 München 22, Telephon (089) 29 30 10.

ATHOS: Garten der Jungfrau

Von Wolfgang Boller

Der Mönch lädt zum Abendmahl. Er gleicht den Heiligen auf alten Ikonen, hat anscheinend nur den goldenen Nimbus zurückgelassen und die Verzückung aus seinen Zügen verbannt, um Plagen und Nichtigkeiten des Lebens zum Ruhme Gottes abermals auf sich zu nehmen.

Er trägt das Alltagsgewand der Väter vom Heiligen Berg, die knöchellange schwarze Kutte mit Lederriemen. Der Bart ist von grauen Streifen durchzogen, das hagere Antlitz von Schlaflosigkeit gezeichnet. Vater Jesaias schreitet den Gästen des Klosters durch einen düsteren Korridor voran zum Speisesaal und weist ihnen die Plätze zu vorgefüllten Tellern. Es gibt kalte Bohnen, Brot und Oliven.

Der Mönch versieht im Kloster am Meer das Amt des Archondaris. Er begrüßt und labt die wandermüden Gesellen, die, was geht's ihn an, aus Frömmigkeit, Neugier oder gar Weltflucht, von einem Kloster zum anderen ziehen. Auf dem Berg Athos ist den Pilgern als Gastrecht zugestanden, was dem geringsten unter den Mönchen so wenig in den Sinn käme wie dem würdigsten: zu ruhen, ohne zu beten; zu essen, ohne zu arbeiten.

Der Heilige Berg im Norden Griechenlands ist eine Mönchsrepublik mit 21 Klöstern, in denen Besucher um Gotteslohn gespeist und beherbergt werden. Das Portal ist von Sonnenaufgang bis Sonnenuntergang geöffnet. Es gibt einfache Mahlzeiten und bescheidene Lager – ein eisernes Bettgestell, Matratze, Wolldecke und ein Laken mit den Spuren unzähliger Pilgernächte.

»Wir tun, was wir können«, sagt Vater Jesaias vom Kloster Megistis Lavras. »Wir geben von dem, was wir haben.« Die Väter selbst schlafen, in eine Decke gehüllt, auf dem Fußboden ihrer Zelle. Wer wagte, Ansprüche zu stellen?

Die Kost der Mönche ist ihrem Ringen um Verklärung angemessen. Ihre Nahrung sind Erbsen und Bohnen, Gemüse aus dem Klostergarten, in Wasser gekocht, harter Käse, Oliven, grobes Brot, auch Honig, Früchte und ein wenig Wein. Das teilen sie mit den Fremden. Nicht mehr, nicht weniger. Die Gastfreundschaft der Väter geht auf Abraham zurück. Sie ist ein Symbol der Dreifaltigkeit. Alle Gäste sind zur Teilnahme an der Seligkeit des Reiches Gottes berufen. Es gibt keine Ansprüche. Die Gastfreundschaft ist ohne Bedingung und Nebengedanken. Die Mönche erwarten keinen Dank, nicht einmal das selbstverständliche Scherflein im Opferstock der Klosterkirche. Sie unterscheiden nicht zwischen Zweiflern und Zeloten, Irrenden und Verlorenen. Sie erlösen von Sünden und trösten Verzweifelnde. Doch sie nehmen jeden auf und fragen nicht nach seinem Begehren.

Die Gäste haben Bohnen, Brot und Oliven schweigend verzehrt und verweilen noch unschlüssig, ob die Tafel etwa durch ein Zeichen aufgehoben wird. Sie sind scheu und befangen, als hätten sie unverdiente, jedoch keineswegs überwältigende Wohltaten genossen. Einige simulieren verlegen ein flüchtiges Dankgebet gleich einer Bekundung des guten Willens zur Rückerstattung einer weitaus größeren Schuld.

Später stehen sie in Gruppen auf dem knarrenden Altan und starren wie hypnotisiert zum Klosterhof hinunter, der im Mondlicht schwimmt. Haben sie, in Ergriffenheit vor den Wundern des Heiligen Bergs, Offenbarungen füreinander, nie gehörte oder mitgeteilte, nie zuvor begriffene

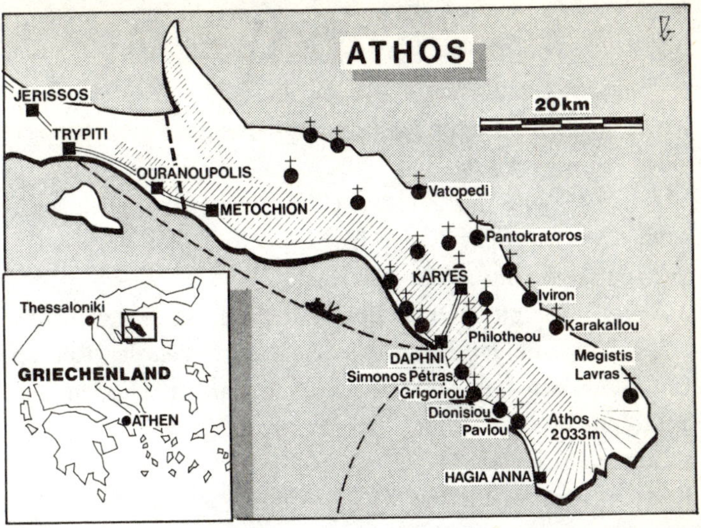

Wahrheiten? Vor einem archaischen Torso drängt das Leben nicht heftiger nach Änderung als in solcher Frühlingsnacht von Perlmutt beim Anblick schimmernder Kuppeln, rebenumsponnener Klostermauern, samtschwarzer Zypressen. Es riecht nach Holzfeuer und blühendem Weißdorn, nach Weihrauch und Lavendel. Mit einem Mal beginnt im Pomeranzenhain hinter dem Kloster der Gesang einer Nachtigall, süß und schwer, so wie Wein verrinnt, Zeit, Glück.

Die Gäste haben aber nur Neugier gemeinsam und die Lust am Wandern. Sie raunen einander die Beweggründe dieser ungewöhnlichen Griechenlandreise zu, als gelte es, falschen Eindrücken zuvorzukommen, und fragen sich gegenseitig Literaturkenntnisse ab gleich Ordensregeln des Großen Basilios.

Die Stundentrommeln des Heiligen Bergs zerhacken die Nacht in Andachten. In den Klosterkirchen beten sie jetzt bis zum ersten Tageslicht. In den Gästeschlafsälen blaken Öllampen.

Der Asket deutet die überwundene Welt. Seine halbblinden Augen schauen unbegreifliche Zusammenhänge. Er spricht, als spräche es aus ihm. Er steht am Weg mit gereckten Armen, als hielte er unsichtbare Gebotstafeln. Seine Kutte ist zerlumpt und schmutzig, der Bart struppig wie eine Brombeerhecke. Die Filzmütze hat er zu Boden geschleudert. Vater Abakum predigt zwei frommen griechischen Bauern – ein Rufer in der Wüste, der doch weiß, daß sein Wort im Lande widerhallt.

Vater Abakum zählt zu den skurrilsten unter den Athosheiligen. Als junger Bursche kehrte er der Welt den Rücken. Ein Menschenalter horstete er gleich einem Klippenvogel am Südhang des Heiligen Bergs in der Einsamkeit der, wie sie's nennen, Eremia (Die Wüste). Jahrelang diente er dem Kloster Megistis Lavras (Große Gemeinschaft) als demütiger, doch querköpfiger Gottesknecht, brannte Tresterschnaps und belehrte den Abt, die Mönche und den ergriffen vorbeiziehenden Erhard Kästner (»Die Armut ist schön, denn sie macht leicht, sie macht leer; leer muß man sein, wenn Christos einziehen soll«). Kästner: »... insgesamt waren wir alle reiche Jünglinge, viel zu verstrickt in das, was sie innen und außen besitzen, als daß sie daran denken könnten, ihr Leben zu ändern.«

Im Kloster nahm Abakum nie am Gottesdienst teil, doch draußen in der Wüste hat er mit eigenen Händen eine Kapelle gebaut. Er hat nur einige Jahre die Volksschule besucht und kann kaum lesen, doch er kennt die Bibel auswendig und hat die Schriften der Kirchenväter seitenweise im Gedächtnis.

Im Land der Heiligen sind Widersprüche wohlfeil und Wunder alltäglich. Marien-Ikonen reden und erglühen, verströmen Weihrauch, Tränen und Blut. Eine Hand, die sich gegen das heilige Bild erhob, wurde von der Erlösung ausgeschlossen und kann im Grab nicht verwesen. Jedes Athoskloster hütet Reliquien und wundertätige Ikonen als Unterpfand himmlischer Gnade. Die Väter glauben, wenn einst die Madonnen der Klöster Iviron, Philotheou und Pantokratoros verschwinden, steht die Endzeit unmittelbar bevor. Darauf warten sie in ungestümer Geduld. Die Heiligen wandeln nicht wirklich auf Erden. Der Heilige Berg ist der Welt schon entrückt, eine Insel der Auserwählten, zu der Frauen keinen Zutritt haben und nicht einmal Kühe, Ziegen und Hühner geduldet werden, ein Zwischenreich, in dem der Glaube über das Wissen triumphiert, der Friede des Herzens über den Tod. Im Vorzimmer der Seligkeit beginnt kein irdisches Leben, und das Sterben hat keine Bedeutung. Der Heilige Berg ist ein Garten der Mutter Gottes.

Die Jungfrau hat die heidnischen Götter und Halbgötter vertrieben. Sie hat die Wüste gesegnet. Sie ist die Herrscherin. Die Frauenfeindlichkeit ist ihr Gebot. Dank ihrer Fürsprache ist jedem Mönch das ewige Heil gewiß. Und hätte er als Eremit in den Klippen nichts getan, so genügte es doch, dort gestorben zu sein, wo das Leben andere Würze und der Tod keinen Stachel hat. Im Kloster Pavlou ist zu lesen und zu rätseln: »Wer vor dem eigenen Tode stirbt, wird beim Sterben nicht den Tod erleiden.«

Der Garten der Maria ist ein Marmorgebirge über dem Meer, steil ansteigend bis zu 2000 Metern, etwa 50 Kilometer lang und fünf bis zwölf Kilometer breit. Manche Klöster thronen auf Felsenplatten gleich Gottesburgen. Oft sind sie einander fast auf Rufweite nahe, tatsächlich jedoch drei oder vier mühsame Wegstunden voneinander entfernt. Die Halbinsel ist von dichten Wäldern bedeckt, es sind die schönsten Griechenlands: Edelkastanien, Platanen, Eichen, Buchen. Tausendjährige, steinige Pfade winden sich durch helle Laubwälder, Rosmarinheide, flirrende Olivenhaine, kreuzen Wildbäche auf uralten Brücken, verlieren sich im Dickicht von Erdbeerbäumen, Lorbeerbüschen und Haselnußhecken und laufen bei den Rebenhängen, Orangenpflanzungen und Gemüsegärten der Klöster wieder zusammen. Diese Pfade sind steil und dornig wie der Weg zum Himmel. Sie führen in hurtigem Anstieg zur Höhe der Gipfelkreuze und Dohlen, schlingen sich wie Bänder um die Flanken des Bergriesen und stürzen sich dann wieder mit kollernden Steinen in die Tiefe. Und doch erschließen sie das ganze Glück des Wanderns: das Meer in blauen Fetzen hinter den Kastanienwäldern und Durchblicke zu ausgeglühten Horizonten, Thymianwiesen und Oleanderduft, Wasser von tanzenden Gebirgsbächen, Goldregen hinter Klostermauern, Myrten und Maulbeerbäume im Klosterhof, der Willkommensgruß der Väter (»Kalos orisate!«) und die erste Bewirtung, wie's der Brauch ist: ein Gläschen Tresterschnaps und ein Schälchen Orangenmarmelade oder griechischer Kaffee mit einem Glas Wasser vom Klosterbrunnen.

Der Einsiedler rauft sich in komisch übertriebener Verzweiflung den Bart. Ausgerechnet jetzt hat er keinen Wein im Haus und kein Brot. Aber auf der Stelle wird er für die Gäste erst mal einen Kaffee aufbrühen. Schon fegt er in die kleine verräucherte Küche und schnitzt Holzspäne, kichernd von drinnen: »Vor einigen hundert Jahren haben die Mönche geglaubt, Kaffee sei Satanswerk.«

Die Einsiedelei hängt über der Bucht wie eine Theaterloge, ein Kragstein mit Einsiedlerklause und Gemüsegärtchen, dazu ein Kirchlein, um mit dem Lieben Gott zu sprechen, und ein windgeschützter Winkel, um sich der Kulisse, die Er in heiterster Laune geschaffen hat, andächtig und dankbar zu erfreuen. Das Licht des Meeres überglänzt den Steilhang. Das Einöddorf Hagia Anna stuft sich auf blühenden Terrassen zum Ufer hinunter. Die blauen Schatten des Heiligen Bergs wandern wie der Zeiger einer Sonnenuhr durch das Tal mit verstreuten roten Dächern, Zypressen, Pinien, Weinreben und Olivenhainen. Der kantige Bergkegel steht über dem Schornstein der Einsiedlerklause wie ein Altar.

Der Einsiedler Achilios hat Lachfältchen in den Augenwinkeln. Er hat die Welt ohne Bitterkeit überwunden. Seine Freude ist das irdische Vergnügen in Gott. In der Welt gibt es nichts Vergleichbares. Dienste für die Heilige Gemeinschaft führen ihn bisweilen hinaus. Dann kommt es zu Begegnungen mit dem Leben und Sterben in den großen Städten, die sein heiteres Gemüt verdüstern und sein Herz mit Bestürzung und Trauer füllen.

Mag man ihn belächeln und insgeheim verspotten. Das ficht ihn nicht an. Vater Achilios ist im Besitz der einzigen Wahrheit, und gegen Ungezogenheiten wehrt er sich mit Mutterwitz und Verstand. Anekdote vom Athosmönch Achilios: Der Vater rastete auf einer Parkbank in Thessaloniki. Da näherten sich Halbwüchsige und fragten in dreister Anspielung: »Großväterchen, sag' uns bitte, warum der Ziegenbock einen Bart hat.« (O Herr, wissen die Kinder heute nicht mehr, daß Deine Gnade bei den Bärtigen ist?) Achilios schlagfertig: »Der Ziegenbock hat einen Bart, damit man ihn vom Esel unterscheiden kann.«

Da hat ihm der Herr noch Worte verliehen, in einem anderen Gespräch war seine Zunge gelähmt. Zweite Anekdote vom Athosmönch Achilios: Er begegnete einem Leichenzug und bemerkte Gleichgültigkeit und Desinteresse unter den Leidtragenden. Die Trauergemeinde zeigte keine Gemütsbewegung.

Ein Athosmönch ist mit den Letzten Dingen vertraut wie mit dem täglichen Gebet. Er weiß, daß der Tod so wichtig nicht ist und minder wichtig der Totenkult. Die eigenen Gebeine liegen nur drei Jahre im Grab, dann werden sie im Beinhaus auf die anderen Knochen geschichtet. Aber es gibt kein Verständnis für die offensichtliche Gefühlskälte von

Menschen, die doch Vater, Mutter, Gattin, Bruder oder Freund verloren haben.

Der Mönch sprach einen der Leidtragenden an: »Dies ist ein Leichenzug ohne Trauer. Trägt man einen Stein zum Friedhof? Warum sehe ich keine Tränen?« Die Antwort lautete: »Hier wird ein reicher Mann begraben.«

Die Begebenheit hat den Einsiedler Achilios so erschreckt, daß er sich im Gedanken daran heute noch mehrfach bekreuzigt. Er braucht sich nicht zu fragen, ob er recht daran tat, der Welt zu entsagen. Der weiße Bart fegt durchs Haus. Achilios kocht Kaffee auf einer zerbrochenen Herdplatte, pflückt im Gärtchen zwischen Himmel und Erde ein Sträußchen Basilikum, erzählt Schnurren, bringt Täßchen mit dikkem, süßem Kaffee und Gläser mit Quellwasser und läuft und holt von seinem Essen, eine irdene Schale mit Kichererbsen, ein bißchen Käse, Oliven und Äpfel. Er teilt, was er hat, mit den Gästen. Und da fällt ihm wieder eine Geschichte ein.

Dritte Anekdote vom Athosmönch Achilios: Einst pilgerte ein König zum Heiligen Berg. Er begegnete einem Einsiedler und bat um Nahrung. Der Heilige bot dem Fremden steinhartes, schier ungenießbares Brot an. Der König sagte, wer er sei. Doch der Einsiedler hatte nichts anderes. Gekränkt zog der König davon. Um dem Mönch einen Denkzettel zu geben, schickte er ihm später ein Bündel Heu. Dieser aber sprach: »War der König ein Mensch oder ein Rind? Ich gab ihm von meinem Essen. Schickt er mir nun von dem seinen?«

Achilios merkt, daß einer der Pilger sich vom Anblick der Bucht nicht losreißen kann. Natürlich muß er ihm sagen: »Verlaß die Welt und komm zu uns.« Im Einöddorf Hagia Anna stehen viele Klausen leer.

Zur Hochblüte des Klosterstaats im 15. Jahrhundert (nach dem Untergang von Byzanz) lebten vermutlich 24 000

Väter auf der Halbinsel, vor 100 Jahren vielleicht noch 5000 oder 6000, heute kaum mehr als 1200 bis 1500, darunter etwa 140 Eremiten.

»Verlaß die Welt und komm zu uns« – so auch sprachen die Mönche zu dem gelehrten Jakob Philipp Fallmerayer. Der damals fünfzigjährige Historiker zog ernsthaft in Erwägung, sich (für eine »mäßige Summe«) auf Lebzeiten in eine romantische Eremitenklause einzukaufen.

Die Väter hatten ja recht: »Hier hast du milde Lüfte und die größten aller Güter – die Freiheit und den Frieden mit dir selbst. Denn frei ist nur, wer die Welt überwunden und seinen Sitz in der Werkstätte aller Tugenden auf dem Berg Athos hat.«

Das war 1840. Viel ist auf dem Heiligen Berg seither nicht geschehen. Die Weinreben haben geblüht, die Keltern haben sich gefüllt. Die Kastanienwälder haben Früchte getragen. Die Sonne hat in die Schluchten geleuchtet und ist im Meer versunken. Wie Licht und Schatten sind die Jahre und Jahrzehnte vergangen.

Aus der Welt draußen sind viele mit der Hoffnung auf Friede und Freiheit gekommen, Unruhevolle, Getriebene, Verbitterte, Lebensuntüchtige. Sie hatten nur eins gemeinsam – die Reue, von der Isaak der Syrer sagt, sie sei das Erschauern der Seele vor den Pforten des Paradieses. Sie sind geblieben und gestorben, von und für die Welt vergessen. Und doch ist ihnen die Welt, um die sie sich nicht gekümmert haben, nähergekommen.

Es gibt Fahrstraßen, wo nur schmale Fußpfade waren. Ein Omnibus pendelt zwischen dem Athoshafen Daphni und dem Hauptort Karyes (Die Große Mitte). Es gibt Lastwagen, Motorsägen, Generatoren, Telephonmaste (die die kürzeste Verbindung von einem Kloster zum anderen anzeigen), Souvenirläden, primitive Wegweiser und immer mehr Pilger, die keine Pilger sind.

Dies ist also doch geschehen, Wandlung genug. Und schon wieder sind Jahre und Jahrzehnte vergangen. Für die Alten am Berg holt der Herbst aus, die Ernte mit einem Hieb zu Boden zu werfen, und sie erkennen, daß ihre Lichter für diesmal zu weit heruntergebrannt sind.

Vater Achilios sieht sich durch den Gedanken an weitere Wandlung genötigt, eine Serie von Kreuzen zu schlagen. Das gibt ihm die Zuversicht zurück und stärkt seinen Mut zur Lebensfreude. Abermals sich bekreuzigend, sagt er in heiterer Gewißheit: »Es gibt keine Wandlung im Wesentlichen. Dies wird bis zum Gerichtstag des Herrn der Garten der Jungfrau sein.«

MERKBLATT FÜR BESUCHER

Die heilige Orthodoxie, für die der Heilige Berg als Akropol und Schatzkammer der Tradition dient, ist mit der Schicklichkeit verbunden, nicht nur der inneren, sondern auch im Benehmen und der äußeren Erscheinung.

Wenn Sie die Absicht haben, den Heiligen Berg zu besuchen, sorgen Sie bitte dafür, daß Ihre Erscheinung in Kleidung und Haarschnitt sich durch ihre Bescheidenheit ausweisen.

Wir werden leider gezwungen sein, denjenigen die Aufnahme zu verwehren, die sich nicht dazu anpassen wollen.

Die Heilige Epistasie

DIE WANDERROUTE

1. Tag: Von Ouranoupolis mit dem Motorschiff zum Athoshafen Daphni, mit dem Omnibus weiter zum Hauptort Karyes und zu Fuß zum Kloster Iviron.

2. Tag: Wanderung zum Kloster Philotheou, Übernachtung im Kloster Karakallou.

3. Tag: Weiter zum vielleicht schönsten der Athosklöster, Megistis Lavras, im entlegensten Osten der Halbinsel (Übernachtung).

4. Tag: Auf schmalem Pfad hoch über dem Meer zur Einsiedelei Hagia Anna, weiter zum Kloster Pavlou (Übernachtung).

5. Tag: Auf steilen, sehr beschwerlichen Pfaden zu den Klöstern Dionisiou, Grigoriou und Simonos Petras (Übernachtung).

6. Tag: Auf bequemem Weg zurück nach Daphni; mit dem Schiff nach Ouranoupolis.

INFORMATIONEN UND PREISE

ANREISE: Der Linienflug Frankfurt-Thessaloniki und zurück kostet 1288 Mark (Jahresticket), beim Monatstarif (Aufenthalt 6 bis 30 Tage) ermäßigt sich der Flugpreis auf 826 Mark. Die Strecke Athen–Thessaloniki kann per Flugzeug, Bahn oder Bus zurückgelegt werden. Athos ist auf dem See- und Landweg zu erreichen. Über die Schiffsverbindungen Thessaloniki–Daphni informieren die örtlichen Reisebüros. Von Thessaloniki verkehren täglich Busse nach Ierissos (128 km) mit Anschluß nach Trypiti und Ouranoupolis (Fahrpreis Thessaloniki-Ouranoupolis etwa 8,50 Mark). Von Ierissos fahren Schiffe beispielsweise zum Kloster Vatopedi (3 Std.). Von Trypiti und Ouranoupolis fahren täglich Schiffe nach Daphni (Preis ab Ouranoupolis rund 3,50 Mark). Täglicher Busverkehr zwischen Daphni und Karyes, dem Hauptort der Republik (8 km). Für Wanderer: Von Ierissos bis Karyes braucht man etwa 10 Std., von Daphni nach Karyes 3 Std. Autofahrer können den Pkw bis Ouranoupolis mitnehmen. Im Sommerhalbjahr (April bis Oktober) gibt es allgemein bessere Verkehrsverbindungen.

UNTERKÜNFTE: Die Übernachtung in den Klöstern und Einsiedeleien ist kostenlos. Geldspenden für die Gastfreundschaft können in den Opferstock der Klosterkirchen gegeben werden. Unterkünfte in der Nähe der Grenze zu Athos in Ierissos und Ouranoupolis. Bei der Vermittlung helfen die Reisebüros oder Hellas-Orient-Reisen/Frankfurt (auch Auskünfte über Fährverbindungen Italien–Griechenland).

PAUSCHALREISEN: Eine organisierte Wanderung durch Athos wird zur Zeit noch nicht angeboten. Die Pythia-Reisen/München sind jedoch dabei, solche Reisen zu planen. CVJM-Reisen/Kassel-Wilh. besuchen Athos (6 Tage) innerhalb einer 20tägigen Reise zum Golf von Thessaloniki (755 Mark, Bahnfahrt ab München); keine Altersbegrenzung, für weibliche Teilnehmer gibt es ein Parallelprogramm (Reisepreis 688 Mark). Diverse Pauschalangebote gibt es für die Halbinsel Chalkidike, zum Beispiel nach Ouranoupolis. 4 Tage Athen/10 Tage Ouranoupolis bieten Kosmos-Reisen/Düsseldorf zwischen 1130 und 1440 Mark ab München an. Auch Kreutzer-Reisen/Düsseldorf haben diese Kombination im Programm (1005 bis 1250 Mark, je nach Saison). Zweiwöchige Pauschalflugreisen nach Ouranoupolis kosten bei den Intercontinental-Reisen/München zwischen 1076 und 1276 Mark (Flug ab Frankfurt). Studiosus Reisen/München planen auf der 15tägigen Studienreise Nordgriechenland (1095 Mark ab München) für die männlichen Teilnehmer 2 Tage für Athos ein (Ausflugskosten 30 Mark). CVJM: 17 Tage Ouranoupolis ab 525 Mark (Bahnfahrt ab München).

Wanderungen durch Griechenland bieten folgende Veranstalter an: Fahrtenring/Starnberg, FIT-Gesellschaft für gesundes Reisen/Frankfurt, Inter-Air/Frankfurt, Reisebüro Kuoni/München, Athena-Reisen/Hamburg, Xenos Studienreisen K. Gallas/München.

SONSTIGES: Die Athos-Halbinsel ist 5 bis 12 km breit und rund 50 km lang. Die Republik umfaßt etwa 335 qkm. Orientierungskarten sind in Karyes und sämtlichen Klöstern erhältlich. Die ganze Halbinsel kann umwandert werden, mindestens 14 Tage sind dafür einzuplanen, für den Besuch aller Klöster etwa 10 Tage. Mit Hilfe von Mietbooten und Eseln kann die Zeit verkürzt werden. Mindestdauer eines Besuches von Thessaloniki aus: 3 Tage. Frauen ist erlaubt, vom Schiff aus in rund 200 m Abstand zum Ufer den Berg Athos und die am Meer liegenden Klöster zu betrachten (Hafen: Ouranoupolis). Ein Wanderführer kann in Thessaloniki engagiert werden (Reisebüro Dimitriadou).

Der Autor empfiehlt zur Mitnahme: derbe Kleidung, Rucksack, feste Schuhe, Schlafsack und/oder Trainingsanzug, Proviant, Feldflasche, Taschenapotheke mit Mückenstift oder -spray, Verbandszeug, eventuell Schlafmittel.

EINREISEBEDINGUNGEN: Der Zutritt zur Mönchsrepublik Athos ist nur Männern über 21 Jahren und Jungen ab 14 in Begleitung des Vaters erlaubt. Die Deutsche Botschaft in Athen oder das Konsulat in Thessaloniki geben Empfehlungsschreiben aus, die beim Außenministerium in Athen oder beim Ministerium für Nordgriechenland in Thessaloniki zusammen mit dem Reisepaß und 2 Paßbildern zur Erlangung der Einreiseerlaubnis für Athos vorgelegt werden müssen. Anschließend ist die Anmeldung bei der Fremdenpolizei erforderlich. Nach diesen Formalitäten erteilt die Heilige Aufsicht in Karyes die Aufenthaltsgenehmigung (Diamonitirion), die jedoch Besuchern mit unkorrekter Kleidung (kurze Hosen) und wilder Haarfrisur verweigert wird. Bei den Einreiseformalitäten helfen die örtlichen Büros der Griechischen Zentrale für Fremdenverkehr und beispielsweise das Reisebüro Dimitriadou in Thessaloniki, Stoa Agiou Mina 42.

Normalerweise genügt der Personalausweis für Besucher von Griechenland.

DEVISEN: 100 Drachmen kosten zur Zeit 8,50 Mark. Die Ein- und Ausfuhr ist auf 750 Drachmen beschränkt.

REISEFÜHRER UND KARTEN: Baedeker, Jugoslawien/Griechenland (2 Seiten Athos), 368 Seiten, 29,80 Mark; Der Große Polyglott, Griechenland (5 Seiten Athos), 398 Seiten, 13,80 Mark; Polyglott, Band 837, Nordgriechenland, 64 Seiten, 4,80 Mark; Grieben, Band 275, Griechische Inseln (12 Seiten Athos), 282 Seiten, 8,80 Mark; LN Verlag, Griechisches Festland (7 Seiten Athos), 166 Seiten, 8,80 Mark; Prestel-Verlag, Griechenland (86 Seiten Athos), 878 Seiten, 38 Mark; DuMont Schauberg, Alte Kirchen und Klöster Griechenlands (26 Seiten Athos), 320 Seiten, 19,80 Mark; J. Fink Verlag, Bergwelt Griechenlands (für Wanderer und Bergsteiger), 126 Seiten, 15 Mark; Pechlivanides /Atlantis, Athos, Bildführer, 103 Abbildungen, 12 Seiten Text, 1 Karte, 9,80 Mark. – Freytag-Berndt, Griechenland-Gesamtkarte, Maßstab 1 : 600 000, 7,80 Mark; Amtliche Generalkarte Mitteleuropa, Blatt 42/40, 1 : 200 000, 4,20 Mark; Karta Nomos, Amtliche Karte, Blatt 48, Khaldiki, 1 : 200 000, 9,80 Mark.

AUSKÜNFTE: Griechische Zentrale für Fremdenverkehr, Neue Mainzer Straße 22, 6000 Frankfurt, Telephon (0611) 23 65 61–63; Pacellistraße 2, 8000 München 2, Telephon (089) 22 20 35–36.

AUVERGNE: Kälte und Wind schieben mich voran

Von Stephan Birk

Jedes Jahr einmal ziehe ich los. Dann lasse ich alle Annehmlichkeiten hinter mir und stelle mich, nur mit Rucksack und Zelt, der Natur. Es muß freilich gottverlassene Natur sein, denn wenn Hotel und Autobus bereitstehen, fällt es schwer, darauf zu verzichten. So aber muß man sich mit der Natur auseinandersetzen, so lernt man eine Landschaft wirklich kennen. Diesmal fiel meine Wahl auf die Auvergne, jenen Landstrich in Frankreich, den schon Asterix und Obelix auf der Suche nach dem Schild der Averner durchstreift haben.

1. Tag: Abends, in den Bergen über Clermont-Ferrand. Ich habe die Stadt verlassen, mit schwerem Rucksack geht es auf hartem Pflaster endlos an Siedlungshäuschen und Vorgärten, Schloten und Müllhalden vorbei.

Ich denke, die Stadt ist schön, warum muß sie sich aber mit diesem gesichtslosen Chaos umgeben, das ständig mehr Natur vereinnahmt?

Aber jetzt bin ich in den Bergen: vulkanische Kegel, wie von riesiger Hand hingeschüttet. Die untergehende Sonne spielt mit geometrischen Formen, macht die Krater tief und schwarz.

5. Tag. Ich ruhe nahe Pessade am Fuße der Monts Dore aus. Das Dorf liegt in einer weiten, nur leicht bewegten Landschaft. Ich beobachte Schafherden, viele weiße Punkte, die sich immer wieder neu ordnen.

Die Vulkane liegen hinter mir, oder nein: Auch die Monts Dore und weiter südlich die Monts du Cantal sind vulka-

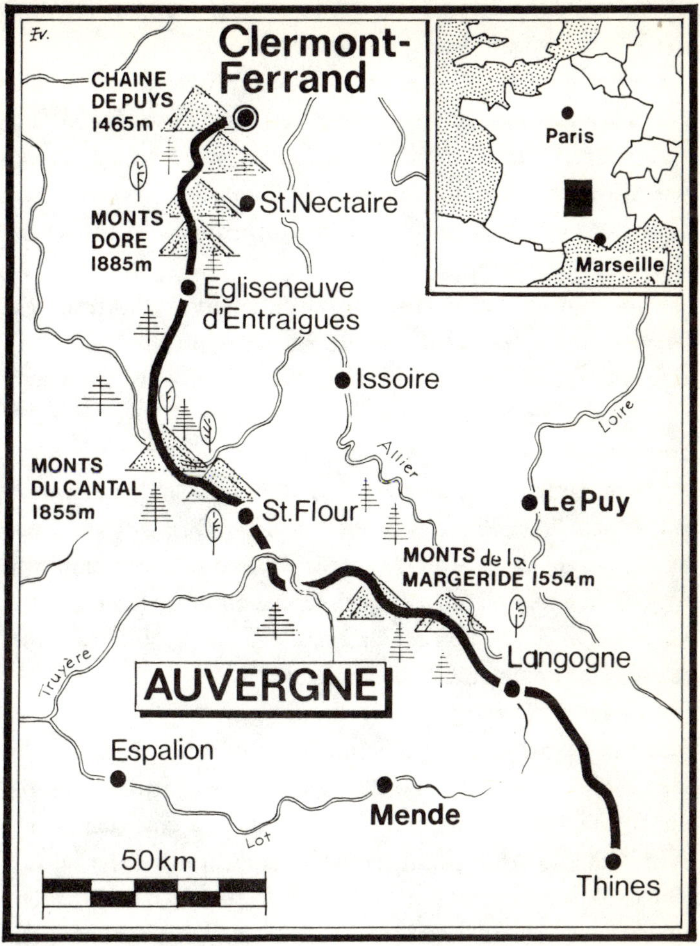

nischen Ursprungs, nur an der »Chaîne des Puys«, der »Kette der Vulkane«, kann ich die Vergangenheit so leicht ablesen; es sind die jüngsten unter den Auvergne-Vulkanen. Aber auch diese letzten Eruptionen liegen bereits zwei Millionen Jahre zurück, und was sich da am nördlichen Horizont wie ein Mondgebirge ausnimmt, trägt recht üppig Wald und Heide, und nur manchmal liegt der feurige, rotschwarze Boden offen. Andere Trichter haben sich seitdem mit Wasser gefüllt, herrlich klare Badeseen.

Bereits im letzten Dorf vor Pessade, in Saulzetle-Froid, habe ich mich mit Lebensmitteln für drei Tage eingedeckt: drei Brote, Eier, Tomaten, Melonen und reichlich Käse, den Käse aus diesem Land, den Bleu, St. Nectaire und Cantal, an dem ich mich bei der einförmigen Wanderverpflegung hochhalte.

Der Führer vermerkt: Bis Egliseneuve d'Entraigues, zwölf Stunden entfernt, werde ich keine größere Ansiedlung mehr berühren, keine, die groß genug wäre für einen eigenen Bäcker- und Lebensmittelladen; statt dessen kommt einmal die Woche das Lieferauto.

Boulangerie und Epicerie in Pessade sind nur noch Schriftzüge über einer vernagelten Tür. Das Dorf ist verlassen, aufgegeben. Von den etwa fünfzig Häusern sind nur noch wenige bewohnt. Zurückgeblieben sind Kranke und Alte, die mich, den Fremden, mißtrauisch beobachten und nur unwillig meinen Gruß erwidern.

7. *Tag: Frühmorgens, in den Bergen der Monts Dore.* Zerschlagen, aber glücklich blinzele ich in die ersten Sonnenstrahlen. Die ganze Nacht fand ich keine Ruhe. Es ging ein solcher Sturm übers Zelt, daß es wie eine Fahne im Wind ständig schlug und ich befürchten mußte, die leichte Konstruktion würde im nächsten Moment davonfliegen.

Spät am Abend hatte ich schließlich einsehen müssen, daß ich das schützende Tal nicht mehr erreichen würde. So mußte ich denn die Nacht zwischen kahlen Bergkuppen in 2000 Meter Höhe verbringen. Immerhin hatte ich noch am Abend eine Quelle aufgespürt – ein wahrer Glücksfall, denn mein Wasservorrat war längst aufgebraucht.

Trotz meiner Mattigkeit muß ich unverzüglich aufbrechen. Brot und Käse reichen nur noch diesen einen Tag und bis Egliseneuve sind es noch immer sechs Stunden.

14. Tag: Abends, am Massiv des Cantal. Schon tagelang ziehe ich über weite Hochflächen, begrenzt nur durch die Monts Dore im Norden und die Monts du Cantal im Süden. Diese Hochebenen, für die Auvergne sehr charakteristisch, sind vollkommen leer. Einziger Anhaltspunkt die alten Fernstraßen: zwei Mauern aus Feldsteinen, dazwischen Gras, von einem Horizont zum anderen.

Heute steigt die Ebene langsam an. Das Massiv des Cantal, die ganzen Tage nur dunstiger Umriß, liegt jetzt direkt vor mir. Mein Weg führt vorbei an Häusern, steinernen Kuben, die sich über die weite Hochfläche verteilen: Es sind Burons, alte Käsereien. Doch auch sie sind, wie viele Siedlungen in der Auvergne, verlassen, die Dachbalken brachen unter der schweren Last der Steinplatten längst zusammen. Die Menschen leben heute in der Stadt, der Käse wird in großen Zentralwerken hergestellt.

Am Abend schieben sich die Wolken im Bergmassiv immer dichter zusammen, es regnet. Ich flüchte mich in eines der verlassenen Burons. Am Kamin, der eine ganze Giebelfront einnimmt, entzünde ich ein Feuer. Ein wenig Schwermut überkommt mich. Ich denke, eine von Menschen verlassene Landschaft ist bedrückender als eine, die nie bewohnt war. Nur, wie soll eine solche Landschaft wieder besiedelt werden, wovon sollen die Menschen leben?

20. Tag: Im Tal der Truyère. Endlich sind Schuhe und Strümpfe wieder trocken, von der Sonne. Von St. Flour geht es drei Tage durch regennasse Wiesen und Wälder: Bäche müssen durchwatet werden, mancher Weg, jetzt selbst Bach, ist unbrauchbar geworden. An Zelten ist nicht mehr zu denken; bei Bauern, in Scheunen und Schuppen, finde ich Unterschlupf.

Aber jetzt, im Tal der Truyère, am Fuße der Monts de la Margeride, scheint die Sonne. Komme ich dem Süden endlich näher? Noch sind die Zeichen eher negativ: waldbedeckte Berge, in den Tälern grüne Wiesen und Felder, kein Lavendel.

24. Tag: Auf den Hochflächen des Montal. Ich laufe täglich doppelt so lange wie bisher. Kälte und Wind treiben mich voran. Besonders auf den leeren Hochflächen ist an Halten gar nicht zu denken. Schutz vor dem geradezu unbändigen Wind finde ich nur in den Tälern, zwischen Bäumen und Häusern. Ein wenig Wärme nur um die Mittagszeit, die Nächte im Zelt sind fast unerträglich kalt.

26. Tag: In Thines. Endlich im Süden, endlich am Ziel. Ich bin von den Hochflächen herabgestiegen, finde mich wieder in einem Bergdörfchen hoch über dem Wildbach. Die steilen, oft felsigen Hänge sind terrassiert, wenn immer möglich. Kastanien- und Nußbäume wachsen hier, auch ein wenig Wein, sonst nur das wilde Gestrüpp aus Ginster und Dornbüschen. Auf den heißen Steinen warten regungslos Eidechsen. Weiter unten, zwischen Felsengen, schlängelt sich der Fluß.

Auch hier sind von einstmals mehr als hundert Menschen keine zehn übriggeblieben; niemand bebaut und pflegt die schmalen Terrassen. Bald werden die Stützmauern zerbrechen, wird die Erde abgerutscht, das Werk vieler Generationen zerstört sein. Kulturlandschaft wird wieder Wildnis.

Die letzten Tage: Im Süden. Alles hat sich jetzt ganz schnell verändert: Häuser mit Mönch- und Nonnenziegeln, drumherum Wein und Oliven, auf den Hügeln die nach Lavendel duftende Heide – eine Landschaft wie bei Marcel Pagnol.

Das ist der rechte Ort, um noch einige Tage auszuruhen und unbeschwert, ohne Rucksack nämlich, umherzustreifen, bevor es dann zurückgeht in die Stadt, wo ich die ersten Tage vor jedem Auto erschrecken werde.

Dreißig Tage war ich unterwegs. Nicht nur vor Regen und

Kälte mußte ich mich schützen, stets mußte ich auch meine eigenen Kräfte richtig einschätzen.

Natürlich wachsen die Möglichkeiten des Wanderers mit den Erfahrungen, die man macht, die wichtigste Erfahrung jedoch bleibt, mit der Natur zu leben.

Nirgends, so finde ich, kann sich der Gedanke freier entwickeln als in der Natur. In der Großstadt wird er ständig durch eine Vielzahl unzusammenhängender Reize unterbrochen. Die Reize der Natur aber harmonieren miteinander und stimulieren eher, als daß sie stören.

Tag für Tag, Woche für Woche führte mich meine Wanderung durch die Einsamkeit der Auvergne. Dennoch, der Weg war nie ohne jene Stimmung, die den Menschen frei und mutig macht zu eigenen Gedanken: Wenn die Sonne den Nebel durchstößt, der Berggipfel endlich erreicht ist, oder ganz einfach, wenn der Abend niedersinkt, sind diese Stimmungen so stark, daß der Gedanke unmittelbar dabei verharrt. Dies waren die seltenen Augenblicke, wo ich mich wirklich frei fühlte.

Diese Freiheit ist es, die mich immer wieder auf Wanderung gehen läßt.

Informationen und Preise

Anreise: Ein normales Linienflugticket von Frankfurt über Paris nach Clermont-Ferrand und zurück kostet 767 Mark; beim Wochenendtarif bezahlt man 601 Mark (Flüge nur samstags und sonntags). Vom 1. Juli bis 30. September erhalten Ausländer 25 Prozent Rabatt auf Flügen innerhalb Frankreichs.

Eine Bahnrückfahrkarte von Frankfurt nach Clermont-Ferrand (über Forbach [Grenzübergang], Metz und Dijon) kostet 1. Klasse 280 Mark und 2. Klasse 182 Mark, die Ferienkartenermäßigung beträgt 1. Klasse 10 Mark und 2. Klasse 6 Mark.

Die schnellste Reiseroute für Autofahrer ab Frankfurt: Freiburg–Müllheim (Grenzübergang) – Belfort – Besançon – Bourg-en-Bresse – Lyon – Clermont-Ferrand (rund 730 km).

UNTERKÜNFTE: In Clermont-Ferrand bieten Hotels aller Kategorien Zimmer an. Die Kosten für ein Doppelzimmer liegen pro Tag zwischen 24 und 86 FF (gehobene Mittelklasse) und zwischen 22 und 54 FF (Mittelklasse).

Die Auvergne ist für den Tourismus bisher kaum erschlossen. In den ländlichen Gasthäusern gibt es nur wenige Fremdenbetten. Für Übernachtung mit Frühstück werden pro Tag und Person etwa 28 FF berechnet.

PAUSCHALREISEN: Von Inter-Air/Frankfurt werden in Kooperation mit Kuoni/München drei 12tägige Wanderreisen in die Auvergne veranstaltet zum Preis von 1395 bis 1690 Mark pro Person. Die Kosten beinhalten unter anderem: Linienflug Deutschland-Zürich und zurück (Abflug von allen deutschen Flughäfen möglich), Bustransfer Zürich-Auvergne-Zürich, Doppelzimmer in Hotels, Vollverpflegung am 1., 2., 10. und 12. Tag, sonst Halbpension; Wanderleitung. Reisedaten: Juni, Juli, September.

SONSTIGES: Die Auvergne ist bisher überwiegend ein Urlaubsgebiet für junge Leute mit schmalem Budget und für Individualisten, die Ferien mit Zelt und Rucksack abseits der Touristenzentren vorziehen. (Freies Zelten ist grundsätzlich in Frankreich erlaubt.)

Die günstigste Reisezeit: Mai bis Ende Oktober. In der Auvergne herrscht Mittelgebirgsklima, warme Wollsachen und wind- und wetterfeste Bekleidung sind unbedingt notwendig.

An Verpflegungskosten müssen pro Tag und Person 10 bis 15 Mark einkalkuliert werden.

Bahnverbindungen gibt es in alle größeren Orte der Auvergne, die kleineren Ortschaften erreicht man mit Bussen oder Taxen. Von Clermont-Ferrand nach Villefort (24 km von Thines entfernt) kostet eine einfache Fahrkarte 1. Klasse 30,90 Mark und 2. Klasse 20,60 Mark.

EINREISEBEDINGUNGEN: Personalausweis. Für Autofahrer genügt der nationale Führerschein, das Nationalitätszeichen »D« muß an der Rückseite des Fahrzeugs angebracht sein.

DEVISEN: 100 Französische Francs (FF) kosten zur Zeit 56,10 Mark.

REISE-(WANDER-)FÜHRER UND KARTEN: Michelin, Auvergne, 162 Seiten, Abbildungen, Karten, Pläne, 13 Mark; Grieben Band 293, Burgund und Auvergne (mit Zentralmassiv), 182 Seiten, Karten, Pläne, 8,80 Mark; Institut Géographique National, Parc Naturel Régional des Volcans d'Auvergne: A travers les monts du Cantal (itinéraires du parc, Nr. 6), 40 Seiten Exkursionsführertext, Touristenkarte, 1 : 100 000, mit markierten Wanderwegen, 144 separate Faltblätter mit Tourenskizzen, Abbildungen, französisch, zusammen 22,50 Mark; Amtliche Touristenkarte, Auvergne, 1 : 250 000, 5,20 Mark.

SPEZIALFÜHRER: Vom Comité National des Sentiers de Grande Randonnée (92 rue de Clignancourt, F-75883 Paris Cedex 18) werden in ganz Frankreich Wanderwege angelegt (überwiegend schmale Trampelpfade), die rot-weiß markiert sind. Für jeden Wanderweg gibt es einen Führer, »Topo-guide« (französisch), mit ausführlichen Informationen unter anderem über Landschaft, Sehenswürdigkeiten, Entfernungen, Versorgungsmöglichkeiten, einer Streckenkarte, und er enthält außerdem eine Übersicht aller weiterführenden Wanderkarten und -literatur. Der Preis eines »Topo-guides« liegt zwischen 10 und 30 Mark, je nach Wanderroute.

AUSKÜNFTE: Comité Régional de Tourisme, 69, boulevard Gergovia, F-63000 Clermont-Ferrand, Telephon (00 33 73) 93 04 03; Amtliches Französisches Verkehrsbüro, Kaiserstraße 12, 6000 Frankfurt, Telephon (06 11) 75 20 29 (weitere Büros in Düsseldorf und Hamburg).

BOSNIEN: Paläste, Schluchten, Moscheen, Höhlen

Von Ruth Herrmann

In Zürich-Kloten versammelten sich die fünfzehn Teilnehmer an der vierzehntägigen Wanderreise durch Bosnien zum Abflug nach Split. Alter: zwischen Mitte Zwanzig und Mitte Siebzig. Alle sahen sie verdächtig wandergewohnt aus.

Ich fühlte mich als Dackel, den man zur Teilnahme an einem Windhundrennen gemeldet hat. Ich hatte bis dahin erst eine größere Wanderung gemacht, noch dazu eine, bei der ich selbst Tempo und Tagespensum bestimmen konnte. In Bosnien sollte täglich bis zu fünf Stunden gewandert werden.

Der Diokletianpalast in Split – der römische Kaiser ließ ihn sich 295 bis 305 n. Chr. als Alterssitz bauen – ist zum Einüben sehr geeignet. Im Geviert der Außenmauern mit vier prächtigen Toren befindet sich ein ganzer Stadtteil mit dreitausend Einwohnern, in dem wir uns »einlaufen«. Das größte römische Baudenkmal auf dem Boden des heutigen Jugoslawien gab selbst für Wohnhäuser, Kirchen, Markt und Straßen noch genug Baumaterial her.

Der ehemalige Unterbau, durch Aufschüttungen im Laufe der Jahrhunderte zum Souterrain geworden, wird nach und nach ausgegraben und restauriert. Allein der bisher zur Besichtigung freigegebene Teil hat die Ausdehnung einer fürstlichen Sommerresidenz, enthält saalgroße Räume mit Gewölben, Fensterbögen und Nischen.

Der Fremdenführer zeigt sein Revier im Zorn: »Stellen Sie sich vor, das sind alles nur Nebenräume! Er selber hat

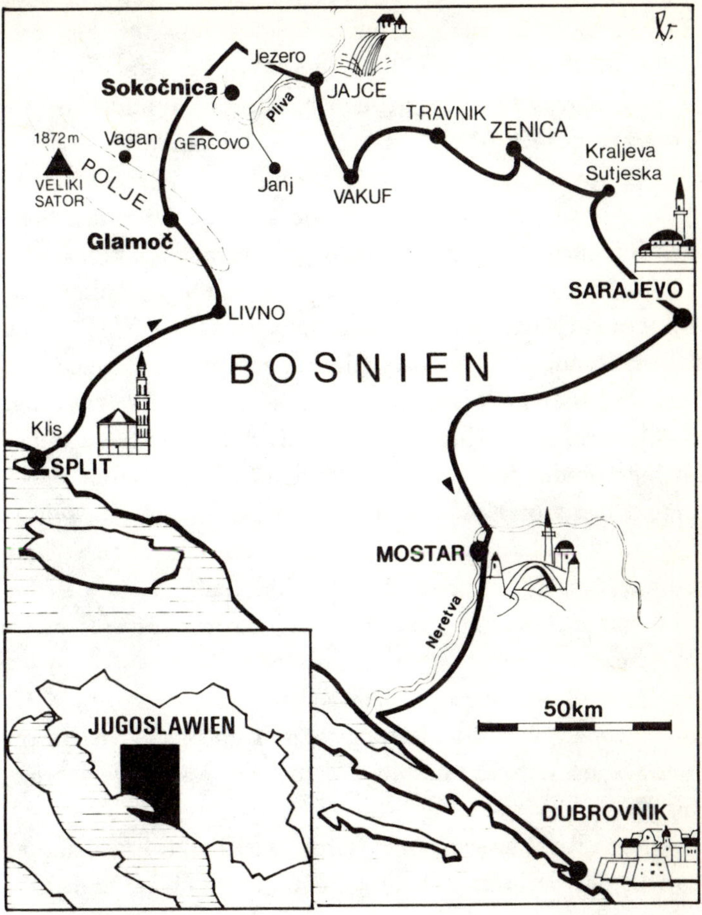

sie gar nicht benutzt. Er hatte ja genug Platz – dreißigtausend Quadratmeter für einen Mann!«

Im Bus fahren wir weiter, ins Hinterland von Split, ins verkarstete Gebirge, grauverwittert bis zur halben Höhe. Von der Sperrfestung Klis, einst Wehrdamm gegen die Türken, ist noch einmal die Adria zu sehen. Eine kurze Strecke weiter, und wir sind schon richtig im Land – was heißt: auf dem Lande.

Die Dorfschenke von Trilj ist voll, als wir drinnen sind. Einheimische besichtigen uns durch das Fenster. Sie sind nicht an Touristen gewöhnt. Der Wirt hat seinen großen Tag. Die ganze Familie pendelt mit Schüsseln und Flaschen zwischen der Küche und unserer Tafel hin und her.

Mit Mališa, unserem Fahrer, sind wir jetzt sechzehn. Was wir an ihm haben, wird bald klar. Er fährt den kleinen Bus über eine schmale, milde gesagt, mäßige Straße mit zahllosen Kehren bis zu einer Höhe von etwa eintausend Metern aufwärts. Niemand ängstigt sich.

Am Rande einer menschenleeren Hochfläche steigen wir aus und stiefeln los. Weglos geht es über Gras, zwischen Buschwerk, vielfarbig blühenden Disteln und rosagrauen Steinen hindurch. Zur Linken staffeln sich blautonige Bergketten bis zum Horizont. Die Füße gehen wie von selbst. Leider – wirklich leider! – haben wir schon nach einer Stunde den Bus wieder erreicht. Eine halbe Stunde später sind wir in Glamoč, unserem Standquartier für eine halbe Woche.

Wir wohnen im Motel am Rande der kleinen Stadt. Es ist Oktober, aber die Heizung ist noch nicht in Betrieb. Im Restaurant wird immerhin für uns im Kamin Feuer gemacht.

Unser Reiseleiter kennt Jugoslawien von Kind an, er spricht das Serbokroatische so, daß er für einen Einheimischen gehalten wird. Hier und da hat er alte Freunde. Uns kommt es zugute, das werden wir noch merken.

Programm für den ersten vollen Tag in Bosnien: Busfahrt 25 km, Wanderung etwa fünf Stunden.

Es geht durch die Polje, das Feld von Glamoč, eine der für Karstgebiete typischen Senken, die rings von Bergen umgeben sind.

Die Bauernhäuser, die Dörfer liegen am Rande des grünen Weidelandes. Hinter ihrem Haus arbeitet eine Bäuerin im Kohlgarten. Unser Reiseleiter muß ihr erklären, was wir vorhaben. Sie wundert sich, daß erwachsene Leute für nichts und wieder nichts durch die Gegend laufen. Ob sie sich wohl vorstellen kann, daß wir dafür auch noch Geld bezahlen? Wer hier wohnt, muß zwangsläufig genug zu Fuß gehen, lange Wege zum Markt, zur Kirche, ins nächste Dorf. Schulkinder haben Wege bis zu zweimal zwei Stunden am Tag.

Das Land ist Eigentum der Bauern, aber »Betreten verboten« gibt es nicht. Querfeldein zu gehen ist selbstverständlich, auch für uns.

Bei der Kirche inmitten der Polje machen wir kurz Rast. Ein paar Häuser tauchen auf: das Dörfchen Vagan. Unser Reiseleiter hat hier Bekannte. Auch wir werden ins Haus geholt. Im Herd brummelt das Feuer. Sitzgelegenheiten für alle sind schnell zusammengetragen. Die Hausfrau bereitet unermüdlich türkischen Mokka. Es gibt selbstgebrannten Slibowitz. In Schüsseln, groß wie Waschbecken, wird Bauernkäse aufgetischt. Es gehen viele willkommene Gäste in eine Küche von acht Quadratmeter.

Der alte Bauer erzählt. Daß gedolmetscht wird, fällt bald nicht mehr auf. Vorgestern haben Wölfe seinem Nachbarn zwölf Schafe gerissen. Leider ist es auf dem Hof passiert. Im Wald, wo die Tiere gegen eine Gebühr an den Staat weiden können, wären sie versichert gewesen.

Was soll man machen? Es ist eben passiert. Ein Bär wäre schlimmer gewesen. Der fällt Pferde und Rinder an – und man muß tatenlos zusehen, auch wenn es vor der eigenen Tür geschieht. Auf Bären darf nicht geschossen werden.

»Schutz der bedrohten Tierwelt?« fragt jemand. Nein, es ist wegen der Ausländer, die zur Bärenjagd kommen und viel für die Erlaubnis bezahlen. Am häufigsten kommen Franzosen.

Wir brechen auf. Es wird früh dunkel, und wir haben

noch einen langen Weg vor uns, durch Dörfer, über einen sich lang hinstreckenden Hügelzug, an Feldern entlang, über Viehweiden.

Als wir zum Treffpunkt mit Mališa kommen, dämmert es schon. Was tut er, wenn er so lange warten muß? Neben seinem Fahrersitz liegen etliche Bücher. Mališa liebt vor allem Lyrik. Er macht auch selber Gedichte.

Von Glamoč aus fahren wir durch hohen Buchenwald auf Wegen, die teils nicht breiter sind als der Bus. Langholzfuhren kommen uns entgegen – Zulieferung für die Holzindustrie der Gegend. Am Fuße des Veliki Šator, auf ungefähr 1450 Meter Höhe, endet der Wald, und wir machen uns auf die Socken. Bis zum Gipfel steigen wir fünfhundert Meter an. Es ist keine Trenker-Tour, aber auch kein Spaziergang. Zeitweilig geht es recht steil bergauf.

Zur anderen Seite hin sieht man weit ins Land, in grüne Täler zwischen Felsschroffen. Dort unten liegt ein Stück Geschichte des Zweiten Weltkrieges, entscheidende Kämpfe Titos und seiner Partisanen gegen die Deutschen haben sich hier abgespielt. Wie es von da oben aussieht, wächst schon Gras darüber. Für Jugoslawiens Schüler gehört, was damals war, zum aktuellen Geschichtsunterricht, ist Heldenlied vom Anfang ihrer Gegenwart.

Am Waldrand eine Szene, wie sie die Bratenwender der Wirklichkeit, die Werbefilmer, imitieren, wenn Männerfreiheit und wilde Frische zwecks Seifenkonsum dargestellt wird: Unser Hotelwirt und ein paar seiner Kumpane haben einen Hammel am Spieß gebraten, Schnäpse und Wein dabei, gewissenhaft vorprobiert. Sie empfangen uns wie verlorengeglaubte Erstbesteiger.

Der Braten ist gar. Wir sitzen auf dem Boden in der Sonne, das Feuer verglimmt, wärmt noch wohlig. Stücke von der Größe eines Familiensonntagsbratens werden aus der Hand verputzt wie Buletten in Berlin.

Standquartier für die nächsten acht Tage ist Sokočnica nahe der kleinen Stadt Jajce, siebzig Buskilometer und drei Wanderstunden nordöstlich der Polje von Glamoč.

Unser Hotel liegt abseits vom Ort an einer wilden grünen Schlucht. Vor dem Haus, jenseits der schmalen Landstraße, fließt die Pliva – hier nur acht Meter breit und reißend.

»Es ist ein einfaches, aber sauberes Hotel«, steht im Reiseheft. Leider ist es auch kalt. Im Speisesaal hängen großformatige Photos vom höchsten Gast: Tito was here. Er ist bei Tisch mit Frau Jovanka zu sehen und in Siegerpose neben einem erlegten Bären. Es regnet tagelang.

Die Pliva steigt zusehends und macht derartiges Getöse, daß Bauernkarren und Autos, die vorüberfahren, nicht zu hören sind. Ich bin es nicht gewohnt, im rauschenden kühlen Grunde zu wohnen und träume eines Nachts, daß die Badewanne übergelaufen ist.

Wandern zwischen drei und fünf Stunden am Tag ist für diesen Aufenthalt vorgesehen. Ob Regen oder nicht, die meisten ziehen jeden Morgen los. Sie gehen zu den Plivaquellen, durch die Schlucht zur Ruine Sokolgrad, zu alten Wassermühlen. Sie tasten sich in eine Tropfsteinhöhle, die Bärenhöhle, vor und stellen fest, daß es besser gewesen wäre, sie hätten nicht nur zwei Taschenlampen bei sich gehabt.

Zuweilen liegen alte türkische Friedhöfe am Wege. Ihre typischen Grabmäler – kalkweiße Säulen zu Häupten und zu Füßen, erstere auf Männergräbern von einem stilisierten Turban gekrönt – haben wir schon bald hinter Split gesehen. Einzelne Gräber oder ein paar beieinander, sind überall an Land- und Ortsstraßen, irgendwo auf Feldern und Wiesen, neben Bauernhäusern und – natürlich – bei den Moscheen. Mehr oder weniger prächtige Moscheen gibt es in jeder größeren Ansiedlung, Denkmäler der jahrhundertealten Türkenherrschaft, Gotteshäuser der acht Prozent Mohammedaner unter den zwanzig Millionen Einwohnern des Vielvölkerstaates Jugoslawien.

Von Sokočnica aus ließen sich noch viele Touren mehr in immer andere urwüchsige Winkel machen. Wir haben noch einen Tag für das »vergessene« Tal von Janj, in dem sich Trachten und Bräuche unter den serbisch-orthodoxen Bewohnern erhalten haben, als wäre hundert Jahre nichts geschehen. Am letzten Tag wandern wir auf die Höhe von Gercovo. Die Sonne scheint, die Landschaft dort ist heiter. Es geht durch Eichenhaine, über Pferdekoppeln, vorbei an einsamen Gehöften.

Der Rest ist Fahren und Besichtigen. Kurze Unterbrechung in Travnik, dem Schauplatz der »Travniker Chronik« des Nobelpreisträgers Ivo Andrič. Station beim Franziskanerkloster Kraljeva Sutjeska, wo uns Pater Augustin in der Bibliothek Dokumente der bosnischen Geschichte zeigt.

Wir übernachten in Sarajevo, Hotel Europa. Die Halle gleicht einer Bahnhofshalle, der Betrieb dort ist auch so. Morgens schlendern wir über den Bazar, wo Kupferschmiede Souvenirs hämmern. Prächtige Moscheen hat die Hauptstadt Bosniens. Und die Princip-Brücke, auf der am 28. Juni 1914 der österreichische Thronfolger Franz Ferdinand erschossen wurde. Wo der patriotische Attentäter damals stand, ist eine Gedenknische.

Abfahrt in südlicher Richtung, den größten Teil der Strecke entlang der Neretva. In Mostar überspannt ihn die berühmte Brücke, die Suliman II. 1566 errichten ließ. Der Ort ist für den Tourismus alttürkisch wieder hergerichtet, ein Rothenburg ob der Neretva, in dem dann auch viele Amerikanerinnen ein Stück altes Europa »abhaken«.

Abends, am vierzehnten Tag unserer Wanderreise, erreichen wir Dubrovnik, von dem zuerst siebzehn Baukräne sichtbar werden, die Hotel-Betontürme für erhofften künftigen Ansturm auf die schöne Küste hochziehen.

Für uns bleibt ein Bummel durch die herrliche Altstadt, ein Abendessen mit Gerichten des Landes. Dann wird es Zeit, ins Bett zu gehen. Im Morgengrauen fliegt die DC-9 der JAT uns nach Zürich zurück.

DIE WANDERROUTE

1. Tag: Flug von Zürich nach Split.

2.–4. Tag: Fahrt nach Glamoč, dem Ausgangspunkt für Wanderungen in die Umgebung.

5. Tag: Weiterreise nach Sokočnica.

6.–11. Tag: Verschiedene Wanderungen (9. Tag ist Ruhetag).

12. Tag: Abreise von Sokočnica über Jajce und Vakuf nach Travnik. Weiterfahrt über Zenica nach Sarajevo, Übernachtung.

13. Tag: Besichtigung von Sarajevo, Wanderung von Trebević zurück in die Stadt.

14. Tag: Rückreise, längere Wanderung entlang der Neretva. Unterbrechung in Mostar, Übernachtung in Dubrovnik.

15. Tag: Flug von Dubrovnik nach Zürich.

INFORMATIONEN UND PREISE

ANREISE: Der Linienflug von Frankfurt über Zagreb nach Split kostet hin und zurück 732 Mark. Bei einem Aufenthalt zwischen 6 und 30 Tagen ermäßigt sich der Preis auf 510 Mark. Kühne und Nagel bietet eine 7tägige IT-Flugreise nach Split ab 778 Mark (6 Übernachtungen mit Frühstück) und 14 Tage nach Dubrovnik (Vollpension) ab 1454 Mark an.

UNTERKÜNFTE: Eine Hotelliste kann beim Fremdenverkehrsamt angefordert werden. Für Sarajevo werden 7 Hotels angegeben. Eine Übernachtung (Doppelzimmer mit Bad) einschließlich Frühstück kostet ab

33 Mark, Vollpension pro Person ab 27 Mark. Preise für Glamoč (2 Hotels): Doppelzimmer ab 25 Mark, Vollpension ab 19 Mark.

PAUSCHALREISEN: Die hier beschriebene Wanderung bietet das Reisebüro Kuoni an. Preis der 15tägigen Reise (mit Flug Frankfurt–Split und Dubrovnik–Frankfurt) einschließlich Übernachtung und Verpflegung: 1565 Mark. Weitere Auskünfte über die deutsche Zentrale in 8000 München 2, Postfach 505, Telephon (0 89) 2 60 70 41 (Filialen in Freiburg, Konstanz und Villingen). Die gleiche Wanderung hat Inter-Air/Frankfurt im Programm. Baumeler/Luzern (vertreten durch FIT-Reisen/Frankfurt) bietet eine 14tägige Wanderung »Von Rab über Sarajevo nach Dubrovnik« für 1415 Mark an (Flug ab Frankfurt, Halbpension).

SONSTIGES: Die meisten Wanderungen sind ganztägig. Hohe, wasserundurchlässige Wanderschuhe sind erforderlich. Detaillierte Auskünfte über Wanderrouten erteilen die örtlichen Touristenbüros in Bosnien. Gebietsprospekte verschickt das Frankfurter Büro.

EINREISEBEDINGUNGEN: Personalausweis.

DEVISEN: Für 14,50 Mark bekommt man 100 Dinare. Es dürfen 1500 Dinare ein- und 1000 ausgeführt werden.

REISEFÜHRER UND KARTEN: Jokic, Touristenführer Bosnien-Herzegowina, 128 Seiten, etwa 10 Mark; Touropa Urlaubsberater, Süddalmatien und Montenegro, 96 Seiten, 5,80 Mark; Jugoslawisches Binnenland: Schroeder Verlag, 176 Seiten, 16,80 Mark; Grieben, Band 283, 226 Seiten, 8,80 Mark; Jugoslawien: Der Große Polyglott, 400 Seiten, 13,80 Mark; ADAC-Autoreiseführer, 254 Seiten, 19,80 Mark; SVM, Mit dem Auto wandern, 272 Seiten, 8,50 Mark. – Freytag-Berndt, Autokarte Jugoslawien, 1 : 600 000, 7,80 Mark; DZS, Autokarta Jugoslavije, Blatt 2, Bosnien-Dalmatien, 1 : 500 000, 6 Mark.

AUSKÜNFTE: Unis Turist, Marsala Tita 24, YU-71000 Sarajevo; Jugoslawisches Fremdenverkehrsamt, Goetheplatz 7, 6000 Frankfurt, Telephon (06 11) 28 51 63.

CINQUE TERRE: Kompliment an eine schöne Heimat

Von Cornelia Jacobsen

»Wenn Du bergwärts schaust, kann gar nichts passieren«, sagte der Mann vor mir zu seiner Frau.

Fast alle schauten auch ohne Aufforderung bergwärts, weil die andere Blickrichtung bei allem Reiz doch etwas gefährlich war: Es ging etwa hundert Meter steil abwärts zum Ligurischen Meer. – Die Berg- und Wandergewohnten waren leicht aus der Gruppe herauszuerkennen: Sie gingen sicherer, schneller, und sie waren aufmerksamer. Die Trainierten halfen den Untrainierten, schwierige Wegstellen zu überwinden. Ich habe selten erlebt, daß man sich innerhalb einer doch recht großen Gruppe – wir waren 35 – so selbstverständlich umeinander kümmert ... ohne jegliche Anbiederung.

Eine Woche lang »erliefen« wir uns eine der sicherlich schönsten Gegenden Italiens, die Cinque Terre. Ein wildes, felsiges Küstenstück, dessen Name sich von den fünf Hauptorten herleitet: Monterosso, Vernazza, Corniglia, Manarola und Riomaggiore. Ein Dorf ist pittoresker als das andere, die Häuser – grau, rosa, grün und gelb – scheinen geradezu übereinander getürmt zu sein, so wenig Platz lassen die steilen Berge. Die Cinque Terre liegen – grob ausgedrückt – zwischen Genua und La Spezia.

Wer geht – ausgerechnet südlich der Alpen – zu Fuß? Verspätete Wandervögel? Verrückte Wandersportler? – Beides nicht.

Es sind einfach Leute, die in ihren Ferien nicht nur sitzen, liegen oder Autofahren wollen (was ja die meisten das ganze

Jahr im Überfluß tun), sondern die sich bewegen wollen, ohne sich einer bestimmten Sportart zu verschreiben oder verschreiben zu können, die ihren Beinen etwas zutrauen, ihrem Kreislauf mitunter etwas zumuten, und die lieber die Dolomiten in zehn Tagen kennenlernen, als Europa in zehn Tagen zu »machen«.

Der Schweizer Reiseveranstalter Baumeler (Luzern, Grendel 11) hat den Trend, in möglichst kurzer Zeit möglichst große Entfernungen zurückzulegen, seit 16 Jahren souverän mißachtet. Seine Devise heißt: Ferien auf eigenen Füßen. Seine Kunden lernen die Gegend, die sie sich ausgesucht haben, ziemlich gut kennen.

Die Auswahl an Gegenden ist groß: Island oder Istrien, Schweden oder Sizilien, fast überall in Europa bietet diese Organisation ihre »gut rekognoszierten Wanderwege« plus Reise, Unterbringung und Service an.

Die teuerste aller 77 Reisen aus dem Katalog kostet 6500 Franken und dauert 23 Tage (Korea/Hongkong), die billigste (Wallis) dauert sieben Tage und kostet 490 Franken. Die Cinque-Terre-Tour kostet für acht Tage ab Zürich 590 Franken.

Ferien zum Ausschlafen am Morgen sind Wanderferien natürlich nicht. Aber: Wann sieht man schon sonst das Meer um halb acht an einem sonnigen Oktobermorgen? – Die Touristen sind fort, das Dorf zeigt sein Alltagsgesicht. Der Fischverkäufer unterhält sich mit seinen Kundinnen und mit der Maronibraterin von nebenan, man erkundigt sich ausführlich nach Kindern, Neffen, Onkeln und Schwägerinnen, der Friseur steht vor der Ladentür und redet mit dem einzigen Taxifahrer des Ortes, der jetzt nicht viel zu tun hat. Auch mit »gli Svizzeri«, mit den Schweizern, macht man eine kleine »Chiacchierata«, einen Schwatz soweit die Worte reichen.

Komische Vögel sind wir in den Augen der Einheimi-

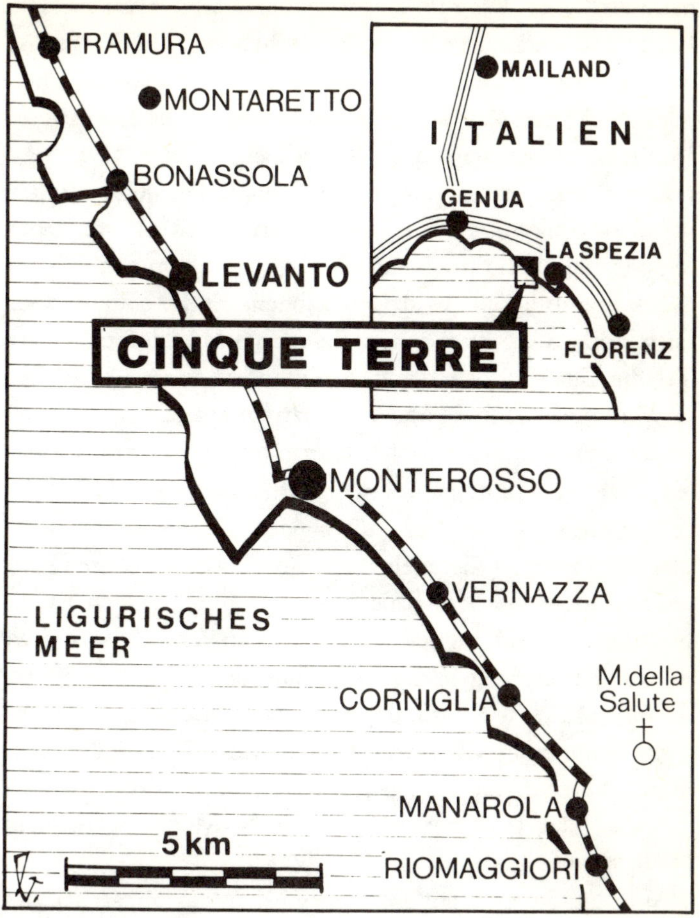

schen zweifellos, wie wir in Bundhosen und derben Schuhen, mit bunten Rucksäcken oder Umhängetaschen freiwillig auf die Berge laufen. Manche schütteln amüsiert die Köpfe, andere aber nehmen es wohl irgendwie als Kompliment für ihre schöne Heimat, daß Fremde so viel Mühsal auf sich nehmen, sie kennenzulernen.

Die Cinque Terre gelten als eines »der letzten Paradiese Europas«, weil man sie nur sehr begrenzt mit dem Auto bereisen kann. Es gibt längst nicht überall Straßen. Die Hauptorte sind durch die Bahn verbunden, die Strecke ist in den Felsen gehauen, nur hin und wieder gibt es einen sekundenkurzen Ausblick auf das Meer und die Landschaft.

Wir benutzen diese Bahn jeden Tag, um eine oder mehrere Stationen von unserem ständigen Urlaubsort, Monterosso, wegzukommen und zu wandern, oder um von einer Wanderung nachmittags schneller zurückzukommen.

Bis Framura sind es drei Stationen. Es ist sonnig, aber doch noch recht kühl. Vom Bahnhof aus steigt man eine Treppe hinauf. Oben ziehen sich die meisten die Jacken aus und krempeln Hemd- und Blusenärmel auf. Es geht vorbei an ein paar unscheinbaren Häusern, hinein in einen schmalen Weg, und plötzlich ist man mitten in sehr wilder, sehr südländischer Natur. Es duftet nach Thymian und Rosmarin –, manche sammeln zum Spaß alle bekannten und unbekannten Kräuter –, hier und dort gibt es einen Eukalyptusbaum, und weiter geht es an steilen, abgeernteten Rebhängen entlang. Unten liegt postkartenblau das Meer, es sind fast keine Schiffe da, man sieht winzige Felsenbuchten, die nur vom Wasser aus zugänglich sind. Es geht noch immer bergauf, die beiden Reiseleiter zeigen uns unser erstes Ziel, das Dörfchen Montaretto. In Montaretto soll es Wein für uns geben.

Wir laufen und laufen. Mir wird etwas angst bei der Vorstellung, daß die übliche Wanderleistung laut Prospekt zwischen dreieinhalb und fünf Stunden täglich liegt. Man brauche kein besonderes Training, um das durchzuhalten, eben eine »normale« Konstitution, hieß es. Hinterher wußte ich: das stimmt. Aber auf der ersten, auch noch auf der zweiten Wanderung kommen vielen, so wie mir, Bedenken: das sind die »strengsten« Tage. Übrigens bleibt es jedem Teilnehmer unbenommen, an einer Wanderung nicht teilzunehmen.

Nach einem ausgiebigen Weinfrühstück stiegen wir wieder hinunter ans Meer, nach Bonassola. Die Beine taten weh, bergab ist es nicht weniger anstrengend als bergauf.

Nach dem Essen im Dorf (vorzüglich!) marschierten wir dann den roten »Baumeler«-Pfeilen und Pfeilrudimenten nach durch Wiesen und Wäldchen, nach Levanto. Und mit der Bahn die eine Station zurück nach Monterosso. – Duschen, Hinlegen, Augen zu bis zum Abendessen.

Was tut man danach? – Die meisten legten sich zeitig schlafen, manche gingen in »das Nachtlokal«. Zum Reiseprogramm gehört auch ein Pizzaabend mit Musik.

Unsere Gruppe – wie fast alle Baumeler-Gruppen – hatte ganz erheblichen Frauenüberschuß, es waren nur sieben (Ehe-)Männer dabei. Auch das Durchschnittsalter entsprach nicht der von Leistungsgesellschafts-Fanatikern geforderten Jugendlichkeit. Mich hat beides nicht gestört. Das Klima innerhalb der Gruppe war angenehm und ohne Spannungen.

Einmal habe ich sehr gestaunt: Das Wetter war unfreundlich; es stürmte, daß das Mittelmeer so dramatisch wie die Nordsee im Herbst aussah. Wir waren nach Riomaggiore gefahren, von dort aus über die »Via dell'amore«, hoch über dem Wasser, nach Manarola gegangen, dann bergauf über Groppo und Volastra, zwei armen, elektrizitätslosen Bergdörfern (niedlich zum Ansehen, höllisch sicher zum Bewohnen), zur Kirche »Madonna della Salute«. Dort kauerten sich alle so gut es ging in den Windschatten und aßen das mitgenommene Picknick. Alle nahmen die Situation mit Humor. Eigentlich hätte es nun weiter nach Porigiana und dann hinunter nach Corniglia gehen sollen, aber unsere Reiseleiter hatten Bedenken: Der Weg sei bei diesem Sturm nicht ungefährlich, er sei teilweise sehr schmal und steil und ohne eine Möglichkeit, sich festzuhalten. Ohne lange Diskussion wurde darüber abgestimmt, ob man trotzdem weitergehen oder aber umkehren solle. Etwa drei Viertel der

Teilnehmer stimmten für Umkehr. Bei der »Opposition« sagten manche »schade«, aber das war auch alles. Es wurde nicht gemeutert, keiner bestand darauf, nun trotzdem zu gehen (einer der beiden Reiseleiter hätte mitgehen müssen). Die Mehrheit hatte halt entschieden, die Minderheit fügte sich. Ich glaube nicht, daß so etwas in einer rein deutschen Gruppe so friedlich geregelt worden wäre.

Nicht erst an dem Sturmtag hatte ich mich gefragt: »Was tut man eigentlich, wenn unterwegs etwas passiert?«

Unsere Reiseleiter, ein Student der Betriebswirtschaft und eine zierliche Sprechstundenhilfe, die für diesen Job Urlaub genommen hatte, zeigten mir ihre Reiseapotheke und sagten, daß man sie nie, nie vergessen dürfe. In dem Kasten gab es Pflaster, natürlich Kopfwehtabletten und Magenmedizin, Schlangenbißserum; außerdem gab es ein Büchlein, in dem säuberlich von Hand notiert war, was man in welchem Fall zu tun habe. Da stand zum Beispiel bündig: »bei Kollaps: Coramin«.

Auf unserer Reise litt keiner unter Schlimmerem als Muskelkater oder einer wunden Stelle am Fuß. Wie war das sonst? Die Unfallstatistik sei durchaus erfreulich, versicherten unsere Reisebegleiter, auch auf den anderen Reisen.

Erfreulich auch dies: Ich fragte, ob es irgendwelche Berufsgruppen gäbe, die besonders stark auf solchen Reisen vertreten seien. – »Aber das wissen wir doch nicht! Auf den Anmeldungen steht es nicht, und gefragt wird doch keiner.« Nach und nach kam es – teilweise – in den Unterhaltungen heraus. Eine ältere Dame wurde als »Frau Professor« erkannt, verbat sich diese Anrede aber sofort sehr entschieden. Einer war Nationalrat. Es gab einen Förster aus Graubünden und ein Büfettfräulein aus Interlaken, ein paar Sekretärinnen, eine Fernsehredakteurin, drei junge Mädchen (die lustigsten) erzählten, daß sie Fürsorgerinnen wären. Die anderen? – Keine Ahnung, es war auch unwichtig. Niemand hat geprotzt, niemand war Mauerblümchen, man war gleichmäßig freundlich miteinander. Sicherlich gab es besondere Sympathien, aber Cliquen bildeten sich nicht. Die einzige Deutsche, ich, wurde behandelt wie alle anderen, nur daß man sich bemühte, Hochdeutsch zu sprechen; obwohl das für manche gar nicht so einfach war.

Es liegt auf der Hand, daß solche Reisen kaum nach jedermanns Geschmack sein können. Sie sind Leuten zu empfehlen, die gern laufen, die andere Leute mögen, die es herrlich finden, mit Löwenappetit zu essen und zu trinken, die wissen, daß Schlaf durch körperliche Anstrengung erst schön wird, die eine Gegend nicht abhaken, sondern ansehen wollen.

Sie taugen nicht: für Snobs, für Mädchen, die im Urlaub einen Mann finden wollen, für Herzkranke, Kilometerfresser und für Spielverderber.

Informationen und Preise

Anreise: Der Linienflug Frankfurt-Genua-Frankfurt kostet 598 Mark. Bei einem Aufenthalt zwischen 6 bis 30 Tagen ermäßigt sich der Preis auf 444 Mark. Die Bahnfahrt von Genua nach Monterosso (74 km) kostet hin und zurück 5,60 Mark. Für die Bahnfahrt Frankfurt-La Spezia und zurück zahlt man 1. Klasse 254 Mark, 2. Klasse 160,20 Mark. Entfernung Frankfurt-Genua: 1450 km; Genua-La Spezia: rund 100 km. Die Cinque Terre können inzwischen teilweise mit dem Auto erreicht werden. Alle Orte sind durch eine Bahnlinie verbunden, die meist durch Tunnel und Galerien führt.

Unterkünfte: Beim Verkehrsverein von La Spezia erhält man ein regionales Verkehrsverzeichnis für die Cinque Terre. In Monterosso, dem größten Ort dieses Gebiets, werden Übernachtungen im Doppelzimmer zwischen 3000 Lire (ohne Bad) und maximal 15 000 Lire (mit Bad, Kategorie 2) angeboten.

Pauschalreisen: Baumeler hat die Cinque Terre in den Monaten März bis Mai sowie September bis Oktober (16 Termine) im Wanderprogramm. Die 9-Tage-Reisen kosten einschließlich Bahnfahrt Zürich-

Monterosso, Übernachtung mit Halbpension, 590 Mark. Standquartier ist das Hotel in Monterosso. Buchung in Deutschland über FIT-Reisen/Frankfurt. Das Programm von Imbach/Luzern verkauft Inter-Air/Frankfurt: Für 9 Tage Cinque Terre zahlt man ab Zürich 650 Mark (Vollpension). Weitere Pauschalangebote sind nicht bekannt. Eine Städte-Reise nach Genua (6 Übernachtungen) kostet bei Airtours mit Flug ab Frankfurt 628 Mark.

SONSTIGES: Das Gebiet Cinque Terre gehört zur italienischen Region Ligurien (Hauptstadt Genua). Das Landesfremdenverkehrsamt von La Spezia ist zuständig für die 5 Orte, die mit einer Küstenlänge von 18 km an der Riviera di Levante (Monterosso bis Riomaggiore) liegen. Auskunftsstellen für Touristen außerdem in Vernazza und Corniglia.
Die Wanderleistung beträgt pro Tag etwa 5 Stunden, solide Wanderschuhe sind mitzubringen.

EINREISEBEDINGUNGEN: Personalausweis.

DEVISEN: 1000 Lire entsprechen rund 2,70 Mark. Einfuhrbestimmungen sind zu beachten!

REISEFÜHRER UND KARTEN: Paragon/Caballo, Reiseführer Ligurien, 128 Seiten Text, 200 Abbildungen, Karten/Pläne, 12,80 Mark. Führer: Italienische Riviera (mit Ligurien): Touropa, Band 405, 96 Seiten, 5,80 Mark; Polyglott, Band 758, 64 Seiten, 4,80 Mark; Grieben Band 79, 222 Seiten, 8,80 Mark; Nagel, Französische/Italienische Riviera, 716 Seiten, 35 Mark. – Internationale Generalkarte, Italienische Riviera, 1 : 200 000, 3,80 Mark, Amtliche Karte Italien, Blatt 95, La Spezia, 1 : 100 000, 7,20 Mark; Litografia Artistica Cartografica (LAC), Touristenkarte Cinque Terre, 1 : 40 000, 6,50 Mark.

AUSKÜNFTE: Staatliches Italienisches Fremdenverkehrsamt ENIT, Kaiserstraße 65, 6000 Frankfurt, Telephon (06 11) 23 12 13; Büros in: Berliner Allee 26, 4000 Düsseldorf, Telephon (02 11) 37 70 35; Goethestraße 20, 8000 München 2, Telephon (0 89) 53 03 69.

FLANDERN: Das Tagesziel ist immer vor Augen

Von Jürgen Peters

Nach vier Tagen Fußwanderung stehe ich an der flandrischen Nordseeküste, irgendwo zwischen Blankenberge und Oostende. Vier Tage habe ich gebraucht, um von Gent über Brügge hierher ans Meer zu gelangen. Vor mir breitet sich gelbbrauner Sand aus, darüber ein leicht verhangener Himmel mit grauen Wolken, dahinter die Dünenkette. Eine Landschaft voller Charme, Corot könnte sie gemalt haben, oder Ostade, aber dieser Landstrich war die Heimat der Gebrüder van Eyck, Memlings, Pieter Breughels, übrigens auch Till Eulenspiegels.

Warum durch Flandern wandern? Belgiens Ruf als Touristen- und Urlaubsland gründet sich gewiß darauf, daß man in diesem verhältnismäßig kleinen Staat (rund 30 500 qkm) nur wenige Kilometer zu fahren braucht, um von einem ins andere Landschaftsbild zu wechseln, von leicht hügeligem Gelände in eine Heide- und Moorlandschaft, von der ebenen und flachen Polderszenerie zur See mit ihren Dünen.

Flandern ist der an die Niederlande grenzende Teil Belgiens mit den Provinzen West- und Ostflandern, Antwerpen, Limburg, nebst der nördlichen Hälfte von Brabant. Gent, die im Herzen Ostflanderns gelegene Hauptstadt, war unser Ausgangspunkt. Die vorherrschende Sprache ist hier flämisch, sonst hört man noch französisch.

Dreizehn Jahre ist es her, daß ich meinen letzten Gepäckmarsch gemacht habe, damals, weil es der Verteidigungsminister so wollte. Diesmal ging ich freiwillig, auch mit reichlich Gepäck, aber ohne große Vorausplanung. Nur die Gegend war klar – die belgische Provinz Flandern, und unser erstes großes Ziel sollte Brügge sein. Diese Landschaft war mir spontan eingefallen, »Wandern durch Flandern« gefiel mir so gut.

Übernachtet hatten wir – mein Wanderfreund und ich – in einem kleinen Hotel am Genter Koornmarkt. Während ich die Feldflasche mit klarem Wasser füllte, gab unsere Wirtin uns beim frühen Aufbruch noch einige Tips mit auf den Weg. Der wichtigste: Wir sollten uns am Kanal, der von Gent über Brügge nach Oostende führt, immer am linken Ufer halten. So könnten wir die großen Straßen meiden.

Als erste Zwischenstation hatten wir den kleinen Ort Ursel angepeilt, etwa 22 Kilometer von Gent auf halber Strecke nach Brügge gelegen. Hier wollten wir übernachten. Als wir nach einer Stunde Pflastertreterei das Weichbild von Gent, immerhin eine Stadt von nahezu 250 000 Einwohnern, verlassen hatten, standen wir ziemlich unvermittelt in der flandrischen Landschaft. Auf schmalen, aber gut ausgebauten Wegen trotteten wir immer an der linken Seite des Kanals entlang, nur vereinzelt sahen wir einige Bauernhäuser, ein andermal zwei verrottete Schiffe am Kanalufer, selten wurden wir von einem Auto überholt, hin und wieder kam uns ein Radfahrer entgegen.

Hier am Kanal war es Anfang September schon recht kühl. Schnurgerade meist teilt der Kanal das flache Land, wird von Pappeln gesäumt; verlaufen kann man sich hier kaum. Auf dem Kanal selbst weit und breit kein Schiff. Die Maisfelder standen kurz vor der Ernte, Tupfen von Mohn- und Kornblumen dazwischen. Nur gelegentlich wurde die Stille durch Schüsse unterbrochen – in Belgien ist die Jagd auf Vögel sehr großzügig geregelt.

Der erste größere Ort, den wir passierten, war Loven-

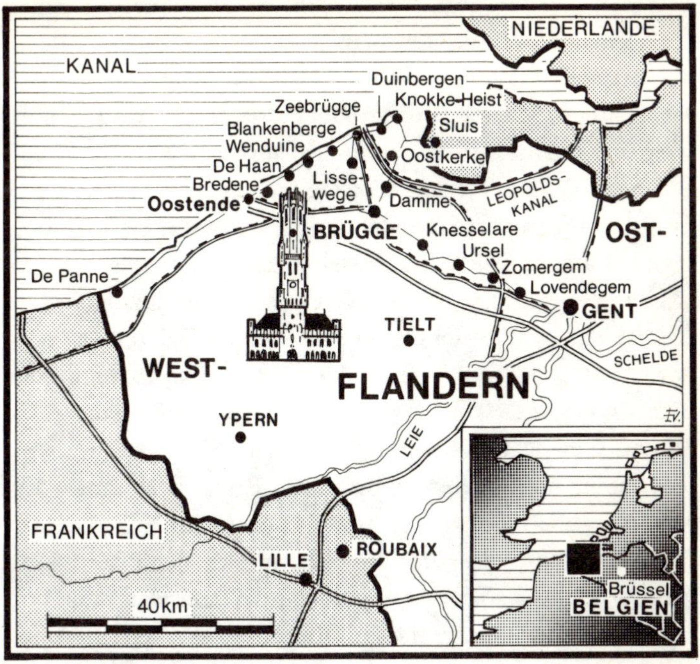

degem. Bis dorthin waren wir den Ratschlägen unserer Genter Wirtin gefolgt. Doch kurz vor dem Ortseingang hielt plötzlich neben uns ein Opel – unsere Wirtin. Angeblich hatte sie auf dem Amt ihrer Geburtsstadt Lovendegem zu tun, doch wir wurden den Verdacht nicht los, daß sie uns nur nachgefahren war, um uns noch ein Stück weiterzuhelfen.

Durch Felder und Wiesen, diesmal auf schmalen Pfaden, marschierten wir, mit neuen Ermunterungen versehen, weiter auf Zomergem zu (die Flamen sprechen es Sommerchem), wieder am Kanal entlang, diesmal aber auf der rechten Seite. Überall Kühe, die das saftige Gras nicht hochwachsen lassen, und dazu Schweineherden. Der Geruch von Schweinen verfolgte uns noch den ganzen Tag, besonders intensiv, wenn wir durch die kleinen Ortschaften kamen.

Unsere Wanderkarte zeigte südlich von Zomergem einen Querkanal, dort mußten wir, nach den Worten unserer hilfsbereiten Flämin, rechts ab. Eine alte Ziehbrücke, nicht mehr intakt, diente einem jungen Maler als Modell. Abwechslung auch durch einen Schleppzug auf dem Kanal. Ein paar Worte, offenkundig freundlich, zu verstehen war nichts, dafür tuckerte in dieser Stille der Motor zu laut. Wenige Kilometer weiter das Rasseln eines Eimerbaggers.

Um die Mittagszeit in Ursel die erste unangenehme Überraschung: Wir fanden in dem kleinen Ort keinen Gasthof zum Essen, geschweige denn zum Übernachten. Nur Bier und Kaffee gab's, aber zum Bier nicht einmal eine Wurst, zum Kaffee bestenfalls Kuchen. So zogen wir weiter, immer noch voller Optimismus. Etwa zweieinhalb Kilometer außerhalb Ursels ein kleiner Lichtblick: ein modernes, kürzlich erbautes Restaurant, das dem Aero-Club gehört. Später haben wir nie wieder so preiswert, gut und reichlich gegessen: ein riesiges Kalbsfilet mit verschiedenen Pilzen, Salaten, Rotweinsoße, Vanilleeis und Schokoladencreme, für jeden Getränke, und das alles für 460 Francs (rund 30 Mark). Aber schlafen konnten wir auch hier nicht, also weiter ... und jetzt begann unser Stimmungsbarometer schon beträchtlich zu sinken.

Im nächstgrößeren Ort, Knesselare, rund neun Kilometer vor Brügge, konnte uns dann selbst die Müdigkeit nicht mehr aufhalten – wir sahen die ersten Türme ja schon in der Ferne und wollten nichts anderes als ein kühles Bier und dann ein heißes Bad ... Eine merkwürdige Euphorie überfiel uns, fast hätten wir vergessen, daß wir ja erst einmal die Rast beenden mußten.

Ich hatte bislang nicht gewußt, wie schwer ein zweites Paar Schuhe, eine Ersatzhose, die nötige Wäsche sein können. Der dicke Pullover war auch nur Ballast! Die Feldflasche, inzwischen leer, schepperte mit jedem Schritt, der immer langsamer wurde, die Füße brannten, der letzte Kilometer nahm kein Ende. Ein Königreich für ein Fahrrad.

Im ersten Hotel in Brügge hatten wir Pech: angeblich nichts frei, auch im zweiten und dritten nichts. Erst im vierten hatten wir Glück. Glück? In die ersten drei waren wir mit dem Rucksack auf dem Rücken reingestiefelt, natürlich in Jeans und, zugegeben, leicht lädiert und etwas verstaubt. Vielleicht konnten wir im vierten Hotel nur deshalb bleiben, weil Freund Hansel erst einmal samt Gepäck vorsichtshalber an der Hausecke zurückblieb?

Hier soll nicht Brügge beschrieben werden, doch wer kann es uns verdenken, daß wir am nächsten Tag eine Ruhepause einlegten – nach diesem Marsch von nahezu 46 Kilometern – und die alte Stadt bewunderten. Vom Belfried mit seinem weltberühmten Glockenspiel auf dem Marktplatz sieht man die Nordsee – dorthin wollten wir, über Damme, Oostkerke, Knokke, nach Zeebrügge.

Auf dem Pfad neben dem Kanal, den die Belgier übrigens Napoleon verdanken, von Damme nach Brügge soll einst Costers Till Eulenspiegel in die Welt gezogen sein. Nun wanderten wir mit verpflasterten und gesalbten Füßen in umgekehrter Richtung zwischen vier Reihen mächtiger Pappeln nach Damme, einstmals Vorhafen von Brügge.

Heute ist Damme ein verträumter kleiner Ort, überragt von einem riesenhaften, so gar nicht ins bescheidene Bild passenden quadratischen Kirchturm. Wenig mehr als tausend Menschen (einst 8000) leben in den meist weißgetünchten Häusern mit bunten Blumenfenstern, daneben rote und grüne Fensterläden, wie überall. Nur eines ist hier anders. Namen und Schilder erinnern an Till Eulenspiegel (der angeblich hier geboren wurde), beispielsweise das Feinschmecker-Restaurant *Lamme Goedzak*. Lamme war Tills Wandergefährte in Costers Roman. Mein Wandergefährte und ich machten erst einmal Rast.

Durch die flache Polderlandschaft mit ihren schnurgeraden Kanälen und Gräben ging es weiter in nordöstlicher Richtung am Kanal Brügge-Sluis (in Holland gelegen) entlang nach Oostkerke. Der Kirchturm war schon in Sicht, so hatten wir das nächste Ziel immer vor Augen.

Am Leopolds Kanal trafen wir Angler (Aale) und Landschaftsmaler, hier ist ihr Dorado.

Knokke-Heist, Duinbergen, Städte und Orte, die schon an der Küste liegen, großzügige Parks und Villen mit großen Gärten, ein berühmtes Naturschutzgebiet – wir wollten bis zum Abend noch die sieben Kilometer bis Zeebrügge hinter uns haben. Unser erster Weg führte zur Touristik-Information, dann in die Hotels. Was dann kam, machte uns schon wieder Spaß, wir wurden gemustert von oben bis unten – die Herren Gurkendiebe, denn so kamen wir uns wahrhaftig vor, gaben sich die Ehre. Im zweiten Hotel wieder die bewährte Masche, Gefährte und Gepäck blieben draußen, es klappte.

Das Abendessen entschädigte uns dann für die mühsam abgelaufenen Kilometer – rund 30 mögen es wohl wieder gewesen sein –, frisches Zeebrügger Meeresgetier, direkt vom Kutter eine Tüte Garnelen (die bei uns fälschlicherweise Krabben genannt werden) und Muscheln.

Der stumpfe Backsteinbau der Kirche von Lissewege, etwa vier Kilometer landeinwärts, hatte es uns angetan. Am größten Glasofen der Welt vorbei, an kilometerlangen Sanddornhecken entlang erreichten wir Lissewege. Damme und Lissewege sind wohl die schönsten Orte der flandrischen Polderlandschaft. Freilich findet man hier noch Bunkerreste und alte Geschützstände aus dem letzten Krieg.

Zurück zur Küste laufen wir querfeldein durch die Polder auf Blankenberge zu. Mit der hohen Skyline, dem Casino und einer weit ins Meer hinausgebauten Pier gehört Blankenberge zu Belgiens beliebtesten Seebädern. Es ist ganz anders als Knokke, wo mehr Betrieb als auf Sylt ist. Blankenberge ist leiser, vielleicht bedächtiger. Etwas weiter dann De Haan, ein kleiner Badeort mit sauberen hübschen Häuschen, in deren Vorgärten der Seewind an der aufgehängten Wäsche zerrt. Weiter führt die Straße am Golfgelände Oostendes entlang und durchquert Bredene (mit einer sehr hübschen Dünenkette). Und dann läuft die »königliche Straße« in Oostende aus, der Stadt, die die Belgier als »Königin der Badeorte« bezeichnen. Wir hatten uns auch ausgelaufen, wir mochten nicht mehr.

Wer aber diese Straße, auf deren gesamter Länge von 67 Kilometern übrigens regelmäßig eine elektrische Straßenbahn verkehrt (wichtig für Faule und Fußkranke), nicht benutzen will, kann in den flachen Kieferwäldern südlich der Route Royale genügend Wanderwege und ruhige Plätze finden. An Wochenenden ist die Straße beliebte Trainingsbahn der vielen »Eddy Merckx'«.

Jetzt, da wir die Wanderung hinter uns haben, bleibt zu sagen, daß wir manchen Kilometer »gefressen« haben, weil wir uns vielleicht zuviel vorgenommen hatten. Ein Fehler war aber sicherlich auch, in Gent zu beginnen. Brügge wäre idealer gewesen. Alles in allem, Flandern ist durchaus ein Land, um sich dort wohlzufühlen und zu erholen, nur – wandern würde ich dort nicht noch einmal: Das nächste Mal nehme ich ein Rad.

Informationen und Preise

ANREISE: Bahnrückfahrkarten von Frankfurt nach Gent kosten 1. Klasse 189,40 Mark und 2. Klasse 120,60 Mark, die Ferienkartenermäßigung beträgt 16 Mark in der 1. und 10 Mark in der 2. Klasse.

Ein Rückfahrschein der Europabusse von Frankfurt nach Brüssel kostet 88 Mark und 108 Mark bis nach Oostende. Im Winterhalbjahr wird

DIE WANDERROUTE

1. Tag: Abreise mit dem Zug von Hamburg Hauptbahnhof 22.50 Uhr (Liegewagen).
2. Tag: Ankunft in Gent 8.45 Uhr. Ausflüge und Besichtigungen.
3. Tag: Wanderung von Gent nach Brügge, über Zomergem, Ursel, Knesselare, rund 45 Kilometer.
4. Tag: Ruhetag mit Besichtigungen.
5. Tag: Wanderung von Brügge über Damme, Knokke nach Zeebrügge, etwa 25 Kilometer.
6. Tag: Wanderung von Zeebrügge über Lissewege, Blankenberge nach Oostende, ca. 30 Kilometer.
7. Tag: Ausflüge, abends Rückfahrt mit dem Zug nach Brüssel, Übernachtung.
8. Tag: Rückreise mit dem Zug von Brüssel-Midi 12.10 Uhr. Ankunft Hamburg Hauptbahnhof 19 Uhr.

die Strecke einmal wöchentlich (sonntags) und im Sommerhalbjahr viermal in der Woche gefahren.

Die kürzeste Reiseroute für Autofahrer ab Frankfurt: Autobahn Köln – Aachen – Brüssel – Gent (rund 460 km).

UNTERKÜNFTE: Übernachtungsmöglichkeiten gibt es vorwiegend in den Städten, an der Küste und in Küstennähe, die Gasthäuser der kleineren Ortschaften im Landesinneren sind bisher kaum auf Zimmervermietung eingerichtet. Für Übernachtung mit Frühstück im Doppelzimmer bezahlt man pro Person in kleinen Hotels (Waschbecken im Zimmer) zwischen 15 und 30 Mark; Mittelklassehotels (Zimmer mit Bad) berechnen bei gleicher Leistung zwischen 25 und 40 Mark, und in einfachen Pensionen und Gasthäusern liegen die Preise zwischen 15 und 20 Mark.

Privatvermieter (nur an der Westküste von Westflandern) nehmen für ein Doppelzimmer mit Frühstück pro Person 12 bis 15 Mark.

In den Jugendherbergen liegt der Übernachtungssatz zwischen 4 und 5,50 Mark, zusätzlich 2 Mark für Frühstück (Internationaler Jugendherbergsausweis erforderlich).

Ein Hotelverzeichnis aller eingetragenen Hotels einschließlich Preisangaben sowie eine Jugendherbergsliste verschickt das Belgische Verkehrsamt kostenlos.

SONSTIGES: In Gent im World Trade Center (Stadtmitte) gibt es eine überdachte Garage, in der pro Woche 450 bfr Unterstellgebühr verlangt werden.

Von Knokke bis De Panne fährt eine Straßenbahnlinie (etwa 67 km an der Küste entlang), die einfache Fahrt kostet 60 bfr (ab Oostende bis De Panne beziehungsweise bis Knokke).

Die beste Zeit für Flandern-Wanderungen: Ende April bis Ende Oktober.

EINREISEBEDINGUNGEN: Personalausweis.

DEVISEN: Derzeitiger Wechselkurs: 100 Belgische Francs (bfr) = 6,55 Mark.

WANDERFÜHRER UND KARTEN: Spezielle Wanderliteratur gibt es nicht für Flandern. Ersatzweise zu empfehlen: Domke, Flandern, rund 330 Seiten, Photos, Abbildungen, 28,50 Mark; DuMont Kunstreiseführer: Grimme, Belgien – Spiegelbild Europas, 224 Seiten, Photos, Skizzen, Stadtpläne, 22,80 Mark; Nagel, Belgien und Luxemburg, 450 Seiten, 10 Pläne, 16 Seiten dreifarbige Tafeln, farbige Karte, 22,50 Mark; Goldstadt, Band 4, Belgien, 275 Seiten, 32 Photos, 36 Zeichnungen und Planskizzen, Stadtplan von Brüssel, 9,80 Mark; Grieben, Band 22, Belgien und Luxemburg, 216 Seiten, Übersichtskarte, 8,80 Mark; Polyglott, Band 713, Belgien und Luxemburg, 64 Seiten, Routen, Skizzen, 4,80 Mark.

Touristenkarten (mit Kilometerangaben): de Rouck Nr. 52, Flandre Occidentale (Westflandern mit Brügge und Oostende), de Rouck Nr. 60, Flandre Orientale (Ostflandern mit Gent), 1 : 100 000, je 7,50 Mark; Carte topographique de base de Belgique (Serie M 736), Blätter 13, 14, 15, 21, 22, 23, 1 : 50 000, etwa je 5 Mark. In einigen Verkehrsämtern der Provinz Westflandern kann man regionale Wanderkarten erhalten. (Informationen in dem Prospekt »Das grüne Westflandern«, der kostenlos vom Belgischen Verkehrsamt versandt wird.)

AUSKÜNFTE: Verkehrsamt Ostflandern, Koningin Maria-Hendrikaplein 27, B-9000 Gent, Telephon (00 32 91) 22 16 37; Verkehrsamt Westflandern, Vlamingstraat 55, B-8000 Brügge, Telephon (00 32 50) 33 73 44; Belgisches Verkehrsamt, Berliner Allee 47, 4000 Düsseldorf, Telephon (02 11) 32 60 08.

HARZ: Die Brockenhexe tanzt nicht mehr

Von Stefan Woltereck

Eilige Reisende auf der Nord-Süd-Autobahn nehmen den Harz kaum zur Kenntnis. Er ist ein blauer Schatten im Osten, nur zwei Ausfahrten weisen auf ihn hin: Seesen/Harz und Kl. Rhüden/Harz. Daß er in der Tat eines der kleineren Wandergebiete ist, offenbart ein Blick auf die Karte: Knapp 50 Kilometer sind es von Norden nach Süden, rund 30 Kilometer vom Westen bis zur Grenze.

Das ist der bundesdeutsche Harz, der Rest liegt im anderen Teil Deutschlands. Das Westentaschenformat bestimmte unseren Plan, nicht von Ort zu Ort zu marschieren, sondern in der Mitte ein Standquartier zu suchen und von da aus strahlenförmig in verschiedene Richtungen vorzustoßen. Auf diese Weise kombinierten wir auch unser uriges Wandervorhaben mit Komfort, wir bezogen Quartier im »Gebirgshotel« Altenau, einem gutbürgerlichen Haus mit Schwimmbad.

Erster Abstecher war Goslar. Ein Besuch beim Harzer Verkehrsverband versorgte uns mit ausreichender Wanderliteratur. Wer kennt Goslar? Wenn man durchs Breite Tor in die Stadt hineinfährt, fühlt man sich unvermittelt um Jahrhunderte zurückversetzt. In der alten Reichs- und Hansestadt Goslar hielt Barbarossa Hof, hier fand einmal ein Reichstag statt, die Kaiserpfalz, der größte und älteste Bau dieser Art in Deutschland, legt noch heute Zeugnis ab von dieser längst vergangenen Glanzzeit.

Das »Brusttuch«, im hohen Saal eines ehemaligen Bürgerhauses einquartiert, setzt für Harzer Gastronomieverhältnisse außergewöhnliche Maßstäbe. Hier ließen wir es uns nach einem ausgedehnten Stadtbummel bei Hasenrücken gut sein. Schlemmerrestaurants mit roten Kochmützen (Varta-Führer) oder den berühmten fünf gekreuzten Bestecken (Michelin) gibt es im Harz nämlich kaum. Als Fremdenverkehrsgebiet blickt der Harz auf eine fast hundertjährige Tradition zurück (dank der Eisenbahn, die hier früher hinkam als in andere Mittelgebirge), nach dem Kriege aber war der Harz ein Spätstarter. Der Aufschwung ging zudem am gewachsenen Fremdenverkehrsgewerbe nicht selten vorbei: Zum einen fängt eine von Abschreibungsgesellschaften betriebene Über-Hotellerie, vor allem in den Kurorten, die zahlungskräftigen Besucher weg. Zum anderen wandern jüngere Gäste gern in die Betonburgen ab, die im Zonenrandgebiet ebenfalls mit Hilfe besonderer Steuervergünstigungen errichtet wurden. Die traditionellen Hotels und Pensionen sitzen zwischen sämtlichen Stühlen und können kaum investieren – nur selten reichen deshalb die Mittel für die anderswo in bürgerlichen Häusern üblichen Hallenschwimmbäder.

Startpunkt unserer ersten Wanderung war der Polsterberg (hier versammeln sich jedes Jahr am Pfingstmontag Heimatgruppen zur Pflege alter Bräuche), von dort liefen wir nach Clausthal-Zellerfeld und weiter nach Hahnenklee-Bockswiese. Auf den Bocksberg ließen wir uns von der Kabinenbahn tragen. Der Blick geht von hier aus weit ins Land bis zum Brocken. Über Auerhahn, Schalke (mit Aussichtsturm, den wir uns aber schenkten) und Oberschulenberg erreichten wir wieder Altenau – nach gut 30 Kilometern. Vielleicht ein bißchen viel für eine Einstandswanderung, aber im Schwimmbad rüsteten wir uns wieder auf.

Das Gebiet um Hahnenklee und Clausthal zieht im Sommer vor allem Badeurlauber an, in den zahllosen klaren und kühlen Waldseen kann man herrlich schwimmen. Allerdings beginnen die Harz-Wasserwerke damit, sie austrocknen zu lassen, indem sie das Wasser in die großen Talsperren ableiten. Auf sieben großen Stauseen im Harz kann man sogar segeln. Wandern und Wasser liegen im Harz also nahe beisammen. Muß einmal ein Schlechtwettertag überbrückt werden, so ist auch für Abwechslung gesorgt. Viele Orte haben Museen und Sammlungen (die zum Teil weithin berühmt sind wie die Mineraliensammlung der Technischen Universität in Clausthal-Zellerfeld oder die Sammlung Adam in Goslar). Bekannt sind die Einhornhöhle bei Scharzfeld und die Iberger Tropfsteinhöhle bei Bad Grund. Alle Orte haben (teilweise beheizte) öffentliche Frei- und Hallenbäder, in Altenau gibt es sogar eine Wellenmaschine.

Auf Nässe sollte man sich freilich auch in anderer Hinsicht einrichten. Der Harz liegt wie eine Barriere in den über die Norddeutsche Tiefebene herankommenden Westwinden. Er ist das niederschlagreichste Gebiet nördlich des Mains. Aber Wandern war ja schon immer keine Frage des Wetters, sondern nur der richtigen Kleidung.

Harz-Wanderer müssen natürlich dem Brocken ihre Reverenz erweisen. Wir brachen früh auf, von Altenau geht es zunächst steil aufwärts auf eine Hochfläche, die – genau wie die Wegweiser des Harzklubs – noch vom Novembersturm 1972 gezeichnet ist. Wir gingen Richtung Südosten, machten einen kleinen Umweg über die »Wolfswarte«; etwas weiter, bei der »Steilen Wand«, bietet sich ein klassischer (und im Sommer tausendfach gesuchter) Blick auf den Brocken.

Das Wahrzeichen des Harzes lag als sanfte Kuppe inmitten anderer Kuppen vor uns, fast ganz bewaldet und mit dem charakteristischen Turm auf der Spitze (und weniger auffälligen Radarkugeln daneben). Das Brockenhaus hat eine lange Geschichte, Göttinger und Clausthaler Studenten

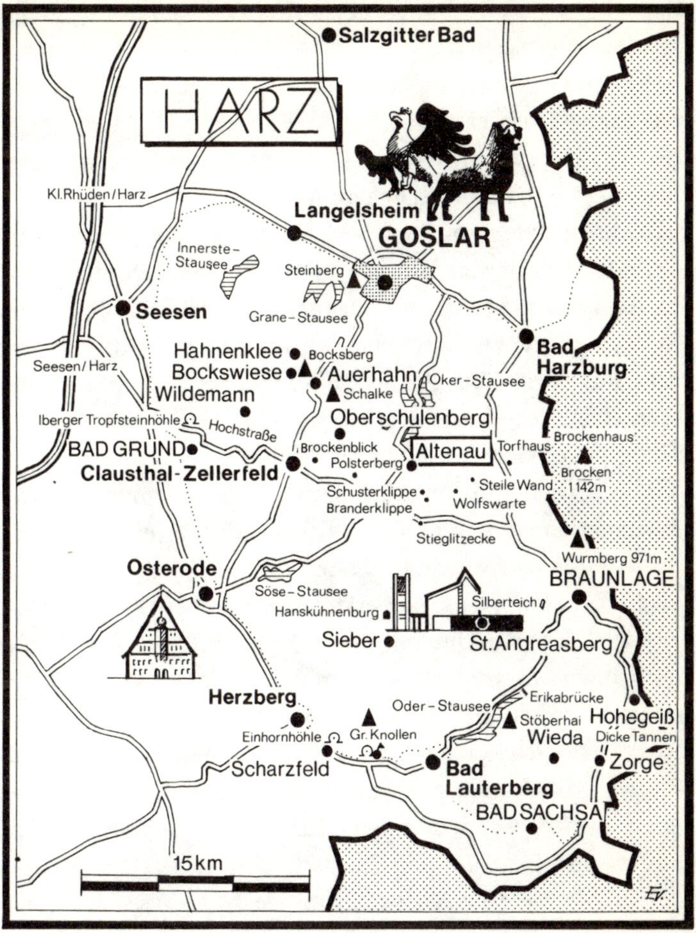

feierten hier ihre Feste, aber auch Hans Christian Andersen »was here« (was heute noch Scharen seiner dänischen Landsleute in den Harz lockt). Im Brockenhaus wurde 1896 der erste deutsche Skiklub gegründet, und 1777 bestieg Johann Wolfgang von Goethe als erster Mensch den Brocken im Winter. Heute erinnert der Goetheweg an diese alpine Tat. Er beginnt in Torfhaus und endet, wie hier alle Wege nach Osten, abrupt an der Grenze, denn der Brocken liegt

»drüben«. Unerreichbar ist er auch dort: Der Berg ist militärisches Sperrgebiet.

Wir gingen lange an der Grenze entlang – der Wanderweg begleitet sie ein gutes Stück. Es roch nach Moor, nach frisch geschlagenem Holz. Es war still. Nur einmal fuhr drüben ein jeepähnliches Fahrzeug vorbei.

Höchster Punkt auf unserer Seite war der Wurmberg (971 Meter hoch, der Brocken mißt 1142 Meter), von Norden her ist er auf sanft ansteigendem Pfad leicht zu begehen. Von Braunlage aus führt eine Schwebebahn hinauf, die vor allem im Winter ein Anziehungspunkt ist – doch auch im Sommer ist der Rummel erheblich. Gut, daß hier später zu Mittag gegessen wird als in Süddeutschland. Als wir gegen 14 Uhr nach 24 Kilometern Fußmarsch in Braunlage ankamen, erlebten wir in der »Tanne« den zweiten kulinarischen Höhepunkt unserer Tour.

Er war schuld, daß der erste Anlauf, über St. Andreasberg zurückzumarschieren, am Silberteich, zwei Kilometer westlich von Braunlage, steckenblieb: wir legten uns erst einmal in die Sonne. Gegen Abend liefen wir schwerfüßig weiter. Am schwersten fiel uns die Straße vom Ortsteil Oderberg bis hinein nach St. Andreasberg: nach 32 Kilometern ließen wir uns in ein Taxi fallen. Sollten wir bis zum späten Abend auf den Bus nach Altenau warten?

Nicht, daß wir am nächsten Morgen Blasen an den Füßen gehabt hätten. Doch großer Ehrgeiz auf neue 30 Kilometer wollte sich nicht einstellen. Wir frühstückten lange, schwammen noch eine Runde und stiegen ins Auto. Über die Harz-Hochstraße unternahmen wir eine Sightseeing-Tour nach St. Andreasberg, Braunlage und Hohegeiß. Der kurze und vielbegangene Pfad zu den »Dicken Tannen« weckte neue Wanderlust: über Wieda und Zorge fuhren wir deshalb zum »Stöberhai«. Von da aus stiegen wir hinab zum Oderstausee. Von der Talsperre spazierten wir das ganze Ostufer entlang bis zur Erikabrücke – es kamen immerhin zwölf Kilometer zusammen.

Am nächsten Tag brachen wir zum Südharz, nach Sieber, auf (Anfahrt mit dem Wagen), von hier aus auf den »Großen Knollen«. Der Weg verläßt bald einen kleinen Bach, steigt steil an, bis man Höhe gewonnen hat, dann schreitet man auf sanfter Steigung dem Großen Knollen entgegen. Oben erwartet den Wanderer eine zünftige Hütte. Der Marsch weiter zur Einhornhöhle endete vor geschlossenen Toren: keine Saison, keine Höhle. Wir nahmen mit der Ruine Scharzfels vorlieb und gingen denselben Weg zurück: alles in allem 24 Kilometer mit weiten Ausblicken ins Land.

Ein rechtes Wanderer-Mittagsmahl gab es am nächsten Tag auch auf der Hanskühnenburg, die wir (wieder von Altenau) über Schusterklippe, Branderklippe und Stieglitzecke und ein weitgehend gerades, ebenes Sträßchen erreichten. Eine gute Mittagsbewirtung ist durchaus nicht selbstverständlich im Harz: Berggasthäuser und Hütten fanden wir vergleichsweise selten. Während die Alpen fast überall Jausenstationen haben, bleibt der Harz weitgehend unberührt von Bockwurst und Erbsensuppe. Selbst der offizielle Wanderprospekt empfiehlt, sich die Brotzeit selbst mitzunehmen. Wir probierten »Harzer Roller«, jenen fettarmen (mit Verlaub) stark riechenden Käse, der als Spezialität der Gegend gilt. Mit Zwiebeln oder auf dunklem Brot, möglichst mit einer deftigen Schicht Gänseschmalz darunter, konnten wir ihm durchaus Geschmack abgewinnen.

Die Bilanz? Auch alpenerfahrene Wandertouristen können im Harz auf ihre Kosten kommen. Kurze Anstiege, viel Schatten und die vielen Badeseen empfehlen den Harz auch für Touren mit kleinen Kindern. Der Harzklub sorgt für ausreichende Wegweiser und für eine erfreulich präzise Karte. Daran, daß man eine gemütliche Pinte nicht immer gleich an der Ecke findet, daß einem die etwas schroffe Art der Niedersachsen nicht ganz so liegt, muß man sich als Süddeutscher gewöhnen. Oder auch nicht: In der Harz-Statistik spielen Gäste aus Gebieten unterhalb der Mainlinie fast keine Rolle.

Informationen und Preise

Unterkünfte: Je nach Unterkunftsart, Komfort und Verpflegungsmodus werden für ein Doppelzimmer pro Tag und Gast ab 9 Mark (Übernachtung/Frühstück); ab 17 Mark (Halbpension) und ab 26 Mark (Vollpension) berechnet.

In den Jugendherbergen in Altenau, Bad Sachsa, Bockswiese, Braunlage, Clausthal-Zellerfeld, Goslar, Osterode, Torfhaus und Wernershöhe kostet eine Übernachtung 3,20 bis 4,90 Mark (der Mitgliedsausweis des Jugendherbergswerkes ist erforderlich).

Für eine Übernachtung in den zum Teil bewirtschafteten Hütten des Harzklubs (bei Wildemann, Torfhaus, Königskrug und Bad Lauterberg) bezahlt man etwa 6 Mark. (Nähere Auskünfte erteilt der Harzklub.)

Vom Harzer Verkehrsverband können folgende regionale Spezialprospekte angefordert werden: Pauschalreisen; Ferienparks, Ferienwohnungen, Ferienhäuser; ein Gebietsunterkunftsverzeichnis; ein Leitfaden für das große Urlaubsvergnügen (mit Gebietskarte und Übersicht »Der Harz von A[ltenau] bis Z[orge]«); Familienferien im Harz; Harzreise auf Schusters Rappen; Fische ködern im Harz; der Harz-Raum, Schatzkammer alter Kunst.

Pauschalreisen: Im September und Oktober werden Wandertouren unter dem Motto »Harzreise auf Schusters Rappen« angeboten. Es gibt zwei Arrangements. Route A: 7 Tage rund um die Clausthaler Hochfläche (Tagesetappen zwischen 10 und 15 km); Route B: 13 Tage quer durch den Hochharz (Tagesetappen von 10 bis zu 20 km). Jeder Teilnehmer kann sich an jedem beliebigen Ort des Programms einer Gruppe anschließen, es müssen aber mindestens 4 Wandertage und 5 Übernachtungen gebucht werden. Teilnahmekosten: Je nach Strecke und Unterkunftskategorie (Gasthäuser oder Hotels) etwa von 150 bis 428 Mark, einschließlich Übernachtung, Frühstück, Gepäckbeförderung, Busfahrten, Harzgastkarte, Wanderkarte und Führung. (Zum Originalpreis kann diese Reise in jedem Reisebüro gebucht werden.)

Sonstiges: Von den Verkehrsvereinen fast aller Harzer Kur- und Fremdenverkehrsorte werden in den Monaten Mai bis August neben den normalen Wandertouren außerdem Hobby-Wanderungen veranstaltet (Vogelstimmen-, Heilkräuter- und geologische Exkursionen). Inhaber von Harzgastkarten können sich jeder Wanderung anschließen. (Die Terminliste »Harz Wanderprogramm« bekommt man beim Harzer Verkehrsverband.)

Der Harzklub veranstaltet von Mai bis Oktober an jedem Sonntag von verschiedenen Bahn- und Busstationen aus halb- und ganztägige Wandertouren unter dem Slogan »Offene Wanderungen für jedermann«, die Teilnahme ist kostenlos. (Das Informationsheft mit den Wanderterminen wird gegen 1,50 Mark in Briefmarken vom Harzklub zugesandt.)

Im Harz gibt es zwei offiziell für Besucher zugelassene Höhlen: In der Iberger Tropfsteinhöhle (geöffnet vom 1. 4. bis 31. 10.) kostet eine Führung pro Person 1,50 Mark (Erwachsene) und 1 Mark (Kinder); in der Einhornhöhle – über 300 Meter lang – (geöffnet vom 1. 4. bis 15. 10.) bezahlt man für eine Führung 1,30 Mark (Erwachsene) und 0,70 Mark (Kinder/Schüler).

Reise-(Wander-)führer und Karten: Grieben Band 60, Harz – westlicher Teil mit Harzvorland, Braunschweig und Anhang Ostharz, 158 Seiten, Übersichtskarte, 8,80 Mark; Goldstadt Band 305, Harz, 188 Seiten, Karten, 9,80 Mark; Polyglott Band 613, Harz (West) und Lüneburger Heide, 64 Seiten, 3,80 Mark; Fink Verlag: Rundwanderungen Harz, 112 Seiten, 9,80 Mark; Merian Heft Band XXVI/11, Harz, 167 Seiten, Übersichtskarte, 7,80 Mark; Umschau Verlag, Westlicher Harz »Reihe Deutsche Ferienziele«, 96 Seiten, 26 Mark; Verlagsgesellschaft Madsack & Co.: Grüner Führer – Über 570 Spaziergänge und Wanderungen im Gebiet zwischen Lüneburg und Hann.-Münden, Diepholz und Helmstedt mit Teutoburger Wald und Harz, 264 Seiten, Kartenanhang, 12,80 Mark; Freizeit Führer Band 4, Harz und Harzvorland, 192 Seiten, 8,90 Mark; Ein Führer durch Goslar und Umgebung, 112 Seiten, Übersichtskarte, 5,30 Mark; – Kompass Karte Nr. 155, Harz, westlicher Teil, 1 : 50 000, 5,20 Mark; Wandern und Freizeit im Naturpark Harz, 1 : 50 000, 5,80 Mark (beide Karten mit markierten Wanderwegen).

Auskünfte: Harzer Verkehrsverband e. V., Marktstraße 45, 3380 Goslar 1, Telephon (0 53 21) 2 04 14 und 2 28 30; Harzklub, Burgstädter Straße 16, 3392 Clausthal-Zellerfeld, Telephon (0 53 23) 13 30.

JAGST-TAL: Eine Wanderung mit Kindern

Von Dieter Buhl

Von der Straße aus ist nicht viel zu sehen. Nur hin und wieder blinkt das Wasser durch die dichten Weidenbüsche. Kein Strom verbirgt sich hinter dem grünen Paravent, kein reißender Wildbach zieht in seinen Bann, hinter den Weiden fließt nur die bescheidene Jagst. Nach der langen Anfahrt, nach der hochgespannten Erwartung wirkt die Endstation nun doppelt unscheinbar. Und es klingt ein wenig Enttäuschung in der Stimme, als die kleine Tochter fragt: »Ist hier der Urlaub?«

Ja, dort war der Urlaub. Am Flusse Jagst im Hohenloher Land, in einer Gegend, die, grob eingeordnet, zwischen Heilbronn und Rothenburg ob der Tauber liegt. Das weithin unbekannte Reiseziel löste ungläubiges Kopfschütteln bei den Bekannten aus. Die angepeilten Marschpläne provozierten gar mitleidiges Lächeln. Wandern mit Kindern (sechs und drei) und dann noch an die Jagst? Das schien vielen wohl ein ausgefalleneres Vorhaben zu sein als eine Safari in den afrikanischen Busch oder ein Ausflug in die Ferne Asiens.

Doch die Sorge, ein riskantes Unternehmen einzugehen, schwand bald. Kinder, das erwies sich schnell, können ausdauernde Wanderer sein. Mit kräftigem Schuhwerk und ihrer Regenkleidung waren sie für jedes Herbstwetter gewappnet. Die vorsorglich gekauften Mini-Rucksäcke hatten zwar nur geringen praktischen Wert, halfen jedoch sehr bei der moralischen Aufrüstung. Und die Landschaft war wie geschaffen für Familienmärsche: nicht gigantisch und schroff wie die Alpen, nicht flach und monoton wie die norddeutschen Ebenen, sondern sanft und von einladender Vielfalt.

Abwechslung, dieses Zaubermittel für Kinder, bietet das Jagsttal überall. Mal reizen Höhenwege, dann wieder ist es auf den Wiesenpfaden am schönsten. Die Route führt durch Wälder und Felder, Weinberge und Obstgärten. Selbst der Fluß verändert ständig sein Gesicht: Hier fließt er flach und schnell über die Steine, dort drängt er sich ein, zwei Meter tief um eine Biegung, dann steht er dunkel vor einem Wehr.

Weil sich so vieles anbot, fiel bei der Erkundungsfahrt durchs Tal die Entscheidung schwer, wo denn nun die beste Wanderstrecke sei. Die Wahl wurde noch dadurch erschwert, daß es an Unterkünften fehlte. Weil Kinderfüße nicht in Siebenmeilenstiefeln stecken, waren sechs, acht, vielleicht auch zehn Kilometer jeden Tag eingeplant. Doch da sich nicht an jedem vorgesehenen Etappenende ein Gasthof fand, wurde das Auto mit einkalkuliert: zwar ungern, aber für den Notfall stets parat.

Als Ausgangspunkt der Tour bot sich Jagsthausen an, der bekannteste Ort am Fluß. Der Heimatort des Ritters Götz von Berlichingen offenbart viel von dem, was die Jagst zu bieten hat. Im grünen Tal, umrahmt vom alten Dorfkern, liegen die Schlösser der Berlichingen und die Götzenburg. Dort wird die eiserne Hand und vieles andere aus dem wechselvollen Schicksal dieser Gegend gezeigt. Deutlicher noch als anderswo am Fluß offenbart sich hier der besondere Charme des Landes der Bauern und Edelmänner, die Stimmung einer Landschaft, in der die Geschichte nicht in Museen versteckt ist, sondern in Ruinen und Burgen auf den Hügeln immer wieder sichtbar wird.

Neben all dem Alten bietet Jagsthausen auch eine moderne Attraktion: ein Kinderparadies mit Märchenszenen, die auf Knopfdruck in Bewegung geraten. Es ist auf viele

Kilometer die einzige zeitgemäße Konzession an die Zerstreuung der Touristen. Die Anziehungspunkte, die danach kommen, sind nicht um der Urlauber wegen errichtet worden, sondern Zeugnisse einer vergangenen Zeit. Das Kloster Schöntal ist von allen Kulturdenkmälern wohl das eindrucksvollste. Seine Türme grüßen schon von weitem als Wahrzeichen einer Klostersiedlung, in der sich von der Romanik bis zum Barock viele Stilentwicklungen harmonisch vereinigen.

Die ehemalige Zisterzienser-Kirche und die dazugehörenden Wirtschaftsgebäude sind gut erhalten. Im Sommer muß hier hektischer Betrieb herrschen, aber zur Herbstzeit kommen nur wenige Besucher. Die kleinen Besucher haben keine Konkurrenz beim Sammeln der Kastanien unter den riesigen Bäumen im Klosterhof; die Eltern können sich in aller Muße an den Alabasteraltären in der Hallenkirche und am Kreuzgang mit den Gräbern der Berlichingen erfreuen.

Schöntal ist so einladend, daß ihm ein Extratag gewidmet wird. Ein kurzer Abstecher führt aus dem Tal hinaus zur spätgotischen Wallfahrtskirche Neusaß. Im herbstlichen Regen geht es durch die Felder und an Karpfenteichen vorbei. In der kleinen Kirche brennen so viele Opferkerzen, als sei gerade eine Prozession vorbeigekommen. Auf dem Rückweg liegt tief unten das leuchtendgelb gestrichene Kloster, an dessen Schönheit hernach alle anderen Sehenswürdigkeiten gemessen werden.

Ein paar Kilometer flußaufwärts ragt der Bergfried von Burg Krautheim über das Tal. Das mittelalterliche Gemäuer bröckelt vor sich hin, aber es ist auch noch heute ein stolzes Zeugnis vergangener Macht und Pracht. Hier soll Götz von Berlichingen seinen berühmten Kraftausdruck gebraucht haben. Ein wenig südlich der Jagst präsentiert sich auf einer Hochebene die besterhaltene deutsche Stauferburg: Burg Stetten, jetzt ein gutgehendes Hotel. Da seine

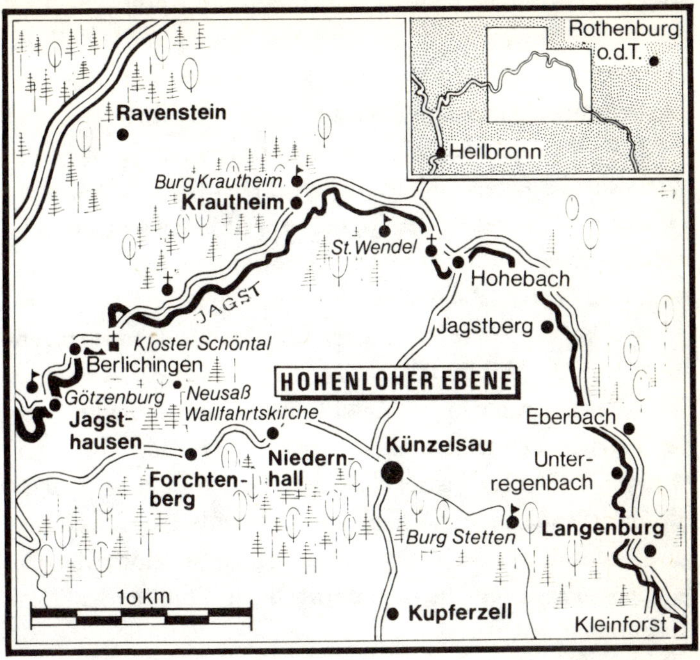

Inhaber jedoch so kühl wirken wie die dicken Mauern des Rittersitzes, fällt der Abschied leicht und freut die Rückkehr zum Fluß um so mehr.

Vielleicht ist es dort im Hochsommer noch schöner, wenn die Wiesen duften und ein Bad im sauberen Fluß Erfrischung bringt. Aber zum Wandern bietet der Herbst wohl mehr. Die Kinder können über die abgeernteten Felder toben. Archaische Sammlerinstinkte werden in ihnen wach. Vor allem die übriggebliebenen Runkeln haben magische Anziehungskraft. Sie raffen soviel davon zusammen, daß sie sie bald nicht mehr tragen können. Und erst nach dem Hinweis, daß die Rüben womöglich hungrigen Tieren als Nahrung dienen könnten, lassen die Kleinen widerwillig ihre Last zurück.

Es gibt soviel zu sammeln an den Hängen: Walnüsse,

Schlehen, Brombeeren und immer wieder Äpfel. Die Luft scheint geschwängert vom Duft des faulenden Fallobstes. Ein Geruch, der zu der herbstlichen Landschaft paßt wie die Farbtupfer im Laubwald und die klare Sicht weit über das Tal. Von den Höhenzügen beiderseits der Jagst offenbart sich die ganze Unberührtheit dieses Landstrichs. Kein Fabrikrauch vernebelt die Idylle, kein Straßenlärm stört die Ruhe. Umweltschutz ist hier noch nicht vonnöten.

Am schönsten aber ist es unten am Fluß. Er wirkt wie ein Relikt aus besseren Tagen, das weder Detergenzien-Schaum noch Abfälle trüben. Mitunter steht ein Angler an den Ufern. Er hat gute Aussichten auf einen Fang, denn die »Klare, Schnellfließende«, wie die Kelten die Jagst nannten, ist voller Fische. Forellen, Schleie und ab und zu ein Hecht sind auszumachen. Für die Kinder ist das ein beglückendes Erlebnis, denn vorher haben sie noch nie mit eigenen Augen gesehen, daß in einem Fluß auch Fische schwimmen können.

Die größte Überraschung kündigt sich mit hörbarem Flügelschlag an. So große Vögel haben wir noch nie in Freiheit gesehen: Fischreiher, die meist zu Paaren fliegen oder manchmal regungslos und wie ein Ausrufezeichen im Wasser stehen. Für ein paar Stunden gilt ihnen die ganze Aufmerksamkeit, bis sich herausstellt, daß die seltenen Vögel nur an einem kurzen Flußabschnitt, der »Reiherhalde« zu finden sind.

Die Fische hingegen bleiben ständige Begleiter bei der Wanderung am Fluß. Am besten sind sie von den Brücken zu beobachten. Auf jedem Übergang wird eine längere Pause eingelegt und, wenn es sein muß, selbst das letzte Brot verfüttert. Und es gibt viele Brücken über die Jagst. Die eindrucksvollste überspannt den Fluß beim Dörfchen Unterregenbach: eine Archenbrücke, mit hölzernen Wänden und einem Dach, 300 Jahre alt, doch immer noch ein vielbenutzter Übergang. Mit ihren altertümlichen Umrissen scheint sie nicht nur das Wasser zu überspannen, sondern auch ein Brückenschlag zur Vergangenheit zu sein, ein Zeichen mehr, daß hier die Zeit wirklich ein bißchen stehengeblieben ist.

Der Eindruck drängt sich auf in fast jedem Dorf. Vor allem aber imponiert der Gegensatz zwischen Erhabenem und Deftigem, der immer wieder sichtbar wird. Hier die schmucke Barockkirche oder das herb-elegante Herrenhaus aus der Renaissance, und gleich daneben dampft der Misthaufen, fährt ein Bauer den vollgepackten Runkelwagen. Romantik, wenn es sie noch gibt, hier scheint sie beinahe greifbar.

Am Abend, wenn die Unterkunft bezogen ist, verfliegt mitunter die angenehme Stimmung. Die Jagst zählt nicht zu den bevorzugten Touristenplätzen. Es ist den Menschen und den Gasthöfen anzumerken, daß sie für Urlaubsscharen nicht gerüstet sind. »Was gibt es denn bei Ihnen zu essen?« Auf die immer wieder hoffnungsvoll gestellte Frage folgt häufig eine ernüchternde Antwort. Es dauert meist ein Weilchen, bis sich der Wirt auf seine Pflicht besinnt. Mangel an Erfahrung, gewiß nicht an Gastfreundschaft, verursacht dieses Zögern. Denn so zahlreich sind, zumal im Herbst, die Gäste nicht, daß Küche und Keller stets parat ständen.

Wanderern, die auf Delikates und Komfort erpicht sind, sei diese Gegend jedenfalls nicht empfohlen. Doch wer die durch keinen Touristenrummel vergrätzte Herzlichkeit als Ersatz für ausgefallene Genüsse zu schätzen weiß, der wird auf seine Kosten kommen. Markklößlesuppe, Rostbraten, Zwiebelkuchen und selbst die fette Schlachtplatte »Metzelsuppe« sind gewiß nicht zu verachten. Und wem der dazugehörige »Federweiße«, der junge Wein, nicht schmeckt, der wird zumindest seine belebende Wirkung spüren.

Luxushotels sucht man am Strand der Jagst vergebens.

Die Gasthöfe im Tal sind bis auf wenige Ausnahmen von bescheidenem Zuschnitt. Doch nach einem Tag in frischer Luft läßt es sich selbst in spartanischer Umgebung gut schlafen. Die kleinen Gäste haben in den meist bäuerlichen Familienbetrieben zudem den Spaß, sich ungeniert in allen Räumen umzusehen oder einen Kuhstall kennenzulernen. Den Eltern wird bei manchen Unbequemlichkeiten die Aussicht auf das Endziel Langenburg zum Trost, wo sie im Hotel Post ein gepflegtes Zimmer mit dem lang entbehrten Bad erwartet.

Langenburg ist Abschluß und Höhepunkt der Wanderung zugleich. Die Kleinstadt oberhalb der Jagst mit einem der großartigsten süddeutschen Burgenschlösser und einem wohlbestückten Old-Timer-Museum ist der rechte Platz, um alle Freuden Hohenlohes noch einmal konzentriert zu genießen: die Romantik seiner Fachwerk-Städtchen, die landschaftliche Schönheit und die Freundlichkeit der Menschen.

Bei einem Glase Dörzbacher Altenberg oder Markelsheimer Probstberg beim Post-Wirt galt es, Bilanz des Unternehmens Jagst zu ziehen. Das Erlebniskonto der kleinen Wanderer war prall gefüllt mit vielen Freuden: den leckeren Früchten am Wegesrand, einem plattgefahrenen Frosch, dem ersten Echo, handgeschnitzten Stöcken, Ritterrüstungen, Reihern, der ehrfurchtsvollen Stille schöner Kirchen und vor allem dem glitzernden Fluß mit seinen Fischen. Den Eltern blieb die Erinnerung an eine intakte Landschaft, wie es sie in Deutschland nur noch selten gibt.

DIE WANDERROUTE

1. Tag: Jagsthausen und Umgebung.
2. Tag: Wanderung nach Kloster Schöntal.
3. Tag: Besichtigung von Schöntal und Ausflug nach Neusaß.
4. Tag: Besuch von Krautheim und Wanderung entlang der Jagst.
5. Tag: Hohebach und Spaziergang zur Kapelle St. Wendel am Stein.
6. Tag: Wanderung von Hohebach nach Jagstberg.
7. Tag: Wanderung von Jagstberg nach Eberbach.
8. Tag: Entlang der Jagst nach Langenburg.
9. Tag: Rundwanderung von Langenburg nach Kleinforst und zurück.

INFORMATIONEN UND PREISE

UNTERKÜNFTE: Durchschnittspreise für Doppelzimmer mit Frühstück pro Tag und Gast: 17 bis 29 Mark (Hotels), 11 bis 16 Mark (Gasthöfe/Pensionen) und 8 bis 13 Mark (Privatvermieter/Bauernhöfe).
Im Feriendorf Roseneck bei Langenburg (33 Häuser mit jeweils 6 Betten) beträgt die Grundmiete pro Woche je nach Saison 98, 154 oder 196 Mark, zuzüglich 25 Mark für Endreinigung und pro Tag 3 Mark für Erwachsene und 1 Mark für Kinder.

PAUSCHALANGEBOTE: In der Vor- und Nachsaison (bis 15. Juni und ab 1. September) gibt es preiswerte Wochenpauschalen in zahlreichen Orten im Hohenloher Land. Für 7 Tage, Doppelzimmer in guten Privatquartieren, bezahlt man je nach Komfort (Preisgruppe I und II) 99 und 110 Mark (Halbpension); wer nur Übernachtung mit Frühstück wünscht, zahlt 63 und 77 Mark. Wochenendaufenthalte kosten während des ganzen Jahres 37 und 40 Mark. Im Preis enthalten: 2 Übernachtungen im Doppelzimmer (Privathäuser), Frühstück und 3 Menüs. Anmeldungen über die Bürgermeisterämter oder direkt beim Vermieter. (Unterkunftslisten und den Sonderprospekt »Günstiges Angebot für Pauschalaufenthalte« erhält man bei der Gebietsgemeinschaft Neckar-Hohenlohe-Franken.

PREISE: Die 9tägige »Familienwanderung« (Eltern und zwei Kinder) von Dieter Buhl kostete rund 650 Mark mit acht Übernachtungen (zwei Doppelzimmer) und Frühstück. In Museen und Burgen werden pro Besucher etwa 1,50 Mark verlangt, die Besichtigung des Märchengartens in Jagsthausen kostet für Erwachsene 2 Mark und für Kinder 1,20 Mark.

REISE-(WANDER-)FÜHRER UND KARTEN: Grieben Band 235, Taubertal, Steigerwald und Hohenloher Land, 196 Seiten, Pläne, Karte, 8,80 Mark; Schlauch: Hohenlohe/Franken – Landschaft, Geschichte, Kultur, Kunst –, Glock & Lutz Verlag, XVI/463 Seiten, Photos, Karte, 36 Mark; Hohenlohe, Kohlhammer Verlag, 210 Seiten, 19,80 Mark; Fink Verlag: Rundwanderungen Hohenloher Land, 112 Seiten, Kartenskizzen, Übersichtskarte, 9,80 Mark; Burgen unseres Landes, 64 Seiten, Wegeskizzen, Übersichtskarte, 7 Mark; – Topographische Karten: Nr. L 6722 (Öhringen), Nr. L 6724 (Künzelsau), mit markierten Wanderwegen, 1 : 50 000, je 4,80 Mark; RV Karte Nr. 28, Schwäbischer Wald (ohne Crailsheim, Bad Mergentheim), mit markierten Wanderwegen, 1 : 100 000, 4,80 Mark; Städte-Verlag, Kreis- und Freizeitkarte Hohenlohe, 1 : 75 000, 4 Mark; Amtliche Karte, Langenburg mit Umgebung, 1 : 25 000, 4,80 Mark.

AUSKÜNFTE: Gebietsgemeinschaft Neckar-Hohenlohe-Franken, Virchowstraße 22, 7100 Heilbronn, Telephon (0 71 31) 7 33 34; Landesfremdenverkehrsverband Baden-Württemberg, Stafflenbergstraße 44, 7000 Stuttgart 1, Telephon (07 11) 24 18 33/34.

KARNISCHE ALPEN: Wo Kärntens Sonne am höchsten steht

Von Gisela Graf

Zwei Wochen Wanderferien mit der Familie bedürfen sorgfältiger Vorüberlegungen. Der Familienrat, bestehend aus Eltern, einer siebzehnjährigen Tochter und einem vierzehnjährigen Sohn, hat einstimmig beschlossen: wir wandern in den südlichen Alpen. (Wenig Wetterrisiko.) Bei der Suche nach einem Gebirgsstock, der fortlaufende Höhenwanderungen über lange Entfernungen bietet, stoßen wir auf die Karnischen Alpen. Sie erstrecken sich – in der Luftlinie – über eine Länge von etwa hundert Kilometern, mit Höhen zwischen 1500 Meter und 2700 Meter. Sie sind der am südlichsten gelegene Gebirgszug Österreichs, ihr Kamm bildet die Grenze nach Italien, und wir stellten fest: Dort müßte Kärntens Sonne am höchsten stehen.

Dem Beschluß folgt die Planung im Detail. Wanderkarten sind einer der wichtigsten Punkte: Im allgemeinen genügen Freytag-Berndt-Touristenkarten (1 : 100 000) mit guten und zuverlässigen Textbeilagen (etwa über Schwierigkeit der Wege oder Zeitangaben). Für uns erweist sich die »Österreichische Wanderkarte« (1 : 50 000), im Mehrfarbdruck mit Wegmarkierungen, als nützlicher.

Der Wandertag wird mit vier bis acht Stunden Gehzeit angesetzt, was sich vorwiegend nach den Entfernungen zwischen den Übernachtungsmöglichkeiten richtet. In der Freytag-Berndt-Karte sind die meisten eingezeichnet, aber wir wälzen vorher zusätzlich die Häuser- und Hüttenverzeichnisse aller Wander- und Touristenvereine, wie zum Beispiel Alpenverein, Naturfreunde, Jugendherbergswerk und der örtlichen Wandervereine. Auch nach Sport- oder Luxushotels, nach Almhütten oder Bauernhöfen erkundigen wir uns.

Auf jeden Wandertag sollte ein Ruhetag folgen. Das hat sich bei vielen Wanderungen als nützlich erwiesen: Jeder tut dann was er will, kleine Reparaturen können erledigt werden. Auch wird dadurch der Zeitplan variabler und nicht so anfällig gegen Verschiebungen durch schlechtes Wetter oder leichte Erkrankungen.

Wenn die Planung so weit gediehen ist, folgt das große Anschreiben: Bei Auslandsanfragen sollte man einen adressierten und frankierten Rückumschlag oder einen Internationalen Portogutschein beilegen. Kommt keine Antwort, dann wenden wir uns an die Talgemeinden, Bürgermeisterämter und Fremdenverkehrsvereine. In kleineren Dörfern kann man auch Personen des öffentlichen Lebens direkt anschreiben oder anrufen, die Hilfsbereitschaft ist sehr groß.

Zu unseren Vorbereitungen gehört die Beschaffung von Literatur über unsere Wanderroute. Für die Karnischen Alpen fanden wir nur einen alten, allgemeinen Führer durch Kärnten.

Nach einer alten Faustregel berechnen wir pro Tag und Person 20 Mark als Mindestverbrauch und nehmen das Doppelte davon mit.

Den Ausgangspunkt unserer Wanderung, Feistritz im Gailtal (592 Meter), etwa 20 Kilometer westlich von Villach, erreichen wir abends. Unser Privatzimmer mit drei Betten und einer Liege, kostete mit Frühstück pro Nacht 200 österreichische Schilling (28 Mark). Am anderen Morgen um sieben Uhr machten wir uns auf den Weg zur Dolinca-Alm (1460 Meter), um von dort aus weiter – in italienisches Gebiet — auf den Osternig (2052 Meter) zu steigen. Unsere Wirtin hatte uns erklärt, die Grenze zwischen dem »Windischen«, in dem wir uns noch befanden, und dem

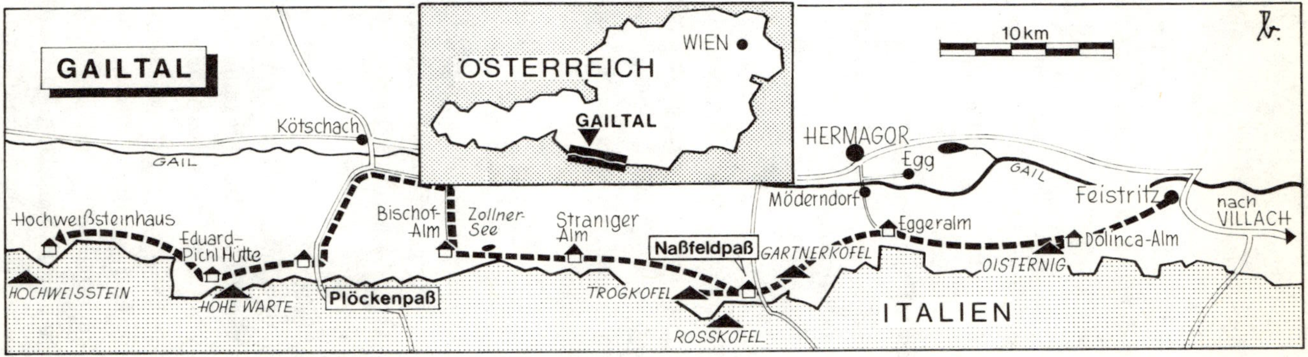
GAILTAL
ÖSTERREICH
WIEN
GAILTAL
10 km
Kötschach
GAIL
HERMAGOR
Egg
GAIL
Möderndorf
Feistritz
nach VILLACH
Hochweißsteinhaus
Eduard-Pichl Hütte
Bischof-Alm
Zollner-See
Straniger Alm
Naßfeldpaß
GARTNERKOFEL
Eggeralm
Dolinca-Alm
OISTERNIG
HOCHWEISSTEIN
HOHE WARTE
Plöckenpaß
TROGKOFEL
ROSSKOFEL
ITALIEN

Italienischen gäbe es nur auf dem Papier. Man könne hinüber und herüber gehen, wie es beliebe. Der Blick vom Gipfel des Osternig ist lohnend. Er vermittelte eine erste Vorstellung von der vor uns liegenden Tour. Das Vierbettzimmer auf der Dolinca-Alm jenseits des Gipfels kostete 120 öS (16,80 Mark), ein Frühstück 25 öS, und ein gutes Essen gab es für 50 öS (7 Mark). Auf der Eggeralm (1416 Meter), unserem nächsten Etappenziel, das auf einem Karrenweg bequem zu erreichen ist, hat eine Ferienkolonie die Almwirtschaft nahezu verdrängt. Besonders für Kinder ist hier ein Paradies, zumal in der Nähe ein flacher See zum Spielen (nicht so sehr zum Schwimmen) einlädt. Die Alm ist von Ende Juni bis Mitte/Ende September geöffnet.

In einem der beiden einfachen, aber netten und sauberen Gasthäuser sind wir untergekommen und zahlten für ein Doppelzimmer 100 öS (14 Mark). Über die Talgemeinden Egg oder Möderndorf bei Hermagor im Gailtal kann man sich auch eine Hütte mieten, was etwa pro Bett und Nacht zwischen 25 und 30 öS kosten soll. Die Alm ist auch vom Gailtal aus mit dem Auto zu erreichen.

Im weiteren Verlauf unserer Route kamen uns die Trassen der ehemaligen »Kriegsstraßen« aus dem Ersten Weltkrieg zugute. Die Grenzsteine sind eine gute Orientierungslinie, und das Kartenblatt erwies sich weiterhin als zuverlässig. Zwischen Eggeralm und Naßfeldpaß (der das Gailtal in Österreich mit dem Fellatal in Italien verbindet), beginnt erst die eigentliche Kammwanderung: Im Norden reicht der Blick weit nach Österreich hinein, südlich von uns liegen die italienischen Schluchten. Faszinierend ist auf diesen Wegen die Flora – üppig, abwechslungsreich und vielfältig. Wir entdeckten sogar zwei Dutzend verschiedenartige Orchideen mit herrlichem Duft, ganze Hänge standen voll Steinbrech oder Almrausch, gelbem Enzian, gelbem und blauem Eisenhut; Alpenveilchen und Edelweiß blühten reichlich. Dagegen findet man wenig Tiere, außer einigen Schlangen, gegen die wir uns mit Wollsocken, festen Stiefeln und den fest geschlossenen Bundhosen schützen. Sie sind ohnehin nur selten angriffslustig und haben mindestens ebensoviel Angst vor uns, wie wir vor ihnen.

Wenige Kilometer vor dem Naßfeldpaß gerieten wir doch noch auf Abwege. Eine Markierung hatte uns zu einer wilden Kraxelei verleitet, und abends in der Hütte erfuhren wir dann, daß wir gerade diesen Weg – den oberen – nicht hätten nehmen dürfen. Am Naßfeldpaß gibt es eine Anzahl Hotels, Gasthöfe und Kioske. Die Preise für unsere Übernachtung: Doppelzimmer mit Balkon, Dusche und WC 215 öS (30,10 Mark), ohne Dusche, aber mit warmem und kaltem Wasser 180 öS (25,20 Mark).

Am Ruhetag bestiegen wir den Gartnerkofel: die Aussicht war herrlich, der Gipfel allerdings übervölkert, da ein Sessellift fast bis zur Spitze führt. Für die Kammwanderung zwischen dem Naßfeldpaß und dem Plöckenpaß hatten wir zwei Tage mit einem Ruhetag auf der Straniger Alm eingeplant. Der Weg durch die Bergwelt mit wilden Sturzbächen und Schluchten ist nicht immer ganz einfach, aber die Markierungen helfen, ungefährdet vorwärts zu kommen.

Die höchsten Erhebungen wie Roßkofel (2239 Meter) und Trogkofel (2279 Meter) werden auf diesem Weg umgangen, man kann aber eine Stichwanderung dorthin unternehmen. Auf der Straniger Alm, die uns mit ihren formschönen und stabilen Gebäuden gleich gefiel, erwartete uns eine Überraschung. Der Senn und Küchenchef, mit Namen Fredi, hatte, wie sich herausstellte, die angemeldeten Gäste ganz vergessen. Mit viel Vergnügen und nur durch das Zusammensuchen aller verfügbaren Lebensmittel bekamen wir dann doch noch einen kräftigen Eintopf. Die Übernachtungsmöglichkeiten waren einfach, aber nach dieser anstrengenden Wanderung und etlichen Bieren und Schnäpsen schliefen wir auch auf den Maisstrohsäcken ausgezeichnet. Festpreise hat die Straniger Alm nicht; Fredi kalkuliert das nach geheimen Richtlinien, je nach Situation und Gast.

Am nächsten Wandertag erwischte uns endlich – wie das zu jeder richtigen Wandertour gehört – der Regen. Glücklicherweise konnten wir vorher noch einen schönen wildbewachsenen Hangweg voller Schierlinge, Eisenhut, duftenden Kerbel, Doronikum und Farnen hinter uns bringen, ehe es so richtig losging. Beim Zöllnersee schlüpften wir in die Regenumhänge und nach einer wohltuenden Einkehr auf der Bischofsalm entschlossen wir uns, ins Tal hinabzusteigen.

Dieser Tag endete unsportlich: nämlich im Taxi, das uns vom Tal über die Paßstraße bis vor die Tür des Plöckenhauses fuhr. Die Einkehr dort kann man Autofahrenden genauso empfehlen wie Fußwanderern und all denen, die einen günstigen Ausgangspunkt für Touren aller Art suchen.

Die letzten vier Tage unserer Kammwanderung über die Eduard-Pichl-Hütte und das Hochweißsteinhaus – beide gehören dem Alpenverein – rechtfertigten unsere Entscheidung, von Osten nach Westen zu wandern. Reiz, Wildheit und Ausdruckskraft der Landschaft nahmen mit dem Höherwerden der Gipfel stetig zu. Alle Möglichkeiten sind dem Bergsteiger geboten. Er hat die Wahl zwischen leichteren, aber herrlichen Aussichtsbergen, wie zum Beispiel dem Rauchkofel (2460 Meter) oder schwierigen Touren, wie zum Beispiel Kellerwand (2742 Meter) und Hohe Warte (2780 Meter). Die Wanderwege sind hier gut gezeichnet. Die Gipfeltouren allerdings müssen sorgfältig ausgesucht werden, da die Klettersteige zum Teil schlecht erhalten sind und mit gefährlichem Steinschlag gerechnet werden muß.

Die Unterbringung in der Eduard-Pichl-Hütte sowie im Hochweißsteinhaus ist gut und auch preiswert, wenn man bedenkt, wie schwierig das Heraufschaffen der Vorräte ist. Als Alpenvereinsmitglieder zahlten wir für Betten mit Wäsche 30 öS (4,20 Mark), Nichtmitglieder zahlen für Betten 50 öS, für ein Lager 30 öS.

Die Wege sind nun nicht mehr so einsam wie zu Beginn unserer Wanderung. Auf den Hütten wäre man aber trotzdem auch ohne Voranmeldung untergekommen. Die Leute, die dort verkehren, sind Bergwanderer, Bergsteiger, Kletterer und auch Geologen (wegen des interessanten Gesteins).

Den Abschluß unserer Tour bildete die Besteigung des Hochweißsteins oder (italienisch) Monte Peralba (2693 Meter). Der Rundblick, der sich vom Gipfel bietet, ist einzigartig. Bei klarer Sicht reicht er bis zur Adria.

Schwer fiel uns der Abschied von der uns vertraut gewordenen Landschaft mit ihren fröhlichen und aufgeschlossenen Menschen. Wie in jedem Jahr blieb die Sehnsucht auf die nächste Wanderung.

Informationen und Preise

Anreise: Bahnfahrkarten von Frankfurt nach Villach und zurück kosten 1. Klasse 281,20 Mark und 2. Klasse 179,40 Mark. (Ferienkartenermäßigung: 1. Klasse 28 Mark und 2. Klasse 18 Mark). Für ein Busticket von Villach nach Feistritz bezahlt man 38 öS (hin und zurück), für eine einfache Fahrt mit der Taxe werden 100 bis 120 öS berechnet. Die kürzeste Reiseroute für Autofahrer ab Frankfurt: Würzburg – Nürnberg – München – Rosenheim – Kufstein – St. Johann – Mittersill – Lienz über Oberdrauburg nach Feistritz an der Gail (rund 550 km).

Pauschalreisen: Wanderarrangements in den Karnischen Alpen werden bisher von keinem Veranstalter angeboten. Hapag-Lloyd und PAX-Reisen/Hamburg haben Reisen nach Kötschach–Mauthen und Matrei

DIE WANDERROUTE

1. Tag: Anreise mit Pkw von Stuttgart nach Feistritz im Gailtal.
2. Tag: Aufstieg von Feistritz 592 m zur Feistritzer Alm 1718 m und auf dem Osternig 2052 m (Höhenunterschied 1460 m!). Abstieg zur Dolinca-Alm 1460 m. Gehzeit 6 Std.
3. Tag: Ruhetag auf der Dolinca-Alm, trotzdem kleine Stichtour auf den Starhand 1965 m. Gehzeit 3 Std.
4. Tag: Dolinca-Alm bis Eggeralm 1416 m (liegt über Hermagor). Gehzeit 4 Std.
5. Tag: Eggeralm bis Berggasthof Naßfeldpaß 1552 m. Gehzeit 8 Std. (auf dem richtigen Weg 6 Std.).
6. Tag: Ruhetag am Naßfeldpaß, trotzdem Stichtour auf den Gartnerkofel 2195 m. Gehzeit 3½ Std.
7. Tag: Naßfeldpaß bis Stranigeralm 1550 m. Kammwanderung. Gehzeit 8 Std.
8. Tag: Ruhetag auf der Stranigeralm.
9. Tag: Stranigeralm bis Plöckenhaus 1250 m, wegen schlechtem Wetter Kammwanderung am Zöllnertörl 1797 m abgebrochen, Abstieg über die Bischofsalm nach Dellach im Gailtal 672 m, dann Fahrt mit Taxi zum Plöckenhaus 1250 m. Gehzeit 5½ Std.
10. Tag: Ruhetag im Plöckenhaus, trotzdem Stichwanderung auf den Plöckenpaß 1360 m und den Kleinen Pal 1866 m. Gehzeit 2 Std.
11. Tag: Plöckenhaus bis Eduard-Pichl-Hütte am Wolayersee 1959 m über Valentintörl 2134 m. Gehzeit 4 Std.
12. Tag: Ruhetag auf der Eduard-Pichl-Hütte, trotzdem Stichtour auf den Rauchkofel 2460 m. Gehzeit 2 Std.
13. Tag: Eduard-Pichl-Hütte bis Hochweißsteinhaus 1905 m. Gehzeit 6 Std.
14. Tag: Ruhetag bzw. Stichtour auf den Hochweißstein (Monte Peralba) 2693 m. Gehzeit 3½ Std.
15. Tag: Abstieg nach St. Lorenzen im Gailtal, Fahrt mit Bus und Bahn nach Feistritz zum Pkw. Übernachtung. Gehzeit 2 Std.
16. Tag: Rückfahrt nach Stuttgart.

im Programm. Eine einwöchige Bahnreise 2. Klasse von Frankfurt nach Kötschach, Doppelzimmer im Hotel Kürschner mit Vollpension, kostet je Gast 429 und 449 Mark (vom 1. 7. bis 1. 9); wer Halbpension wünscht, zahlt pro Tag 4,30 Mark weniger. Bei PAX-Reisen bezahlt man für eine 17-Tage-Busreise von Hamburg nach Kötschach-Mauthen, Doppelzimmerunterbringung mit Frühstück, pro Person 378 Mark (Privatpension) und 403 Mark (Gasthäuser).

EINREISEBEDINGUNGEN: Personalausweis.

DEVISEN: 100 Österreichische Schillinge (öS) kosten zur Zeit 14,16 Mark.

REISE-(WANDER-)FÜHRER UND KARTEN: Buchenauer, Kärntner Wanderbuch, 320 Seiten mit 65 ausgewählten Wanderungen, 16 Abbildungen, 8 Streckenkarten, 3 Stadtpläne, 9,80 Mark; Fink Verlag, Rundwanderungen Kärnten, 112 Seiten, 9,80 Mark; Grieben, Band 210, Kärnten, 231 Seiten, Übersichtskarte, 9,80 Mark; Geo-Buch-Mineralienkassette Nr. 6, Kärnten, 28 topographische Kartenausschnitte mit etwa 50 Fundstellenbeschreibungen, 16,80 Mark; – Amtliche Österreich Karten: Karnische Alpen, Blatt 195, 196, 197 (mit markierten Wanderwegen), 1 : 50 000, je 5,50 Mark; Freytag-Berndt Karten: Nr. 18 (Lienzer Dolomiten), Nr. 22 (Drau und Gailtal, mit Kötschach, Hermagor), 1 : 100 000, je 5,80 Mark; Nr. 223, Weissensee – Oberdrauburg – Kötschach-Mauthen – Hermagor, 1 : 50 000, 4,80 Mark; Kompass Karten: Nr. 60 (Gailtaler Alpen) und Nr. 64 (Villacher Alpe), 1 : 50 000, je 4,80 Mark.

AUSKÜNFTE: Österreichische Fremdenverkehrswerbung, Roßmarkt 12, 6000 Frankfurt, Telephon (06 11) 29 36 73 (Außenbüros in Berlin, Hamburg, Köln und München); Landesfremdenverkehrsamt Kärnten, Alter Platz 15, A-9010 Klagenfurt, Telephon (00 43 42 22) 8 52 29 und 8 67 60; Fremdenverkehrsbüro Villach, Hauptplatz 7, A-9500 Villach, Telephon (00 43 42 42) 2 44 44.

KARPATEN: Stille Dörfer, verwunschene Klöster

Von Hayo Matthiesen

Da drüben ist die russische Grenze, nur wenige hundert Meter entfernt. Wir dürfen trotzdem nicht hin, dürfen das Sperrgebiet, in das man allenfalls mit einem speziellen Passierschein gelangt, nicht betreten.

»Es könnte Komplikationen geben«, bedauert unser Reiseleiter. Er muß es wissen, denn einmal hatte man ihn hereingelassen. Zu sehen sind: Wachtürme, Sperren, Soldaten mit Maschinenpistolen; auf beiden Seiten gepflügte Erdstreifen, in denen Sprengsätze verbuddelt sind, wahrscheinlich keine Minen, sondern Schreckschüsse, deren Detonationen die Posten mit ihren scharfen Hunden mobilisieren sollen. So also sieht es aus zwischen den kommunistischen Bruderstaaten Rumänien und Rußland im Mündungsgebiet der Moldau in den Ostkarpaten – sozialistische Realität, die wir Besucher besser nicht sehen sollen.

Wir, das sind zehn wanderfreudige Touristen, fünf aus der Bundesrepublik und fünf aus der Schweiz. Unser Alter: wohl gut fünfzig Jahre im Durchschnitt; die Berufe: Telephonistin, Sekretärin, Bibliothekarin, Chemieingenieur, Angestellter im öffentlichen Dienst, Journalist. Betreut werden wir von einem Reiseleiter aus Zürich und einem weltgewandten Rumänen, den uns das Touristikministerium in Bukarest attachiert hat und der als Bärenführer und Quartiermacher für unser leibliches Wohl verantwortlich ist.

Auch Michael gehört noch zur Gruppe, unser Fahrer. Denn wir machen keine gewöhnliche Fußtour, sondern eine »Wanderreise«: 1700 Kilometer quer durch die Karpaten, teils mit dem Auto, teils zu Fuß. Unser Gefährt ist ein Kleinbus, Marke Mercedes-Benz, Lizenzbau aus dem Iran. Der Reiseleiter hat die Route speziell für das Schweizer Reisebüro Kuoni ausgekundschaftet. Damit ist Kuoni der einzige Reiseveranstalter, mit dem man in Rumänien wandern kann; wir sind überhaupt erst die dritte Gruppe, die diese Tour unternimmt, so eine Art Pioniere, allerdings ohne Risiko, denn bis auf Kleinigkeiten ist alles bestens organisiert.

Heute ist ein typischer Tag: Morgens um acht Uhr sind wir nach einem recht mitteleuropäischen Frühstück (Brötchen, Tee, Marmelade, Wurst) mit dem Bus von Cimpulung nach Norden aufgebrochen. Es ist herrliches Wetter, blauer Himmel, strahlende Sonne, ein paar weiße Wolken, angenehm warm, ohne heiß zu sein. Die Fahrt geht durch kleine stille Dörfer, in denen sich die eingeschossigen Häuser tief auf den Boden ducken; Obstgärten und Kartoffelfelder, dann und wann ein Beet mit Mais neben der Straße. Überall mähen Männer in dunkler Arbeitskleidung, breite Hüte als Sonnenschutz, mit der Sense Heu. Kaum ein Auto begegnet uns, nur dann und wann überholen wir einen Pferdewagen, manchmal einen Ochsenkarren. Später geht es durch Wälder, über denen noch der Nebel liegt, und auf steilen Serpentinen in die Berge hinauf.

Nach einer Stunde haben wir das Kloster Sucevita erreicht, das wir ausgiebig besichtigen – unser Reiseleiter ist bestens präpariert. Dann beginnt die Wanderung. Ein schöner alter Klosterweg führt nach Putna, einem anderen Kloster, fast zwanzig Kilometer entfernt. Wir brauchen gut vier Stunden für den Marsch, kommen müde und hungrig am Ziel an. Natürlich freuen wir uns auf das Mittagessen im Restaurant des Motels Putna: eine kräftige Gemüsesuppe, Braten mit Beilagen, als Nachtisch eingemachte Pflaumen; dazu Wasser, Bier oder Wein und hinterher Kaffee.

Am Nachmittag besuchen wir das Kloster Putna, das noch heute von orthodoxen Mönchen geleitet wird. Hier liegt Stephan der Große (1457 bis 1504) unter einer vielfältig verzierten Marmorplatte begraben, ein bedeutender Fürst und Heerführer, der sich mit wechselndem Erfolg mit Türken und Tataren herumschlug und viel dazu beitrug, die Fürstentümer Moldau, Walachai und Transsylvanien (Siebenbürgen) zu vereinigen. Seine Grabstelle ist heute ein Wallfahrtsort für viele Rumänen.

Von Putna geht es am Nachmittag im Auto zurück nach Cimpulung. Es ist eine Fahrt über eine reiche Hochebene mit flachen, fruchtbaren Hügeln und langen Tälern, durch malerische Dörfer mit einem Halt in einer Töpferei. Die Sonne geht langsam und rotleuchtend unter, Bauern kommen mit ihren Leiterwagen von den Feldern; Kühe, Schafe und Gänse werden auf der Straße nach Hause getrieben.

Das war ein Tag, der alle Elemente glücklich vereinte, die für diese Reise durch Rumänien charakteristisch sind: das Erlebnis der Natur auf ausgedehnten Wanderungen, die Begegnung mit der Kultur des Landes beim Besuch von Klöstern und Museen; die Erfahrung des Landes durch die Möglichkeit, weite Strecken zurückzulegen, Dörfer und Städte zu sehen – ich weiß nicht, welchem Eindruck ich den Vorzug geben soll.

Gewandert sind wir in den zehn Tagen fast vierzig Stunden und haben wohl etwa hundert Kilometer »gemacht«, das heißt, nicht alle sind so viel gelaufen, ein paar haben bei längeren beschwerlichen Touren die Fahrt im Auto vorgezogen und sich vom Ausgangspunkt zum Ziel bringen lassen.

Höhepunkte der Wanderungen waren zweifellos die beiden Bergtouren. Im berühmten Winter-»Paradies« des Poiana-Brasov sind wir von 1020 Meter aus auf den 1802 Meter hohen Gipfel des Postavarul gestiegen, fuhren dann

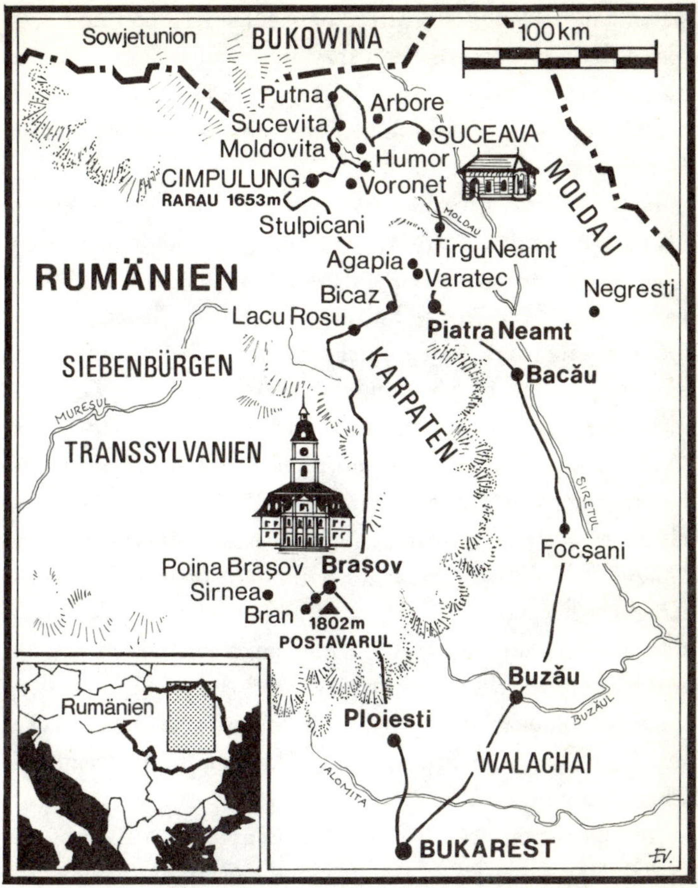

freilich mit der Seilbahn in wenigen Minuten ins Tal zurück und wurden im Restaurant Sura Dacilor mit einem vorzüglichen Mittagessen bei Hirten- und Zigeunermusik belohnt; von Cimpulung aus haben wir drei Tage später den Rarau (1653 m) begangen, von dessen Gipfel der Blick weit über die schier unendlichen Wälder geht. Die Karpaten hatte ich mir allerdings anders vorgestellt – wild, düster und unheimlich, wie ich es vor vielen Jahren in der Schule glaube gehört zu haben. Tatsächlich jedoch ähneln sie mit ihren langgestreckten, bewaldeten Höhen und weiten Tälern mehr dem Schwarzwald. Und offenbar gibt es nur wenig Wild in diesen Wäldern; jedenfalls haben wir bei all unseren Wanderungen nur ein einziges Mal einen Hirsch röhren hören.

Kuoni wirbt für diese Wanderreise mit dem Motto: »Karpaten und Nordmoldau«, und die Moldaulandschaft – auch als Bukowina bekannt – ist in der Tat eine Reise wert, sie ist Rumäniens kulturgeschichtliche Schatzkammer mit ein paar funkelnden Edelsteinen: den Moldauklöstern. Sie sind – ohne Übertreibung darf man es sagen – Rumäniens Beitrag zur Weltkultur. Stephan der Große ist ihr Initiator und Gründer. Er ließ nach jedem seiner Siege eine Kirche oder ein Kloster errichten; so kam fast ein halbes Hundert zustande. Übriggeblieben ist nur noch ein halbes Dutzend: Moldovita, Sucevita, Humor, Voronet, Putna und Arbore (das wir als einziges nicht besuchten). Diese Klöster wurden zumeist kreuzförmig angelegt, waren oft mit einer byzantinischen Kuppel und gotischen Spitzbogenfenstern geschmückt: der typische moldauische Baustil, in dem sich Elemente und Formen aus Okzident und Orient mischen und eine neue Einheit bilden.

Wunderschön sind diese kleinen Bauwerke aber nicht nur in der Harmonie ihrer Maße; wunderschön sind vor allem die Fresken, die sie innen und außen zieren: Wandmalereien über biblische Themen wie Jüngstes Gericht, Lebensbaum und Heilige oder: die Heilige Schrift in Bildern. Darstellungen in strahlenden Farben, erstaunlich gut erhalten, durchaus vergleichbar byzantinischen Mosaiken in Venedig und Ravenna. Gesteigert wird der Reiz des Künstlerischen noch durch die Rätsel um ihre Entstehung: Unbekannt ist bis heute, warum die Kirchen auch von außen bemalt wurden – vermutlich, weil der Innenraum zu klein war, nicht alle aufnehmen konnte, die zum Gottesdienst kamen, diejenigen aber auch den Anblick der Heiligenbilder haben sollten, die draußen bleiben mußten; unerforscht ist auch die Mischung der Farben, die bis auf den Tag wenig von ihrer Leuchtkraft eingebüßt haben; niemand kennt zudem die Namen der Meister, die die Klöster bauten und ausschmückten; rätselhaft schließlich sind mehrere der dargestellten Szenen.

Unser Kleinbus – auch Gepäcktransporter – trug wesentlich zur Mobilität der Gruppe bei. Auf den »Fahr«-Strecken bekamen wir vielfältige Eindrücke von Land und Leuten: die unendlich erscheinenden fruchtbaren Ebenen der Walachai im Süden; die Industrielandschaft um das Raffineriezentrum Ploiesti; aufregende Serpentinen in den Bergen der Karpaten; die Hochebene von Siebenbürgen; die weite Hügellandschaft der Bukowina. Mein Eindruck nach allem: Rumänien ist ein armes Agrarland, dessen politische Führung mit großer Energie die Industrialisierung anstrebt. Dabei droht viel Volkskunst und Volkscharakter verlorenzugehen und von westlichen Zivilisationseinflüssen verdrängt zu werden. Etwas von diesem ursprünglichen Volksleben haben wir in Bukarest gesehen: das Dorfmuseum, in dem 300 Baudenkmäler des Bauernstandes original wiederhergestellt wurden, dann eine leider ziemlich glatte und auf Show getrimmte Folkloreveranstaltung mit Trachtentänzen und Beispielen rumänischer Musik.

Beim Einchecken zum Rückflug geraten wir an einen ausgesprochen unangenehmen Typ, der mit Nonchalance und brennender Zigarette im Mundwinkel die Abfertigung überwacht und eine Art BDM-Frau – strenge Frisur, straffe Bluse, Jacke lässig um die Schultern gelegt – gewähren läßt: Wir müssen jedes Gepäckstück öffnen, die Zöllnerin wühlt den Inhalt mit ein paar ziellosen Handgriffen durcheinander, fertig – ein Akt schikanöser Willkür. Doch im Flugzeug ist die unangenehme Episode vergessen, was bleibt, ist die Erinnerung an stille kleine Dörfer, Waldwege, verwunschene Klöster, der Blick von der Höhe hinunter ins Land, das für einen Augenblick, zehn Tage lang, seine unbekannten Seiten offenbarte.

DIE WANDERROUTE

1. Tag: Flug von Zürich nach Bukarest. Busfahrt nach Brasov.
2. Tag: Fahrt von Brasov nach Bran. Erste Wanderung über das Dorf Sirnea nach Moeciul de Jos. Mit dem Bus zurück nach Brasov.
3. Tag: Von Poiana-Brasov über die Cabana Postavarul zum Gipfel des Postavarul. Mit der Seilbahn wieder nach Poiana-Brasov. Eine kürzere Wanderung zurück nach Brasov.
4. Tag: Von Brasov mit dem Bus nach Norden. Wanderung durch die Schlucht von Lacu Rosu. Weiter am Stausee von Bicaz entlang und durch das Tal der Bistrita nach Cimpulung, dem Standquartier für die folgenden Ausflüge.
5. Tag: Besuch der Nord-Moldau und des Klosters Moldovita. Von Stulpicani Wanderung durch das Waldtal von Slatioara.
6. Tag: Besteigung des Rarau (1653 m) mit dem Adlerstein, einem Aussichtspunkt über den riesigen Wäldern des Rarau-Massivs.
7. Tag: Vormittag in Cimpulung zur freien Verfügung. Nachmittags Wanderung zum Kloster Voronet.
8. Tag: Fahrt mit dem Bus nach Sucevita, von dort Wanderung nach Putna. Rückfahrt nach Cimpulung.
9. Tag: Von Cimpulung Fahrt in Richtung Tirgu Neamt. Wanderung vom Kloster Agapia über Varatec ins Dorf Agapia. Übernachten in Piatra Neamt.
10. Tag: Vom Dorf Negresti Wanderung in Richtung Cracaoane.
11. Tag: Fahrt nach Süden über Focsani und Buzau nach Bukarest.
12. Tag: Stadtrundfahrt durch Bukarest und Besichtigung des Dorfmuseums. Rückflug nach Zürich.

Informationen und Preise

Anreise: Linienflug Frankfurt-Bukarest und zurück: 1102 Mark. Bei Kühne & Nagel (Zentrale in Hamburg) kostet ein IT-Flug einschließlich 6 Übernachtungen mit Frühstück 1160 Mark. Für die Bahnfahrt (Rückfahrkarte) zahlt man auf dieser Strecke rund 330 Mark. Die kürzeste Verbindung für Autofahrer: Frankfurt–Nürnberg–Passau–Linz–Wien–Budapest–Oreada–Brasov–Bukarest (1760 km).

Unterkünfte: Ein Doppelzimmer mit Frühstück kostet ab 15 Mark pro Person. Zimmer vermitteln die deutschen Reisebüros. Die direkte Reservierung ist außerdem möglich über das Reisebüro ONT Carpati, Bukarest, Bd. Magheru 7. Autofahrer können Hotelcoupons (auch Campingcoupons: 15 Mark) über den ADAC und die DER-Reisebüros erhalten: Im Preis von 30 Mark sind eine Übernachtung mit Halbpension und 5 Liter Benzin enthalten.

Pauschalreisen: Die Wanderung »Karpaten und Nordmoldau« wird nur im Sommerhalbjahr angeboten. Die hier beschriebene Reise kostete einschließlich Flug ab Frankfurt, Unterkunft, Verpflegung 1740 Mark (Reisedauer 12 Tage). Einzelheiten enthält der Wanderreisen-Prospekt des Reisebüros Kuoni (deutsche Büros in Freiburg, Konstanz, München und Villingen). Eine Liste sämtlicher Veranstalter, die Rumänien im Programm haben, verschickt das Touristenamt. Beste Reisezeit: Mai bis September.

Einreisebedingungen: Reisepaß. Das Touristenvisum wird an der Grenze ausgestellt. Für Autofahrer: grüne Versicherungskarte.

Devisen und Mindestumtausch: Die Ein- und Ausfuhr der rumänischen Währung (Lei) ist verboten. Für 100 Mark bekommt man rund 470 Lei. Bundesbürger müssen in Rumänien etwa 25 Mark pro Aufenthaltstag umtauschen. Von dieser Regelung befreit sind unter anderem Pauschalreisende und Einzeltouristen, die Hotelgutscheine und Coupons vorweisen können.

Reiseführer und Karten: Rumänien: Polyglott, Band 762, 64 Seiten, 4,80 Mark; Rombach, 510 Seiten, 15 Mark; Walter-Verlag, 419 Seiten, 36 Mark; Schroeder, 288 Seiten, 16,80 Mark; Grieben, Band 289, 172 Seiten, 8,80 Mark; Merian Heft 7/XXII (1969), Siebenbürgen, 100 Seiten, 7,80 Mark. J. Fink Verlag: Die Bergwelt Rumäniens (für Wanderer und Bergsteiger), 134 Seiten, 15 Mark. In Rumänien zu kaufen (320 Seiten, 10 Lei): Komm mit, Reisen, Wandern, Erholung in Rumänien. Spezialprospekte (zum Beispiel 20 Rundreise-Tips oder »Ferien in den Bergen Rumäniens«) verschickt das Touristenamt. Autokarte Rumänien/Bulgarien: Ravenstein, Nr. 882, 1 : 1 Mill., 7,80 Mark; Kümmerly & Frey, Nr. 1175, 8,50 Mark; Freytag-Berndt, Nr. 1062, 7,80 Mark; je 1 : 1 Million.

AUSKÜNFTE: Rumänisches Touristenamt, Neue Mainzer Straße 1, 6000 Frankfurt, Telephon (06 11) 23 69 41-3; Corneliusstraße 16, 4000 Düsseldorf, Telephon (02 11) 37 10 47-8.

KORSIKA: Am Ziel winkt eine blaue Bucht

Von Dieter Piel

War das eine Nacht! Über mir, von meinem arg laienhaft aufgebauten Biwak kaum verstellt, ein Sternenhimmel, wie man ihn in Mitteleuropa nur selten zu sehen bekommt. Um mich herum knisterte und knackte es unentwegt, hier ein herabfallendes Blatt, dort irgendwelches Getier. Und neben mir zitterte – mal mehr vor Kälte, mal mehr aus Angst – meine Frau. Wir kampierten auf einem Geröllfeld, in sechzehnhundert Meter Höhe, an einer der einsamsten Stellen Korsikas.

Das Plateau de Gialgone, wie diese Stelle genannt wird, war das erste Etappenziel auf unserem Marsch über einen der gleichermaßen schwierigsten und schönsten Wanderwege Europas. Dieser Weg, der »Sentier de Grande Randonnée Nr. 20«, kurz »G.R. 20« genannt, durchzieht das bergige Korsika von Nordwesten nach Südosten. Er beginnt nahe der Hafenstadt Calvi, und er endet an den Hängen in der Nähe des Touristenrummels von Porto Vecchio. Er erstreckt sich über mindestens zwölf Tagesmärsche. Uns war das zuviel, und so haben wir denn unsere Wanderung erst in der Mitte der Insel, im Örtchen Vizzavona, nahe der alten korsischen Hauptstadt Corte begonnen.

Doch auch das war noch genug. Statt der gewohnten Aktentasche oder des Handtäschchens schleppten wir Rucksäcke zwischen zwölf und achtzehn Pfund Inhalt. Statt gemessenen Schrittes ums Haus zu gehen, keuchten wir über Tagesstrecken zwischen acht und elf Stunden. In zermürbendem Wechsel kletterten wir mal hinauf bis zweitausendeinhundert und mal hinunter bis neunhundert Meter Höhe – und sehnten uns bisweilen nach dem Komfort der ausgetretenen Wege durch den heimischen Stadtpark.

Und vor allem: Nirgendwo konnte man einkehren. Nirgendwo lockte schäumendes Bier oder wenigstens ein solider Landwein. Noch nicht einmal ein lausiges Hotel erwartete uns des Abends – auf dem schon erwähnten Plateau de Gialgone fehlt selbst eine Notunterkunft.

Dennoch: Eine schönere Wanderung kann man sich kaum vorstellen. Korsika ist, abseits aller Lebhaftigkeit in den Städten und Feriencamps an den Küsten, eine Insel bizarrer Urtümlichkeit, herrlicher Berge – und der Stille, was ja dann und wann recht angenehm sein kann. »Korsika«, so hatte ich vor unserer Wanderung gelesen, »ist ein Gebirge im Meer; wer das Gebirge nicht kennt, kennt die Insel nicht.« Dieser Satz war mit das Zutreffendste, was ich aus den wenigen und zum Teil dürftigen Reiseführern vorher gelernt hatte.

Schon die Anreise nach Vizzavona war ein Erlebnis. Sie führte, auf einem uralten Bergbähnchen, über Viadukte, die sonderbarerweise noch immer nicht zusammengebrochen sind, über karge Höhen und durch das Dickicht der Macchia, Korsikas wuchernder Flora, in den Tälern. Vizzavona selbst: zwei, drei Hotels, die im Winter geschlossen sind, und vor allem ein kleiner Laden für den Reiseproviant. Jede Konserve, die wir dort kauften, und jedes Stück Käse und Wurst wogen wir nachdenklich in den Händen. Doch es half nichts, wir mußten es mitnehmen. Während der nächsten Tage würden wir keine Gelegenheit mehr haben, irgendwo etwas zu kaufen. Unsere Route führte durch menschenleeres Gebiet.

Am nächsten Morgen, während unseres mehr als drei Stunden dauernden Aufstiegs auf den Col de Palmente, begleiteten uns noch zwei Hunde, die in Vizzavona gelernt

Korsika
G.R.20
Bastia
Calvi
Calenzana
Porto
Corte
Vizzavona
Col de Palmente
Plateau de Gialgone
Col de Verde
Refuge d'Usciolu
AJACCIO
Refuge de Pedinelli
L'Incudine
Col de Bavella
Zonza
Conca
Porto Vecchio
Bonifacio
MITTEL-
MEER
50km

zu haben schienen, daß die Wanderer, die sich dort auf den Weg machen, mancherlei Leckereien mit sich schleppen, die sie schließlich irgendwann einmal auspacken müssen. Sie trollten sich, nachdem sie auf unserer ersten Gipfelrast bemerkt hatten, mit welch knauserigen Gestalten sie sich zusammengetan hatten. Danach waren wir allein.

Doch wir brauchten auch niemanden. Der Blick von den Höhen war so großartig und die Wanderung unter den Schatten mächtiger Kiefern so wohltuend, daß sie uns alle Geselligkeit ersetzten. Gewiß, die Pfade des »G.R. 20« sind sehr anstrengend. Es sind alte Hirtenwege, von Tausenden von Ziegen- und Schafgenerationen gebahnt und doch – zumal sich viele Hirten inzwischen einen besseren Job gesucht haben – oft nur mit Mühe gangbar. Doch sie sind hervorragend markiert. Die rot-weißen Erkennungszeichen, in kurzen Abständen an Bäumen und Felsen gepinselt, entheben den Wanderer der Sorge, sich zu verlaufen. Sie geben ihm Gelegenheit, die Schönheit des Landes zu genießen – solange nicht Schweißperlen ihm die Augen verschließen.

Zwischendurch läßt es sich gut rasten. Die vielen sprudelnden Gebirgsbäche führen glasklares Wasser, in das noch niemand hineingepinkelt hat. Immer wieder finden sich *bergeries*, zumeist verlassene Schäferunterstände aus einfach aufeinandergeschichteten Steinen, in denen sich minutenschnell eine Feuerstelle bauen läßt. Außerhalb dieser *bergeries* sollte man mit dem Feuer jedoch sehr vorsichtig umgehen, denn ohnedies haben Waldbrände der korsischen Landschaft schon beträchtliche Schäden zugefügt.

Mangel herrscht auf dem »G.R. 20« nur an einem: an molligen Betten. Zwar kam es nur einmal vor, daß wir, durch einen dünnen Schlafsack höchst karg gegen den felsigen Boden abgefedert, unter freiem Himmel schlafen mußten. Doch dieses eine Mal könnte manch einem schon zuviel sein. Immerhin: Auf dem Plateau de Gialgone, das uns so rüde beherbergt hat, soll eine Notunterkunft entstehen, wie wir sie an anderen Etappenzielen bereits vorgefunden haben. Sie sind zwar auch nicht gerade kuschelig, aber wenigstens kann man darin schlafen und sich wärmen. Wer es unter einer solchen Notunterkunft nicht tun will (obwohl er dabei, trotz aller Unbill, ein seltenes Naturerlebnis versäumen würde), sollte sich mithin rechtzeitig nach dem Fortgang der Planungen und Arbeiten auf dem Plateau de Gialgone erkundigen.

Freilich: Auch wenn erst einmal an allen Etappenzielen des »G.R. 20« Notunterkünfte errichtet sein werden, wird der Wanderer nicht ohne leichtes Biwak und Schlafsack losziehen dürfen. Denn er muß in Korsikas Bergen mit Gewittern rechnen, vor denen er sich schleunigst unter den nächsten Felsvorsprung wird retten müssen. Ich habe zwar während unserer Wanderung ein solches Gewitter nicht erlebt, aber es hätte, mit größerer Wahrscheinlichkeit, auch anders kommen können. Und wenn wir nur zwei Stunden versäumt hätten – die Notunterkünfte d'Usciolu oder Pedinelli, die uns in den Tagen nach der Nacht auf dem Plateau de Gialgone aufgenommen haben, hätten wir kaum mehr rechtzeitig erreicht.

Oder dies: Einer von uns hätte sich verletzen können. Zwar war unsere Route während der gesamten fünf Tage kein einziges Mal wirklich gefährlich, es gab keine riskanten Kletterpartien und keine Abgründe, an denen wir klammen Herzens hätten vorbeiturnen müssen. Aber immerhin, es hätte schon einmal ein Fuß umknicken können, und schon wäre unser bis dahin forsches Marschtempo verkümmert. Aus dem gleichen Grunde ist es, nebenbei, ratsam, mindestens zu zweit durch Korsika zu wandern. Wer allein ist, bleibt es auch, wenn ihm etwas zustößt ...

Indes, solche ernsthaften Überlegungen gehören zwar in

diesen Bericht – während unserer Wanderung haben sie uns nicht angefochten. Wir waren viel zu sehr damit beschäftigt, bergauf und bergab zu klettern, uns an immer neuen Ausblicken zu erfreuen und bisweilen auch unseren Proviant gegen die korsischen Wildsäue zu verteidigen – die eigentlich nur harmlose, verwilderte Hausschweine sind, deren Gefräßigkeit jedoch beachtlich ist. (Ängstlichen Naturen sei übrigens gesagt, daß einem schlimmeres Viehzeug in Korsika nicht über den Weg läuft – auch keine giftigen Schlangen, denn die gibt es dort nicht.)

Am vierten Tage unserer Wanderung erreichten wir, geschlaucht vom Abstieg aus dem Refuge de Pedinelli auf den 2134 Meter hohen L'Incudine und begeistert von dem darauffolgenden viereinhalbstündigen Anstieg, schließlich Korsikas wohl großartigste Landschaft: den Col de Bavella. Allein schon dieses Etappenziel mit dem Panorama steil aufragender Felsen, gewaltiger Baumgruppen und weiter Täler lohnte die Strapazen, die hinter uns lagen. Freilich: Dort trennten sich, für einen Tag, auch die Wege unserer kleinen Zweiergruppe.

Denn meine Frau, die bis dahin, ihre wunden Füße entschlossen mißachtend, tapfer hinter mir hergezockelt war, stieg aus unserem gemeinsamen Unternehmen aus. Nachdem wir in Zonza, am Fuße des Col de Bavella und etwas abseits des »G.R. 20«, in einem gemütlichen Hotel übernachtet hatten, hielt sie einen Wagen an und trampte in unser Ferienhäuschen an der Küste.

So machte ich mich denn auf den Weg und tat, wovor ich soeben noch gewarnt habe: ich ging allein bis zum südöstlichen Ende des »G.R. 20«. Daran, daß ich mich darauf einließ, ist wohl auch ein Reiseführer-Autor namens Hans Schymik schuld, der die Entfernung zwischen dem Col de Bavella und dem Dörfchen Conca mit sechs Stunden angibt. Ich weiß nicht, wie der Mann das geschafft haben will; ich jedenfalls brauchte trotz meiner langen Beine acht Stunden, in denen ich zum Schluß mehr gerannt als gegangen bin. Denn zwischen dem Col de Bavella und Conca gibt es zum Teil gar keinen Pfad mehr.

Immer wieder leuchteten mir auf dieser letzten Etappe die blauen Buchten des Zielgebietes entgegen. Doch als ich sie endlich erreicht hatte, war ich geschafft. Die Dusche im Hotel und der Drink an der Bar: sie kamen gerade noch rechtzeitig.

Die Wanderroute

1. Tag: Anreise nach Vizzavona, einer kleinen Sommerfrische südlich von Corte im Herzen Korsikas; dort Übernachtung im Hotel.

2. Tag: Acht Uhr Aufbruch von Vizzavona. Nach 10stündigem Marsch Biwak auf dem Plateau de Gialgone.

3. Tag: Um acht Uhr vom Plateau de Gialgone über die Paßstraße am Col de Verde bis zum Refuge d'Usciolu. Ankunft gegen 19.00 Uhr.

4. Tag: Wiederum um acht Uhr Aufbruch vom Refuge d'Usciolu bis zum Refuge de Pedinelli.

5. Tag: Aufbruch über den 2134 m hohen L'Incudine bis zum Col de Bavella. Von dort per Anhalter in das etwa 8 km entfernte Örtchen Zonza. Hotelübernachtung.

6. Tag: Mit dem Taxi zurück auf den Col de Bavella und von dort weiter zum letzten Tagesmarsch bis nach Conca. Mit dem Taxi von Conca nach Porto Vecchio.

Informationen und Preise

Anreise: Das Rückflugticket von Frankfurt nach Korsika (Ajaccio, Bastia oder Calvi) kostet 838 Mark. Für die Bahnrückfahrkarte Frankfurt–Nizza zahlt man 229,80 Mark. Die kürzeste innerfranzösische Fährverbindung ist die Route Nizza–Calvi (180 Kilometer). Die Überfahrt dauert etwa 5 Stunden und kostet ab 32 Mark pro Person, für den Pkw ab 164 Mark. Weitere Auskünfte über die Reisebüros oder über Karl Geuther/Frankfurt.

UNTERKÜNFTE: Ein Hotelverzeichnis für Korsika kann bei den französischen Verkehrsbüros angefordert werden. Die Broschüre informiert auch über Feriendörfer, Campingplätze und FKK-Klubs. (Im Buchhandel erhältliche Hotelführer: Guide Michelin und Logis de France).

PAUSCHALREISEN: Eine 15tägige IT-Flugreise von Frankfurt nach Ajaccio bietet Kühne und Nagel für 1088 Mark an (Übernachtung mit Frühstück im Hotel Albion).

Einwöchige Bergwanderungen mit Zeltunterbringung organisiert die Alpinschule Innsbruck. Scharnow, Touropa und Transeuropa bieten dieses Programm im Sommerhalbjahr an. Die Wanderung kostet einschließlich Verpflegung ab und bis Bastia 457 Mark. Buchung nur mit mindestens einwöchigem Anschlußaufenthalt möglich.

Der Schweizer Wanderreisen-Veranstalter Baumeler organisiert von April bis Oktober 13tägige Korsika-Aufenthalte. Stammquartiere sind Bastia und Ajaccio, wo auch übernachtet wird. Buchung in der Bundesrepublik über FIT-Reisen Frankfurt. Reisepreis mit Linienflug ab Frankfurt, Halbpension 1650 Mark.

SONSTIGES: Die Wanderwege (G. R. bezeichnet) sind einheitlich gekennzeichnete Strecken kreuz und quer durch Frankreich. Der Korsika-Wanderweg ist insgesamt 173 km lang, beginnt in Calenzana und endet in Conca. Die französische Beschreibung dieser Strecke, der Topo-Guide G.R. 20, ist erhältlich über das Comité National des Sentiers de Grande Randonnée (92, rue de Clignancourt, F-75883 Paris, Cedex 18). Ein Faltblatt mit allen Wanderwegen verschickt das Verkehrsbüro.

Spezialauskünfte über Bergsteigen und Klettern erteilt der Club Montagne-Corse in Bastia. Auch die Präfektur von Ajaccio gibt Tips für Wanderwege. Für Bergtouren stehen an den jeweiligen Ausgangspunkten örtliche Führer zur Verfügung.

AUSRÜSTUNG: Feste Wanderstiefel, leichtes Regenzeug, Schlafsack, leichte Kleidung für den Tag, Pullover für die Nächte, Biwak, Kompaß (für Notfälle), Erste-Hilfe-Päckchen, Proviant für mehrere Tage.

EINREISEBEDINGUNGEN: Personalausweis.

DEVISEN: 100 franzöische Francs kosten 56,10 Mark.

REISEFÜHRER UND KARTEN: Korsika, Goldstadt, Band 15, 264 Seiten, 9,80 Mark; Grieben, Band 268, 190 Seiten, 8,80 Mark; Polyglott, Band 800, 64 Seiten, 4,80 Mark; Schroeder Verlag, 320 Seiten, Karten/Pläne, 19,80 Mark; J. Fink Verlag, Die Bergwelt Korsikas, 126 Seiten, 15 Mark; Hans Schymik, Korsika für Bergsteiger und Wanderer, 344 Seiten, 25,80 Mark. – IGN, Amtliche Karte Korsika, zwei Blätter,

1 : 100 000, je 6 Mark; Michelin Autokarte Nr. 90, 1 : 200 000, 3,80 Mark; Amtliche Touristenkarte: Parc Naturel Régional de la Corse, 1 : 100 000, 12 Mark.

Auskünfte: Amtliches Französisches Verkehrsbüro, Kaiserstraße 12, 6000 Frankfurt, Telephon (06 11) 75 20 29; Außenbüros in: Berliner Allee 26, 4000 Düsseldorf, Telephon (02 11) 32 30 64; Alstertor 21, 2000 Hamburg 1, Telephon (0 40) 32 47 39.

LAPPLAND: Der Rucksack ist die wahre Diva

Von Karl-Richard Könnecke

Freitagabend, Ende August. Bahnsteig 10 des Stockholmer Hauptbahnhofs erinnert an Mobilmachung. Es wimmelt von Menschen mit hochgepackten Rucksäcken, in kräftigen Stiefeln und olivgrünen Jacken. Wohin geht es? Es geht nordwärts; mit dem Schnellzug »Bottenviken« in Richtung Jokkmokk, Polarkreis, Kiruna, Narvik ... es geht nach Lappland: Siebzehn Stunden mit der Bahn. In Gällivare – Ausgangspunkt meiner Wanderung – steht auf einer Tafel am Bahnhof: »1313 Kilometer nach Stockholm.«

Erfahrene Lapplandwanderer erkennen auf den ersten Blick den Erstling: Mein Rucksack ist ein bißchen zu neu, vielleicht auch ein bißchen zu voll, und vor allem: Ich suche offensichtlich nach einer Gruppe – bin also kein Einzelgänger. Aber ich bin froh, zu einer Gruppe mit »Führer« zu gehören. Es ist Neuland, das wartet. Und es ist wildes Land, »die letzte Wildmark Europas«, wie es die Touristenbroschüren wahrheitsgemäß verkünden.

Jetzt bin ich einer von dreizehn der Gruppe STF 203 (STF = Schwedischer Touristenverein); unser Leiter ist Björn, ein blonder Hüne, Student der Sozialwissenschaften; so müssen die Wikinger ausgesehen haben.

Die Wanderung wird uns im Laufe einer Woche durch drei Nationalparks führen: Sarek, Stora Sjöfallets, Padjelanta. Wir werden uns unterhalb, meist aber oberhalb der Baumgrenze tummeln; wir werden über felsige Geröllhalden balancieren; vor allem aber werden wir die Fjällnatur erleben ... »fjäll« – das sind die kargen, weiten, einsamen Hochflächen des Nordens, die am Horizont garantiert nicht enden.

Diese Nationalpark-Wanderung gilt als leicht, ideal für Anfänger. Gemessen freilich mit den Maßstäben Lapplands, und hier mißt man Entfernungen und Zeit anders. Nicht die Minute zählt, nicht die Stunde, die gängige Zeiteinheit heißt Tagesetappe. Womit auch zugleich die Entfernung gemeint ist: eine Tagesetappe bedeutet 15 oder 20 oder 25 Kilometer. Wer will es so genau nehmen? Man wird sehen.

Zunächst aber fahren wir von Gällivare aus mit einem der gelben Postomnibusse, die noch so romantisch »Diligensen« heißen, ein paar Stunden landeinwärts, am Stora Lulevatten entlang, bis nach Kebnats. Hier wartet ein Motorboot; es führt uns in zehn Minuten über den See bis zur Fjällstation Saltoluokta. Und jetzt erst sind wir richtig in Lappland. Von hier aus geht's nur zu Fuß weiter. Keine Straße mehr.

Ein Tag zur Eingewöhnung; das ist nützlich für den Anfänger. Wir »machen« nach dem Kaffeetrinken den benachbarten Elfhunderter, den Berg Kierkau. Mit leichtem Gepäck: Rucksack, Pullover, Regenzeug (man geht in Lappland niemals ohne Regenzeug aus), Thermosflasche, belegte Brote. Der Himmel ist bedeckt, die Sicht aber klar, acht Plusgrade. Unterwegs, in der Felswand, überrascht uns ein Schneeschauer. Oben sind's vier Minusgrade, aber welcher Ausblick: die 2000-Meter-Gipfel des Sarek-Massivs, weite Täler, endlose Moorflächen, irgendwo ein Lappenlager mit zwei, drei Katen.

Aufbruch am nächsten Morgen. Der Rucksack ist um sieben Pfunde schwerer geworden ... Wir müssen unsere Verpflegung für die nächsten sechs Tage mitschleppen (denn im Fjäll kann man nichts kaufen): Brot, Margarine, Wurst, Käse, Zucker, Kaffee, Fruchtsuppen, komplette Menüs (gefriergetrocknet – darum leicht; Portion für zwei Personen = 100 Gramm). Mein Rucksack wiegt nun knapp 16 Kilogramm. Bald werde ich spüren und wissen, daß 16 Kilo 32 Pfunde sind.

Eine letzte kurze Begegnung mit der Zivilisation. Fahrt mit der gelben Postdiligens nach Ritjemjokk, Reise über einen stürmischen See: Nun geht es aber endlich los. Nach einer Stunde Marsch erreichen wir die Akkastugorna, zwei Hütten des Schwedischen Touristenvereins. Holzpritschen, drei übereinander, Tisch, Bänke, Spirituskocher; das nötigste Geschirr, ein paar Töpfe und – wichtig, wichtig in Schweden – Kaffeekessel. Kein fließendes Wasser, keine Elektrizität, kein Telephon, keine Verbindung zur Außenwelt. Aber: herrlich frisches Wasser im See oder im (immer) nahen Bach oder Fluß, Holzvorrat, Säge, Axt und Sägebock im Schuppen.

So sind alle Hütten in Lappland. Und wenn die Pritschen belegt sind – auf dem Fußboden ist für jeden Platz. Es ist gut, einen Schlafsack mitzuhaben. Für Wanderer mit Komfortanspruch und Schlips im Gepäck ist das nichts. Natürlich verläßt man die Hütte nicht, ohne abgewaschen und ausgefegt zu haben; frisches Wasser wird geholt und gehacktes Holz bereitgelegt – für die nachfolgenden Wanderer. Wir haben einen regelrechten Stuben- und Küchendienst eingerichtet. Jeder kommt auf der Reise einmal an die Reihe. Sechzehn Kronen (etwa 9,50 Mark) kostet die Übernachtung, STF-Mitglieder zahlen zwölf Kronen. Bezahlt wird entweder beim Hüttenwart oder, falls es keinen gibt, nach Beendigung der Wanderung per Postscheck – Vertrauen gegen Vertrauen.

Die Sonne scheint, als wir am nächsten Morgen in Richtung Kisuris abmarschieren. Vierzehn Kilometer liegen vor uns. Jacken und Anoraks verschwinden schnell im Rucksack, die Stimmung ist hochgemut, beim Balancieren über

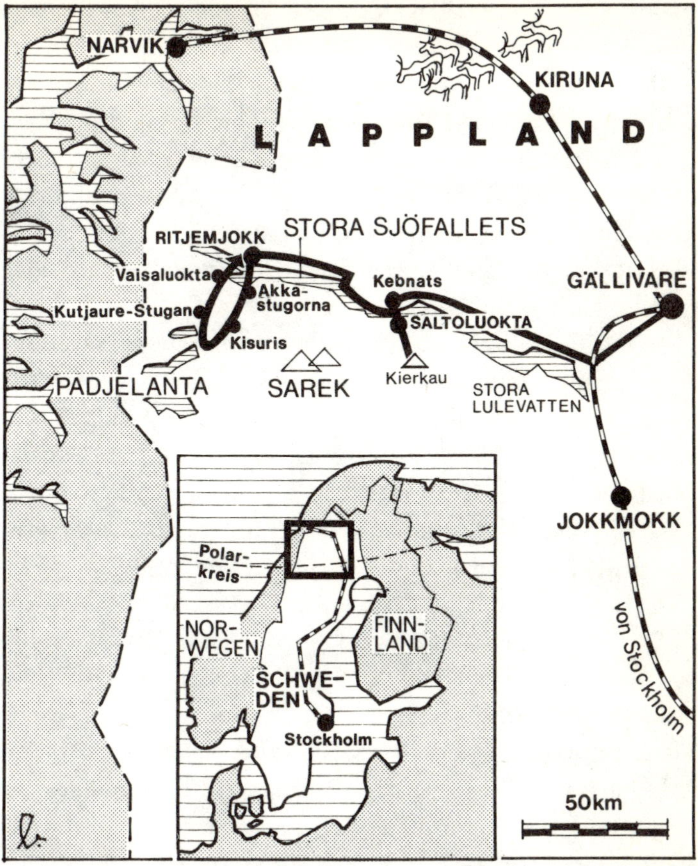

eine schwankende Hängebrücke ist sie übermütig. Dann kommt die erste steile, lange Steigung. Es wird mühsam, der Rucksack drückt und zwackt plötzlich, der Atem wird kurz, die Beine werden schwer. Zum erstenmal der Gedanke: Warum eigentlich diese Plackerei? Und hätte man nicht vorher etwas mehr für die Kondition tun sollen?

Aber dann die erste Rast. Runter mit dem Rucksack, da ist die Welt gleich wieder schöner. Wie schön, das sieht man nun: Ein Panorama von überwältigender Weite und großartiger Eintönigkeit, Kargheit, Wildheit. Man versteht plötzlich jene Skandinavier besser, die in ihren Städten im Süden gelegentlich vom sogenannten Lappland-Koller befallen werden, ihren Rucksack packen, hierher in den hohen Norden fahren, um zu gehen, gehen, gehen; um zu sehen, zu schauen, um allein zu sein, um die Freiheit auszukosten. Das klingt wie ein Mysterium – es ist eins. Man sagt: Wer einmal in Lappland gewandert ist, kommt niemals oder immer wieder zurück.

Wir gehen weiter. Am Fuße urwelthafter Gletscher, über schwankende, schmackende Moore, durch widerspenstiges Weidendickicht, waten durch Bäche und Flüsse, rutschen Abhänge hinab, klettern andere hinauf. Das Gehen wird nach und nach zur mechanisch vollzogenen Bewegung. Der Rhythmus ist gefunden, der Wanderer reduziert sich: Er besteht aus Rucksack und Füßen, sind beide im Takt, dann ist der Kopf frei, sind die Gedanken ungebunden.

Der Rucksack ist die wahre Diva jeder Fjällwanderung. Er will mit Liebe und Können behandelt werden. Das dankt er dann mit perfektem Sitz – er macht sich leichter, als er tatsächlich ist. Welchen Rucksack wählt man? Natürlich einen mit Tragerahmen, Fassungsvermögen mindestens 60 Liter, kräftig in Stoff und Gestänge, am besten mit einem zusätzlichen Hüftgurt ausgerüstet. So ein Hüftgurt ist eine feine Sache: Richtig angelegt und richtig genutzt, verlagert er ein Teil des Rucksackgewichts auf die Hüften, entlastet also die geplagten Schultern.

Fürs richtige Packen des Rucksacks gibt es ein paar goldene Regeln. Die wichtigste: Schweres oben, leichteres unten. Vor allem aber: Nicht zuviel mitnehmen (freilich auch nicht zuwenig). Die Ausrüstungsliste, die vom Schwedischen Touristenverein ausgearbeitet wurde, ist eine verläßliche Sache. Man lernt schnell, mit jedem Gramm zu geizen, wenn die Überpfunde erst einmal so richtig gedrückt haben. Bequeme Rucksackgewichte: Für Frauen 10 bis 15 Kilo, für Männer 15 bis 20 Kilo. Das sind allgemeine Werte; mancher trägt mit Freuden mehr.

Geizen sollte man nicht, wenn es um die Qualität der Ausrüstung geht. Das gilt nicht nur für den Rucksack, das gilt auch ganz besonders für die Stiefel. Sie sollten so wasserdicht wie möglich sein. Es ist ein Streit seit langem, ob man besser feste Lederstiefel (mit halbhohem Schaft und schützendem Gummiüberzug) oder gut ausgearbeitete Gummistiefel (mit weichem Schaft und markanten Sohlenprofilen) trägt. Ich habe beste Erfahrungen mit meinen Gummistiefeln gemacht.

Wichtig ist schließlich der Regenschutz. Das Wetter schlägt in der lappländischen Bergwelt blitzschnell um. Wir haben das auch zu spüren bekommen. Nach einem sonnigen Wandertag und einem wundervoll klaren Abend mit einem Mondaufgang über den Akka-Bergen wie aus dem Bilderbuch, weckte uns am nächsten Morgen in der Kisuris-Hütte das Trommeln des Regens. Es goß in Strömen. Und wir hatten fast 20 Kilometer Marsch vor uns. Leichte Regenjacken (wichtig: geschweißte Nähte), leichte Regenhosen aus widerstandsfähigem Nylonstoff, Gummistiefel an, Südwester auf, und dem Rucksack einen Regenschutz aus Nylon übergestülpt . . . so geht man auch dem grauesten Regentag in Lappland getrost und ergeben entgegen.

Die Kutjaure-Stugan, Ziel des Regenmarsches, gleicht am Abend dem Heerlager eines maritimen Expeditionskorps. Überall tropft's, jeder freie Winkel ist zum Trockenplatz umfunktioniert. Später sitzen wir in einer Lappenkate nebenan auf Birkenreisig ums offene Feuer. Der Kaffeekessel summt. In der »Nachbarschaft« – vier Kilometer hin, vier Kilometer zurück durch Dickicht, über Fels und Moor – haben Björn und ich zuvor bei den Lappen Delikatessen eingekauft: Frisch geräucherte Felchen und warme »glödkakor« (Fladen aus Mehl, Wasser, Salz sowie einer Prise Backpulver auf glutheißen Steinen gebacken). Das ist ein Fest.

Die Rucksäcke sind leichter geworden. Teils, weil die Eßvorräte schmelzen; teils, weil man sich aneinander gewöhnt hat. Und als wir am letzten Tag, auf dem Weg nach Vaisaluokta, ein paar anhaltend steile und felsige Kilometer zurücklegen müssen, um aufs hohe Fjäll zu gelangen, wird wieder etwas vom Übermut des ersten Tages spürbar – war es da der Übermut des Unerfahrenen, ist es jetzt der des Erfahrenen, des Glücklichen.

Wir wandern in etwa tausend Meter Höhe durch eine Landschaft von großer, beeindruckender Öde. Felsbrocken liegen wie Spielzeugsteine umher. Von den Gletschern stürzen Bäche herab. Schneebetten sind zu überwinden. Ein kalter, scharfer Wind bläst über das »kalfjäll«. Wir bewegen uns weit oberhalb der Baumgrenze. Hier und da eine Zwergweide; sie wagt sich nicht höher als ein, zwei Zentimeter und verkriecht sich in Felsspalten; ein paar Blüten – noch zerblasener und kleiner als weiter unten; über den Boden kriechende, sich duckende Zwergbirken. Man weiß, Frühling, Sommer und Herbst dauern hier zusammen nicht länger als vier Monate; Sturm, Kälte, Schnee und Dunkelheit herrschen dagegen acht Monate lang.

Wer nach Lappland reist des Wanderns wegen, der kann sich nur bedingt auf mögliche Wandererfahrungen in Knüll, Rhön oder im Bayerischen Wald verlassen. Erstens, weil das Lappland wahrhaftig wild, das heißt ohne Weg und Steg ist (wenn man von den mit Steinen lose gekennzeichneten offiziellen Wanderrouten absieht – meist sind es eher imaginäre Linien von irgendwo nach nirgendwo). Zweitens, weil die Natur zu Extremen neigt, und das betrifft die geologischen Verhältnisse ebenso wie die meteorologischen. Drittens, weil man mit schwerem Gepäck unterwegs sein und zudem unter einfachsten Bedingungen leben und übernachten muß. Viertens, weil es keinen Weg zurück gibt – man muß also durchhalten bis zum nächsten Berührungspunkt mit der Zivilisation – und der liegt eben manchmal ein paar Tagesmärsche weiter.

Doch Bangemachen gilt nicht. Auch Anfänger können sich auf die Wanderung machen – können die Wildnis genießen, können bei der Begegnung mit Rentieren deren grazile Beweglichkeit bewundern, können das Abenteuer Lappland ohne Reue und Risiko wagen. Wer's zum erstenmal tut, sollte es so machen wie ich, nämlich eine Gruppenwanderung wählen. Er gewinnt die nötigen Erfahrungen, ohne Lehrgeld zahlen zu müssen. Er lernt den Umgang mit dem Fjäll, lernt es respektieren. Lernt auch einsehen, wie wichtig (und richtig) die Regel Nr. 1 in Lappland ist: Gehe nie allein ins Fjäll!

Wann ist die beste Wanderzeit? Zwischen Juli und Mitte September ... vorher kann man noch in die Sintflut des Frühlings geraten (da ist das Fjäll unbegehbar); danach überraschen einen leicht frühe Boten des nächsten Winters. Wer später, das heißt um die Monatswende August/September wandert, erlebt zwar nicht mehr die 24stündige Helligkeit des Mitternachtssonnenlandes, dafür aber das unvergleichliche, intensive Farbspiel des Herbstes – nicht umsonst nennen die Skandinavier diese Zeit den »goldenen« Monat.

Die ersten Nachtfröste machen übrigens auch der großen Plage des Nordlandes den Garaus – es gibt dann keine Mücken mehr. Und wer je wider stechende Myriadenschwärme gefochten hat, weiß solchen Vorteil zu würdigen.

DIE WANDERROUTE

1. Tag: Abreise mit dem Zug von Stockholm Hauptbahnhof 20.10 Uhr (Liege- bzw. Schlafwagen).
2. Tag: Ankunft in Gällivare 12.40 Uhr. Mit dem Postbus um 13.20 Uhr weiter nach Kebnats (Ankunft 15.50 Uhr). Mit dem Boot (10 Minuten) nach Saltoluokta Fjällstation.
3. Tag: Fjällstation Saltoluokta. Ausflüge.
4. Tag: Boot nach Vietas (35 Minuten). Bus nach Ritjemjokk (75 Minuten). Boot nach Änonjalme (30 Minuten). Wanderung nach Akkastugorna, 2 km.
5. Tag: Wanderung nach Kisuris, 14 km.
6. Tag: Wanderung nach Kutjaure, 19 km.
7. Tag: Kutjaure. Ausflüge.
8. Tag: Wanderung nach Vaisaluokta, 18 km.
9. Tag: Boot nach Ritjemjokk (50 Minuten). Bus nach Gällivare (4 Stunden, 20 Minuten). Abfahrt mit dem Zug nach Stockholm (Abreise 19.57 Uhr).
10. Tag: Ankunft Stockholm Hauptbahnhof 12.55 Uhr.

INFORMATIONEN UND PREISE

ANREISE: Der normale Linienflugpreis Frankfurt–Stockholm und zurück: 1090 Mark; Wochenendtarif 783 Mark (Flüge nur samstags und sonntags).
Bahnfahrt von Hamburg nach Stockholm und zurück (rund 15 Stunden Fahrzeit): 2. Klasse 270,80 Mark und 1. Klasse 411,20 Mark.
Bahnrückfahrkarten Stockholm–Gällivare kosten 2. Klasse 204,80 Mark; für Liegewagen werden je Strecke etwa 7 Mark berechnet, und etwa 15 Mark kostet ein Schlafwagenplatz (Touristenklasse, Drei-Bett-Abteil). Busverbindung gibt es zwischen Gällivare und Kebnats, die einfache Fahrt kostet etwa 35 skr; für die Bootsfahrt von Kebnats zur Fjällstation Saltoluokta sind etwa 4 skr zu zahlen.

UNTERKÜNFTE: In Stockholm kostet eine Hotelübernachtung im Doppelzimmer ohne Frühstück pro Person ab 90 skr. Im STF-Gästehaus in Stockholm bezahlt man pro Nacht 20 skr und 16 skr in der Jugendherberge. Das Hotel »Vassara« in Gällivare berechnet für eine Übernachtung im Doppelzimmer 134 skr. Preiswerte Privatunterkünfte vermitteln die örtlichen Touristenvereine über die Informationsbüros.

Im gesamten Wandergebiet von Lappland gibt es 9 »Fjällstationen« und 80 »Fjällstuga« (Hütten), Übernachtung: 20 skr, für STF-Mitglieder 15 skr.

PAUSCHALREISEN: 14-Tage-Wanderarrangements kosten bei der Reise-Agentur Waldemar Fast/Hamburg 1234 Mark ab und bis Travemünde; einschließlich Schiffspassagen, Bahnfahrt bis Abisko, Unterkunft, Verpflegung und Wanderführer. Wer nur die Wanderung ab Abisko bucht (7 Wandertage) zahlt 730 Mark. Einwöchige Lappland-Wanderungen ab Gällivare veranstaltet das Reisebüro Norden/Hamburg für 485 Mark (ohne Anreisekosten). Im Preis enthalten: 2 Abendessen, 1 Frühstück, alle Transporte, Reiseleitung, Übernachtung in Zweimann-Zelten (sind von den Teilnehmern während der Wanderung selbst zu tragen).

Die 8tägige Wanderung von Karl-Richard Könnecke kostete 417 Mark (ohne Anreise). Im Preis inbegriffen: Abendessen bei Ankunft in Gällivare, Übernachtungen in Mehrbettzimmern (Bettwäsche mitbringen), Verpflegung, Bus- und Bootsfahrten und Wanderführer.

SONSTIGES: Die Wanderverpflegung – Grundnahrungsmittel und gefriergetrocknete Menüs – gibt es in den Fjällstationen. Für die Tagesration werden maximal 40 skr veranschlagt.

Öffnungszeiten der Fjällstationen: März bis April und Mitte Juni bis Mitte September.

Bei Wanderungen ohne Führer ist ein Kompaß dringend erforderlich.

EINREISEBEDINGUNGEN: Gültiger Reisepaß oder Personalausweis.

DEVISEN: Zur Zeit kosten 100 Schwedische Kronen (skr) 59,25 Mark.

REISE-(WANDER-)FÜHRER UND KARTEN: Goldstadt, Band 29, Lappland, 226 Seiten, 9,80 Mark, LN-Touristikführer, Land der Mitternachtssonne kennen und lieben, etwa 160 Seiten, 20 Photos, 8,80 Mark; – Svenska Nya Fjällkartan: Neue farbige Touristenkarten, bisher 19 Blätter für Nordschweden (Wanderwege, Nationalparks, Unterkunftsmöglichkeiten, Skirouten, Touristeninformationen), 1 : 100 000, je nach Wandergebiet kosten die Karten ab 11,80 bis 19,80 Mark; Amtliche Touristenkarte, Fjällkarta 2, Abisko-Saltoluokta, 1 : 200 000 (mit markierten Wanderwegen), 10,80 Mark.

AUSKÜNFTE: Svenska Turistföreningen, Stureplan 2, S-10380 Stockholm 7, Tel. (0 04 68) 22 72 00; Gällivare Turistbyrå, Storgatan 9, S-97200 Gällivare, Telephon (0 04 69 70) 1 36 30; Schwedische Touristik Information, Glockengießerwall 2–4, 2000 Hamburg 1, Telephon (0 40) 33 82 72.

MITTELNORWEGEN: Die Tricks der Natur von Rondane

Von Wolfram Runkel

Natürlich kam wieder mal alles anders als geplant. Ich wollte zwar in Norwegen wandern, aber »nicht in einer organisierten Gruppe«, wie ich es dem Norwegischen Fremdenverkehrsamt mitgeteilt hatte, sondern allein. Ich wollte so ganz die Einsamkeit Norwegens erleben, sehen, wie ich allein mit der Natur und mir klar käme. Natürlich, hieß es, das ginge.

Als der Termin näherrückte und sich meine Zweifel an meiner Einsamkeits-Tauglichkeit verstärkten, fragten mich die Norweger, ob ich nicht in der Berglandschaft Rondane in Mittelnorwegen zusammen mit einem englischen Journalisten von der »Sunday Times« wandern wolle. Nun gut. Die Norweger überzeugten mich schließlich auch noch, daß wir in dieser gefährlichen Gegend nicht ohne erfahrenen Führer herumgeistern sollten. So begleitete uns Klaus Hellberg, Bergführer und norwegischer Sabotage-Held des Zweiten Weltkriegs.

Im Zug von Oslo nach Otta sagte der freundliche Klaus, daß er noch eine Freundin mitgenommen habe. Und diese hatte noch ihre Tochter dabei, sechzehn Jahre, ein süßes, hinreißendes, blondes exemplarisches Modell norwegischer Schönheit. Auf ihrem Rucksack stand geschrieben: Peace and Sex. Und mein Kollege Brian fragte sie liebevoll: »Wofür brauchst du Frieden, solange du Sex hast?«

An dieser Stelle entschloß ich mich endgültig, meine friedvollen Einsamkeitspläne zu vergessen und mich auf eine frisch-fröhliche Flirt- und Flachs-Picknicktour einzurichten.

Von Otta brachte uns ein Auto nach Mysusetter an den Rand des Rondane-National-Parks. In dieser naturgeschützten Gebirgslandschaft (Rondane ist ein altnorwegisches Wort für Gebirge) dürfen keine Autos, beziehungsweise nur die Verpflegungswagen der »Hyttas«, der Wander-Herbergen fahren. Von jetzt an hieß es: zu Fuß. Wir durften aber – welche Enttäuschung für einen echten Wanderer – unsere Rucksäcke auf dem Verpflegungswagen der Rondvassbu-Hütte, unserem Tagesziel, liegenlassen.

Es war übrigens der 21. Juni nachmittags, die Sonne brannte unerwartet heiß, die Felsbrocken-Geröll-Berge von Rondane erinnerten trotz gelegentlichen Schnees mit Rentierspuren eher an den Sinai als an nordeuropäische Gefilde. Die Mädchen, inzwischen hatten sich zwei weitere zu uns gesellt, zogen ihre Pullover aus und präsentierten lustige norwegische Büstenhalter. Ich war wieder einmal fasziniert – diesmal über die sensationelle Diskrepanz zwischen Erwartung und Wirklichkeit, was diese Wanderung, die Landschaft und die Begleiter betraf. Nach anderthalbstündigem lockeren Spaziergang durch das Stula Tal, gelegentlichem Schneestapfen und einigen kühlen Schlucken frischen Bachwassers, erreichten wir die Rondvassbu-Hütte, eine jener angenehm warmen und rustikalen Holzherbergen, die die Norweger so harmonisch in die Landschaft hineingestellt haben.

Da jetzt – außerhalb der Saison – nur etwa zehn Gäste in der Herberge waren, wohnten wir sogar in Einzelzimmern; sonst lagern hier des Nachts manchmal Dutzende zusammengepfercht in Zimmern und Fluren. Die Herberge ist für jeden Wanderer offen, die Übernachtung kostet 13 Mark. Das Essen entspricht durchaus dem Angebot guter Hotels, ist allerdings entsprechend teuer: Frühstück 8, Abendessen 14 Mark.

Die Berge rund um den See an unserer Hytta wirkten

schroff, aber ein- beziehungsweise aufladend. Angesichts der Aussicht, in den nächsten Tagen statt die Berge zu besteigen, die Mädchen auf Picknicks zu begleiten, sprach ich beim Abendessen in der Herberge reichlich dem Wein zu. Nach dem Essen wartete Klaus Hellberg mit der nächsten Überraschung auf. Damit wir Männer in der weiblichen Wandergemeinschaft nicht zu kurz kämen, wollte er mit Brian und mir neben den Hütte-zu-Hütte-Wanderungen harte Bergbesteigungen einbauen. Jetzt gleich – um neun Uhr abends – sollten wir den Storronden (2142 Meter) besteigen, um in der Mittsommernacht die Mitternachtssonne zu erleben. Ich verwünschte meinen Weinkonsum, aber eine Absage kam natürlich nicht in Frage.

Vier Stunden schritten wir über kleinere und größere Steine, über Felsbrocken, feste und wacklige, immer bergauf, steil und steiler. Schon nach einer Stunde war das Feld der sechs Teilnehmer (es hatten sich drei erfahrene Wanderer unserer Gruppe angeschlossen) weit auseinandergezogen. Das war nicht weiter schlimm, zum Reden hatte sowieso keiner Lust. Alle Konzentration galt den Steinen auf dem Weg. Gegen Mitternacht befand ich mich auf dem Schlußanstieg auf den höchsten Gipfel des Storronden, meinen englischen Freund Brian sah ich schon fast oben. Längst war die Bewegung kein Gehen mehr, sondern ein sich Hochdrücken und -ziehen. Außer den Beinen waren Hände und Arme beim Aufstieg beteiligt. Ich hatte meine drei oder vier schweren Krisen und Kapitulationsgedanken hinter mir gelassen, war durch Phasen von Zorn auf alles und alle und Selbstmitleid gegangen. Was uns wachhielt, war diesmal die berühmte Gestirnsorgie. Während der ganzen Mitternachtswanderung schien die Sonne von links und der Mond voll von rechts. Es war taghell, und man hatte ein bißchen das Gefühl, die Natur bei einem schweren Rechenfehler erwischt zu haben. Und dieses Phänomen zog

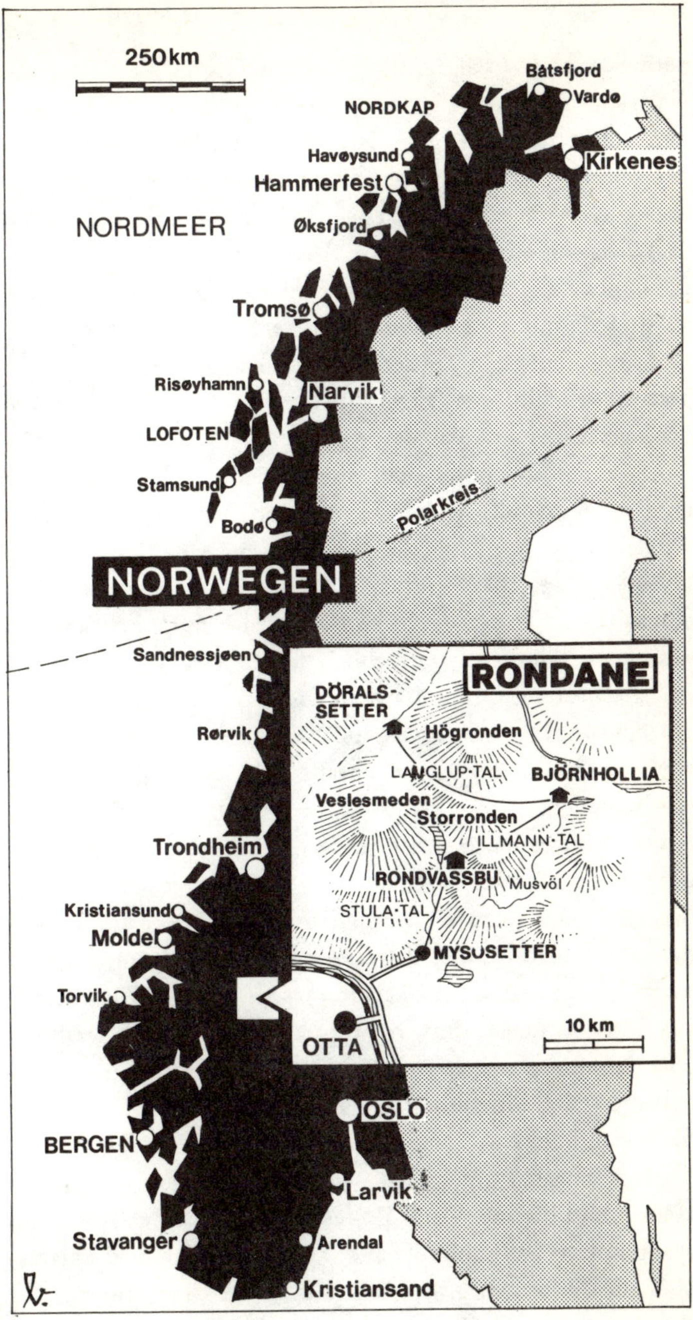
250 km
NORDKAP
Båtsfjord
Vardø
Havøysund
Kirkenes
Hammerfest
NORDMEER
Øksfjord
Tromsø
Risøyhamn
Narvik
LOFOTEN
Stamsund
Polarkreis
Bodø
NORWEGEN
Sandnessjøen
RONDANE
DÖRALS-
SETTER
Högronden
Rørvik
LANGLUP-TAL
BJÖRNHOLLIA
Veslesmeden
Storronden
ILLMANN-TAL
Trondheim
RONDVASSBU
Musvöl
Kristiansund
STULA-TAL
Molde
MYSUSETTER
Torvik
OTTA
10 km
OSLO
BERGEN
Larvik
Stavanger
Arendal
Kristiansand

natürlich auch nach oben. Auf dem Gipfel angekommen, war es zwanzig vor eins, 22. Juni, heller als an einem durchschnittlichen Hamburger Nachmittag. Es lag tiefer Schnee, ein kalter Wind blies. Sonne und Mond und wir strahlten.

Die Kälte trieb uns wieder runter. Mit neuen Freuden und Frustrationen, denn der Abstieg war nicht so schleppend, aber keineswegs einfacher oder schneller als der Aufstieg. Jeder unserer müden Schritte barg die Gefahr eines Knickens, Rutschens, Stürzens, Brechens. Immerhin: Es war genau zwanzig vor vier Uhr morgens, als ich mir die Schuhe auszog.

Es war noch immer oder schon wieder hell. Und als ich endlich einschlief, wanderte ich noch immer oder schon wieder.

Erwartung und Wirklichkeit. Fünf Stunden später, nach einem typischen norwegischen Frühstück mit Fisch und Finessen, wanderte ich tatsächlich schon wieder. Da wir die nächste Hütte Björnhollia (nur vier Stunden entfernt) erst am Nachmittag ansteuern wollten, war der Vormittag frei für eine Besteigung des ebenfalls über 2000 Meter hohen Veslesmeden.

Das Wetter hatte sich geändert, die Sonne war morgens um sieben Uhr untergegangen. Jetzt regnete es, und wir gingen in den Schnee. Diesmal war also Nässe die besondere Herausforderung (und natürlich der Kampf gegen einen entsetzlichen Muskelkater). Als unsere Füße durch das Schneewaten endlich richtig naß waren (Klaus Hellberg trug Gummistiefel, Brian und ich hatten die richtigen, imprägnierten Bergschuhe an, die dieser Nässe freilich auch nicht standhielten), kamen wir wieder auf die Steine.

Auch diesmal brauchten wir für die letzte Steigphase Hände und Arme. Vom Veslesmeden-Gipfel gab es dann spektakuläre Rundblicke auf Nachbargipfel und -grate, über die ein Sturm pfiff, als wollte er den Berg kippen, auf zugefrorene, kreisrunde Bergseen, auf Täler, die bei diesem Wetter türkis bis lila schimmerten. Eine gespenstische, düstere, gefährliche, flackernde Schönheit. Furchterregend. Eine Regenbö peitschte mir ins Gesicht und forderte mich auf, den Abstieg zu beginnen. Jetzt spürte ich meine Winzigkeit und Hilflosigkeit im Vergleich zu der gewaltigen Kraft, zu der Gewalt dieser Natur. Es bleibt ein Augenblick von Dankbarkeit, daß man hier überhaupt heraufgekommen ist.

Diesmal ging der Abstieg überraschenderweise wie von selbst. Nachdem ich mich wieder eine Zeitlang sehr genau auf jeden Schritt konzentriert und blitzschnell überlegt hatte, auf welchen der vielen Steine beziehungsweise Felsbrocken ich meinen Fuß stellen sollte, merkte ich auf einmal, daß ich automatisch reagierte, daß meine Füße gleichsam direkt ihre Schritte machten. Sie sprangen von Stein zu Stein, immer sicherer und entschlossener und sausten schließlich regelrecht den Hang hinunter, sprangen an meinen Kollegen vorbei, die vermutlich dachten, ich sei wahnsinnig geworden. Als wir den Schneeberg erreichten, rutschten wir einfach, nun völlig euphorisiert, auf dem Hosenboden über die weiße Abfahrt.

Völlig durchnäßt, hatten wir in unserer Hütte gerade Zeit, uns in trockenes Zeug zu hüllen und zum »Lunsj« ein paar Schnitten zu schlucken, bevor wir nach Björnhollia zur nächsten Hütte wieder losstapften – mit nassen Schuhen. Und zum erstenmal mit Rucksäcken.

Das war nun eigentlich so ein bißchen das klassische Wandern, wie ich es ursprünglich gemeint hatte. Der Weg führte durch das Illmann-Tal, machte die Kurven des grünen Illmann-Flusses mit, ging mal rauf, mal runter, mal durch Schnee, mal durch Matsch, mal über Steine, mal über Gras, und alles mit dem seltsam stabilisierenden, paradoxerweise erleichternden Rucksackgestell auf dem Rücken.

Acht Uhr abends am Ziel: Björnhollia-Hütte. Nach dem Abendessen saßen Brian und ich im Aufenthaltsraum, erschöpft und kraftlos, während unsere Damen, die die Bergtouren nicht mitgemacht hatten, sich einer Gruppe volksliedersingender und lachender Mädchen und Jungen angeschlossen hatten. Erschöpft starrten wir zu der lustigen Gruppe. »Wozu braucht man Sex, solange man Frieden hat«, sagte Brian diesmal. Ich antwortete nicht, dachte aber wieder mal über Erwartung und Wirklichkeit nach. In den letzten vierundzwanzig Stunden hatten wir vier Stunden geschlafen, drei Stunden gesessen und gegessen und siebzehn Stunden auf den Beinen verbracht, wandernd und kletternd. Und ich hatte einen Picknick-Spaziergang erwartet!

Den gab's dann doch am nächsten Morgen. Im anderen Rondane. Im Rondane der Bäume und Beeren und Bäche und der Morgensonne. Wir spazierten durch das romantische, fast liebliche Tal des Musvöl-Flusses. Wir erzählten, sangen, lachten, picknickten schließlich am Flußufer, machten ein Feuer, auf dem wir mit frischem Bachwasser Tee kochten, aßen unsere Sandwiches und sorgten dafür, daß kein einziges Picknick-Restchen die Natur ruinierte. Tatsächlich: Nie habe ich eine von Menschen besuchte, zugleich aber so unverdorbene Natur gefunden wie in Norwegen. Ein Norweger würde keine Zigarettenkippe, kein Bonbonpapier auf den Waldboden werfen, er hat ein Verständnis und eine Liebe zur Natur, wie man sie selbst bei den so naturverbundenen Japanern nicht findet (der Aufweg zum heiligen Fuji ist vor allem durch Tausende von Bier- und Cola-Dosen markiert).

Jedenfalls liebte ich schließlich auch das leichte Picknick-Wandern. Erst als die beiden Damen uns urplötzlich verließen (die Teenager-Schönheit hatte Liebeskummer und Heimweh), entschieden wir uns, noch einmal die Berge herauszufordern.

Ursprünglich wollten wir die Route von Björnhollia zur Dörals-Setter-Hütte auf dem zwanzig Kilometer langen Weg durch das Langglup-Tal machen. Aber angesichts des schönen Wetters entschlossen wir uns höhenwahnsinnigerweise für den kürzeren, aber steileren Weg über den Högronden-Berg, der dort oben 2114 Meter hoch im Sonnenschein mit einer scheinbar schönen Aussicht lockte. Während des vierstündigen steilen Aufstiegs wurde das Wetter zusehends schlechter. Schweiß und Schneeregenstürme (die meinen Regenmantel zerfetzt hatten), durchnäßten unsere Kleider.

Wir verzichteten darauf, unsere Proviantpäckchen vorzukramen und zu essen. Auf dem Gipfel peitschte der Sturm so wild, daß wir ohne Unterbrechung sofort auf der anderen Seite wieder herunter kletterten. (Die Wolke in der wir steckten, erlaubte ohnehin nur einen Blick auf Brians entsetztes Gesicht.)

Als wir am Abend in Dörals-Setter müde und erschöpft auf den Tag und den Berg zurückblickten, wußten wir nicht recht, ob wir »Helden« waren oder Gedemütigte, ob Sieger oder Verlierer. Wir waren stolz auf unsere Leistung (die uns jeder bestätigte), aber andererseits hatten wir unser Ziel, die schöne Aussicht, nicht erreicht. Wir hatten die ganze Zeit gegen die Natur gekämpft, und auf dem Gipfel waren wir vor ihr geflohen, getreu dem Sprichwort: »Du kannst gegen die Natur kämpfen, gewinnen kannst du nicht.«

Von der Hütte aus kann man den Högronden in der Ferne sehen. Er ragte in den blauen Himmel, großartig, gebieterisch. Und spöttisch: im schönsten Sonnenschein.

INFORMATIONEN UND PREISE

ANREISE: Der Linienflug Frankfurt–Oslo–Frankfurt kostet 1090 Mark (Wochenendtarif: 783 Mark). Die Bahnfahrt von Oslo nach Otta (300 km) dauert 4½ Stunden (Rückfahrpreis 88,40 Mark).

FÄHREN: Die Broschüre »Reisewege nach Skandinavien« (anzufordern gegen eine Schutzgebühr von 3 Mark bei der Reiseagentur Waldemar Fast, Alstertor 21, 2000 Hamburg 1) enthält Termine und Preise für eine Schiffsreise nach Norwegen. Die Schiffe der Jahre Line fahren ganzjährig in 19 Stunden von Kiel nach Oslo. Die günstigste Überfahrt (Decksplatz) kostet vom 31. 5. bis 27. 8. pro Strecke 80 Mark, eine Kabine in der Touristenklasse pro Person 135 Mark. Für das Auto zahlt man je nach Länge 62 oder 73 Mark. Von Mai bis September unterhält die Fred. Olsen-Bergen Line von Cuxhaven eine Direktverbindung nach Stavanger und Bergen. Von folgenden dänischen Häfen wird Norwegen angelaufen: Hirtshals (Kristiansand oder Arendal, Dauer der Überfahrt 4 Std.); Frederikshavn (Larvik, 5 Std.; Oslo 13½ Std.) Aarhus (Oslo rund 16 Std.); Kopenhagen (Oslo 16 Std.). Pkw werden auf allen Routen befördert.
Über sämtliche Fährverbindungen nach (und innerhalb von) Norwegen informiert ein kostenloses Faltblatt des Fremdenverkehrsamtes.

UNTERKÜNFTE: Ein Hotelverzeichnis verschickt das Fremdenverkehrsamt. Doppelzimmer (einschließlich Vollpension) kosten pro Person zwischen 45 und 80 Mark. Außerdem erhält man eine Liste mit allen Veranstaltern von Norwegen-Programmen. Kataloge mit Ferienhäusern (Hütten) können beispielsweise beim Reisebüro Norden/Hamburg angefordert werden. Verschiedene Hotels (mit Flug- und Schiffsanreise) und Hütten (Wochenpreis zwischen 310 und 789 Mark, Hauptsaison) bietet Fast-Reisen/Hamburg an. Die norwegischen Sommerferien sind zugleich Hauptsaison (20. Juni bis 20. August). Dem DNT (Den Norske Turistforening) gehören zirka 200 Hütten, die meistens von Ende Juni bis Anfang September geöffnet sind; in der Hauptsaison ist mit großem Andrang zu rechnen. Übernachtungspreise nach dem in der Hütte vorliegenden Tarif. Die Wege von Hütte zu Hütte sind markiert. Weitere Auskünfte: Den Norske Turistforening, Stortingsgatan 28, Oslo 1.

PAUSCHALREISEN: Rondane ist nicht in den Programmen der deutschen Veranstalter von Wanderreisen enthalten; organisierte Wandertouren in Rondane vermittelt aber das DNT in Oslo. Wander-Angebote für Norwegen, mit Flug ab Frankfurt (teilweise kombiniert mit anderen Verkehrsmitteln): Walz/Neckartenzlingen bietet zwei verschiedene 15-tägige Wanderferien an. Das Programm »Fjell und Fjord in Norwegen« kostet 865 Mark (Vollpension), die Wanderwochen im Trollheimen-Gebirge rund 1000 Mark (Halbpension). 13 Tage Telemark, Busfahrt ab Flensburg, kosten bei Fahrtenring/Starnberg 1350 Mark (4 Termine). Zwei Termine für Wanderungen durch westnorwegische Fjordlandschaften (14 Tage, Nebenprogramme, 2490 Mark) hat das Reisebüro Kuoni/München vorgesehen. Inter-Air/Frankfurt bietet zwei Wanderreisen von Imbach/Luzern an, jeweils 14 Tage ab Zürich: Fjorde und Telemark (rund 2000 Mark), Nordkaprundreise (rund 3000 Mark). 14 Tage durch Schweden/Norwegen kann man mit Baumeler (vertreten durch FIT-Reisen/Frankfurt) wandern, Reisepreis ab Düsseldorf 2225 Mark.

EINREISEBEDINGUNGEN: Personalausweis.

DEVISEN: 100 Norwegische Kronen kosten 47,20 Mark.

REISEFÜHRER UND KARTEN: Bussesche Verlagshandlung, Reihe Urlaub und Freizeit: Wandern unter der Mitternachtssonne (mit 4 Wanderbeschreibungen in Norwegen), 80 Seiten, 8,80 Mark; Norwegen: Polyglott, Band 717, 64 Seiten, 4,80 Mark; Grieben, Band 278, 232 Seiten, 8,80 Mark; Goldstadt, Band 39, 208 Seiten, 9,80 Mark; LN-Verlag, Süd- und Mittelnorwegen, 131 Seiten, 8,80 Mark. – Amtliche Touristenkarte Nr. 1718, Rondane, 1 : 50 000, 7,80 Mark; Cappelen: Sonderblatt Nr. 41 (Rondane), 1 : 325 000, 12,50 Mark; Auto- und Touristenkarte, Mittelnorwegen, 1 : 325 000, 14,80 Mark; Norwegen-Gesamtkarte Nr. 13, 1 : 1 Mill., 12,50 Mark; Ravenstein, Blatt 888: Trondheim/Stavanger, 1 : 800 000, 7,80 Mark.

AUSKÜNFTE: Norwegisches Fremdenverkehrsamt, Gertrudenkirchhof 8 bis 10, 2000 Hamburg 1, Telephon (0 40) 32 76 51-52.

MÜHLVIERTEL: ... denk' ich an Wiesen und Wälder

Von Eduard Neumaier

Gott ja, soll halt einen Andengipfel stürmen, wer will, oder in Lappland vereinsamen, meinetwegen auch unter Korsikas Sonne rösten. Denke ich an Wandern, so denke ich an den Schwarzwald, an dessen federnde Tannennadel-Wege, an schöne Täler und an satte Wiesen, an dunkle Wälder und kühle Bergbäche, an gemütliche Wirtshäuser und freundliche Menschen, an deftigen Most und geräucherten Speck. Keinesfalls denke ich daran, mich zu strapazieren. Aber immer Schwarzwald – muß ja nicht sein. Irgendwann war mir einmal ein Bericht über das Mühlviertel unter die Augen gekommen, ein Schimmer von Adalbert Stifter klarte auf, Hochficht, Böhmerwald. In gewisser Weise halt doch wieder Schwarzwald, sozusagen ein gemäßigter. Eben auf österreichische Art.

Wer vom Wandern nichts hält, wenn es zu höchsten sportiven Leistungen herausfordert, noch es lediglich als eine Art ausgedehnten Spaziergang betrachtet, wer den Marsch durch die Natur gerne abseits des Trubels, aber nicht vereinsamt unternimmt, wer sich nicht, trotz Kompaß, verirren, sondern sicher sein will, nach sechs oder sieben Stunden Marsch ein ordentliches Gasthaus vorzufinden, wer nicht erpicht ist, hinter oder in jedem Dorf ein Museum zu finden und trotzdem einer kulturreichen Landschaft zu begegnen, wessen Hunger groß, aber der Geldbeutel dünn ist, dem sei jenes Viertel in Oberösterreich empfohlen, das nach dem Flüßchen Mühl benannt ist. Es ist im Süden begrenzt durch die Donau und bohrt sich wie ein

Keil in das deutsch-tschechoslowakische Grenzgebiet. Es ist ein stiller Winkel, ein Herrgottswinkel, und seine Lage verbürgt fast, daß er noch viele Jahre unangetastet neben den Touristen-Magistralen liegen wird (hoffentlich, muß man sagen, denn wer weiß, ob die Sehnsucht nach Stille nicht eines Tages auch diese Ecke touristisch erschließen wird). Jedenfalls ist wahr, was ein Prospekt verheißt: Kein Industrieschornstein verunziert das Mühlviertel.

Es ist so recht eine Gegend, um Wanderer mit halbwegs ordentlicher Kondition zu erfreuen, wie es eine Region ist, in der Ungeübte ihre ersten Wander-Erfahrungen sammeln können. Die Auflage des Herausgebers lautete: pro Tag mindestens 10 bis 15 Kilometer – und meine mehr auf Spaziergänge getrimmte Frau und ein befreundetes Ehepaar hatten darauf leichthin gemeint, das müsse doch gut zu schaffen sein. Entsprechend sorglos waren die Vorbereitungen ausgefallen. Alle hatten sich neues Schuhwerk gekauft, schönes, kräftiges, doch zugleich leichtes, und nach zwei, drei Spaziergängen ohne Rucksack, ohne Steigungen und ohne Gefälle das sichere Gefühl gehabt, die Schuhe ihren Füßen angepaßt zu haben. Sie waren es mitnichten.

Der lästerlich frühe Aufbruch in Linz, wo Postbus und Mühlviertelbummelbahn ungefähr gleichzeitig die Zweistundenfahrt zur Endstation Aigen-Schlägl (60 km) beginnen (bis mittags keine Verbindung mehr), wird vor allem bei schönem Herbstwetter durch eine idyllische Fahrt belohnt. Rehe springen über die taufrischen Wiesen, als die Dampflock die schmale Spur hochkeucht. Fuhrwerke rollen über Landstraßen, Kuhglocken bimmeln. Dann kommt Aigen-Schlägl – und die erste Irritation. Der Bus, der uns nach Holzschlag bringen soll, wo wir zum Nordwaldkammweg aufsteigen wollen, fährt von der Bahnstation in Schlägl nur bis ins Dorf Aigen. Es ist ein fast südländisch anmutendes Dorf, die Häuser um den hübschen Marktplatz sind bunt bemalt. Ein kurzer Blick in die Kirche (Barock), etwas Proviant-Einkauf für unterwegs, ein kräftiges Frühstück in einem sehr kommoden Hotel (»Almensberger«) und die Suche nach einer Transportgelegenheit, um sich zehn Kilometer Anmarschweg zu ersparen – es ist schon kurz vor elf Uhr, als wir in Holzschlag aus dem Taxi steigen, erstmals die Wanderkarte entfalten und die Rucksäcke auf den Rücken schwingen. Der kurze, aber steile Aufstieg dauert eine knappe Stunde. In etwa tausend Meter Höhe sind erste leise Seufzer zu hören. Es ist fürchterlich heiß.

Trotzdem ist es schön, unter hohen Tannen zu wandern, weniger angenehm sind die von Wasser freigespülten Steine. Es geht über den Höhenweg, der idiotensicher markiert ist (an buchstäblich jedem zweiten Baum der dicke stilisierte blau-weiße Kamm), zum einen, um sich auch im Nebel orientieren zu können, zum anderen, weil die Grenze zur Tschechoslowakei stellenweise wirklich nur ein paar Schritte neben dem Wanderpfad verläuft. An manchen Stellen muß man ihn verlassen, weil Bergwasser ihn aufgeweicht hat. Das geht über lange Strecken so. Im Frühling, nach der Schneeschmelze, dürfte dieser Teil nur schwer zu begehen sein. Aber welch wunderbare, unglaubliche Stille. Man hört, was man so selten wahrnimmt: vielfältiges Vogelgezwitscher, säuselnden Wind, das Murmeln von Bächlein, an denen wir unsere Feldflaschen füllen. Es ist fast kitschig schön.

Wir kommen nach Schöneben, einem kleinen Zinken, zur ersten Jausenstation (für Nichteingeweihte: hier können Familien auch mitgebrachtes Vesperbrot verzehren). Der Duft von Räucherspeck weht um unsere Nasen, und wir entwickeln einen riesigen Appetit. Danach legen wir uns ins Gras, von den Rucksäcken befreit, die Schuhe geöffnet. Das Leder ist doch härter als unsere Haut. Jetzt, meint meine Frau, könnte sie so liegenbleiben. Von wegen.

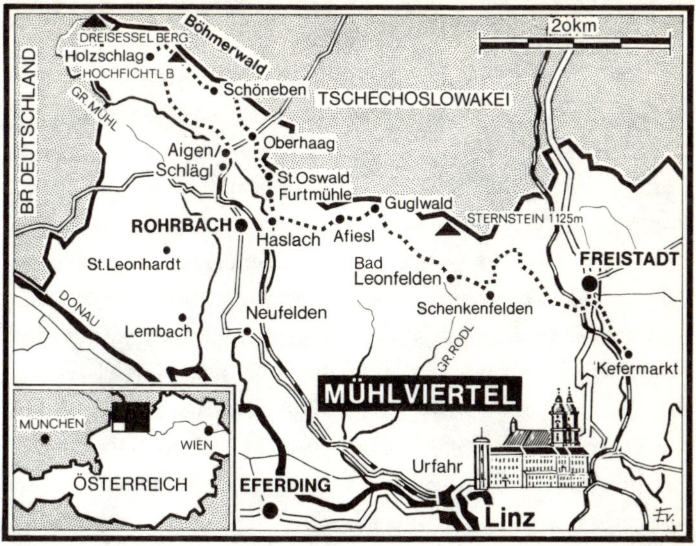

Nach ein paar Schritten hat uns der Wald wieder, und zwei Stunden später stoßen wir auch auf die erste (und einzige im Verlauf einer Woche) Menschengruppe: am »Moldaublick«, der leider durch die diesige Luft nicht allzu weit reicht. Man sieht nur den dichten Sperrkordon, der den Böhmerwald trennt. Von nun an orientieren wir uns an unserem ersten Etappenziel: Oberhaag. Fast marschieren wir daran vorbei, obschon inzwischen die Seufzer in Klagelaute überzugehen drohen. Rechtzeitig entdecken wir den »Haagerhof«, der angenehm komfortabel ausgebaut ist. Alle Müdigkeit fällt ab. Dusche (alle Zimmer haben Dusche oder Bad), Kaffee, Kuchen, ein Cognac – sie präparieren uns für einen ausgelassenen Abend. Der Wirt holt nach einem kräftigen Essen und nach der dritten Flasche rotem, trockenem Burgenländer die Quetschkommode. Man tanzt, singt und ist von einer unbeschwerten Seligkeit. Alles ist glücklich.

Der Start anderntags ist mühsam und schon wieder zu

spät. Wer keine Kondition mitbringt und auch sonst nicht allzu sportlich ist, spürt jetzt seine Füße. Die Bewegungen werden etwas eckig, die Fröhlichkeit des ersten Tages geht zurück. Die Stimmung bessert sich erst, als wir – von einer alten Bäuerin mit Most (Apfelwein) verwöhnt – unter Tannen an der Furtmühle gerastet, mit Brotkrümeln die Forellen in der kühlen Mühl gefüttert, unsere Beine und die Köpfe ins klare Wasser getaucht hatten. Da klappert wirklich die Mühle am rauschenden Bach –, aber solche Idylle ist natürlich Gift für die Wandermoral. Mein Vorschlag, an diesem Tag über das ursprüngliche Etappenziel hinauszugehen und etwa zehn, zwölf Kilometer mehr zu schaffen, bringt unsere allseitige Freundschaft in Gefahr. Die Gruppe beschließt mehrheitlich »Schwimmen in Haslach«, während ich mich ärgere, daß ich kein Tenniszeug dabei habe: neben dem Bad ist ein Tennisplatz.

Dieses Haslach ist hübsch, mittelalterlich, Zentrum für Handweberei; es hat ein paar ordentliche Gasthäuser, aber wir können von Glück sagen, daß wir noch Zimmer finden. Unser Selbstbewußtsein erhält einen erheblichen Knick, als wir einem Wanderer begegnen, der mit uns in Holzschlag aufgebrochen, von dort aber erst noch zum Dreisesselberg (Bayern) marschiert ist und, über den Daumen gepeilt, in zwei Tagen gut die doppelte Strecke zurückgelegt hat.

Der kommende Tag ist besonders schön. Wir erreichen nach rund sechseinhalb Stunden (unterwegs haben wir Silberdisteln gepflückt) Guglwald, direkt an der Grenze zur CSSR, zum Gasthof Baumann. Unser Freund legt sich mit Schüttelfrost und knapp 40 Grad Fieber ins Bett. Wenn man nicht freiwillig einen Tag Pause einlegen will, sollte sich wirklich einer solcherart opfern, und ich vermute, das war die eigentliche Absicht unseres Begleiters. Während er schwitzt und friert (Diagnose: Hitzestau) und wir unter Linden auf einen Arzt warten, kommt eine alte Bäuerin mit einer Tragetasche voller Steinpilze und Pfifferlinge aus dem Wald. Der zwölfjährige Wirtssohn findet sich bereit, für uns die Pilze abzuhandeln, ungefähr vier bis fünf Pfund (120 Schilling), und die Wirtin richtet uns für sage und schreibe fünfzig Schilling (sieben Mark) die Pilze, inklusive Kartoffeln und Salat. Ein Schmaus. Und weil es so schön ist, gehe ich anderntags mit dem Pfiffikus »in die Pilze«. Nach gut fünf Stunden haben wir weitere vier Pfund köstliche Birkenpilze (paniert ein Gedicht), Maronenpilze, Steinpilze und Pfifferlinge. Abends führt der Junior eine »Schnupftabak-Maschine« vor, zum Niesen. Der Vater spielt Ziehharmonika. Unser Freund schwitzt.

Überhaupt die Menschen im Mühlviertel: hilfsbereit, freundlich, aufgeschlossen. Kaum sitzen wir in einem Lokal, setzen sich bald Einheimische dazu. Ältere vor allem: »Sans aus dem Reich?« Ich wähnte mich im Badischen. Nicht wegen des Reichs. Wegen der Herzlichkeit.

Anderntags wird es, nach drei Tagen eher sanften Wanderns, wieder happig. Wo es nötig ist, frisch verpflastert und ohne Gepäck, fällt aber das Eingewöhnen leicht. Zu dritt – der Patient wird vom Wirt nach Bad Leonfelden gefahren – stapfen wir, diesmal durch regenschweren Wald, auf den Sternstein (1125 m), Leonfelden entgegen, das uns nur über Mittag hält, von dort aus, nun wieder zu viert, nach Schenkenfelden. Beides sind hübsche Orte, aber ohne besondere Reize. Die Kirchen – manche sind seltsame Mischungen aus Barock und Gotik – lohnen wegen schöner Altäre oder geschnitzten Gestühls fast immer.

Schenkenfelden ist die vorletzte Etappe, die letzte soll Freistadt sein. Beide Städtchen sind die Mühen wert, es gibt nur wenige Marktplätze von solcher Ebenmäßigkeit. Die Fassaden der Häuser sind auf kaiserlichen Willen nach einem Brand italienischen Fassaden nachempfunden, also ohne sichtbare Dächer. Riesig groß der Marktplatz (etwa ein

Hektar), unversehrt aus dem 16. Jahrhundert. Sehenswerte Bauten: Schmiede, Zollhaus, Bürgerhäuser in gotischem Stil mit den für Freistadt typischen Innenhöfen (mit Säulengängen), zu denen man durch mächtige Arkaden gelangt, außerdem das Schloß, schöne Stadttore, ein in Grünanlagen umgewandelter Stadtgraben. Unser Hotel, der »Goldene Hirsch«, ist von alter Gediegenheit, das Restaurant liegt in den Gewölben, die Küche ist vorzüglich, die Gastlichkeit schwer zu übertreffen. Die Preise sind so günstig, wie man es sich nur wünschen kann: Doppelzimmer mit Bad und Frühstück für umgerechnet 28 Mark. Unbedingt ansehen sollte man sich das Heimatmuseum, Schaufenster einer vieltausendjährigen Kulturlandschaft. Führungen gibt es zu festgelegten Zeiten für ein paar Groschen. Unweit von Freistadt liegt Kefermarkt mit einem gewaltigen Hochaltar, der von Fachleuten als einer der schönsten der Welt gerühmt wird. Auch wenn es nicht so ist: er lohnt einen Abstecher zu Fuß oder mit der Bahn.

Freistadt ist ein Städtchen zum Mögen und Verweilen und, gerade zum Abschluß einer Wanderung über mehr als 80 Kilometer, zur Ausgelassenheit animierend. Wie der erste Abend, so endet dieser letzte mit schönem Burgenländer und mit dem Vorsatz, im folgenden Jahr wieder zu wandern.

Ein paar Regeln dafür stehen jedenfalls fest, die überflüssige Strapazen ersparen:

1. Je älter der Schuh, desto besser läuft es sich.

2. Je früher auf den Beinen, desto leichter marschiert es sich.

3. Je strammer der Rucksack (mit Leichtmetallrahmen) sitzt, desto unbelasteter ist das Kreuz. Merke: Großvaters Dampfrucksack sieht zwar zünftig aus, ist aber nicht praktisch.

4. Wandere nie ohne Hut, Mütze oder etwas gleichwerti-

gem. Auch dichtes Haupthaar schützt nicht vor intensiven Sonnenstrahlen.

5. Wenn schon gepflastert werden muß: Leukoplast als zweite Haut reibt nicht. Hansaplast ist eine Erfahrung, die anscheinend schmerzt.

6. Abends nicht zu ausgiebig feiern, das geht in die Knochen.

7. Den Kalorienverbrauch des Körpers nicht überschätzen. Nach sieben runden Tagen hatte ich unversehens vier Pfund plus.

8. Es wandert sich besser in einer kleinen Gruppe als unter Eheleuten. Die Gefahr, dem inneren Schweinehund (oder dem Ehegespons) mal etwas nachzugeben, ist erheblich geringer.

Die Wanderroute

1. Tag: Aigen – Holzschlag – Oberhaag
2. Tag: Oberhaag – St. Oswald – Furtmühle – Haslach.
3. Tag: Haslach – Afiesl – Guglwald.
4. Tag: Ausflüge in Umgebung.
5. Tag: Guglwald – Bad Leonfelden-Schenkenfelden.
6. Tag: Schenkenfelden – Freistadt.
7. Tag: Stadtbesichtigung Freistadt und Ausflug nach Kefermarkt.

Informationen und Preise

Anreise: Rückfahrkarten der Bahn von Frankfurt nach Linz kosten 215,60 Mark (1. Klasse) und 138 Mark (2. Klasse), bei Ferienkarten ermäßigt sich der Preis um 22 Mark (1. Klasse) und um 14 Mark (2. Klasse). Die Austrian Airlines fliegt im direkten Liniendienst zwischen Frankfurt und Linz-Hörsching. Ein Rückflugticket zum Normaltarif kostet 410 Mark, und 287 Mark bezahlt man beim Monatstarif (Flüge nur samstags und sonntags, die Flugscheine sind einen Monat gültig).

Zug- und Busverbindungen gibt es von Linz nach Aigen-Schlägl. Der Fahrschein kostet rund 30 öS je Strecke. Busse und Taxen fahren in die kleineren Ortschaften des Mühlviertels.

Autoreisende fahren ab Frankfurt über Würzburg–Nürnberg–Regensburg–Passau–Obernzell–Wegscheid nach Aigen-Schlägl (rund 430 Kilometer).

UNTERKÜNFTE: Doppelzimmerpreise je nach Hotelkategorie, Verpflegungsmodus, Zimmerkomfort und Saisonzeit pro Tag: 220 bis 360 öS (Hotel Almensberger in Aigen), 160 bis 200 öS (Haagerhof in Oberhaag), 140 bis 280 öS (Gasthof Zum goldenen Hirschen in Freistadt), 190 öS (Gasthof Baumann in Guglwald) und 180 öS (Gasthöfe in Schenkenfelden). Bei der Österreichischen Fremdenverkehrswerbung können die Verzeichnisse »Urlaub auf dem Bauernhof in Oberösterreich«, »Österreichische Jugendherbergen« und »Oberösterreich«, Hotels – Gasthöfe – Pensionen« angefordert werden.

Jugendherbergen gibt es in Aigen, Linz und Umgebung, Bad Leonfelden, Haslach, Neustift, Helfenberg und an der Route des Nordwaldkammweges. Für eine Übernachtung werden pro Gast zwischen 17 und 35 öS berechnet (in einigen Häusern wird zusätzlich ein Wäschezuschlag erhoben). Der Internationale Jugendherbergsausweis ist erforderlich, Voranmeldung wird empfohlen.

PAUSCHALREISEN: Walz-Wanderferien/Neckartenzlingen veranstalten von Leopoldschlag aus zwei »Erlebniswanderungen im österreichischen Mühlviertel« im September und Oktober. Das Wanderarrangement kostet pro Teilnehmer 420 Mark (elf Tage Vollpension, drei Tage Halbpension, Zimmer in Gasthöfen) und 270 Mark (Übernachtung/Frühstück in Privatquartieren und auf Bauernhöfen), ohne Anreise.

BAHNPAUSCHALREISEN: Mit Scharnow für zwei Wochen nach Ulrichsberg kostet ab 328 Mark, einschließlich Fahrt ab Frankfurt–Passau, Bustransfer, Doppelzimmer in Gasthöfen mit Halbpension. Eine Woche in Peilstein, Halbpension im Gasthof Zur Post, Reise Frankfurt–Passau, Bustransfer, kostet ab 281 Mark; bei eigener Anreise bezahlt man ab 162 Mark (Touropa).

SONSTIGES (PREISE): Die Sieben-Tage-Wanderung im Mühlviertel (über 80 Kilometer) kostete Eduard Neumaier rund 250 Mark für Übernachtung mit Frühstück (zwei Personen).

Der Nordwaldkammweg beginnt am Dreisesselberg (im Hinteren Bayerischen Wald) und führt über Oberösterreich durchs Mühlviertel bis zum Nebelstein in Niederösterreich (Gesamtlänge: 158 km; Routenmarkierung: Grünes Dreieck).

EINREISEBEDINGUNGEN: Personalausweis.

DEVISEN: 100 Österreichische Schillinge (öS) kosten zur Zeit 14,16 Mark.

REISE-(WANDER-)FÜHRER UND KARTEN: Schober, Wanderungen im Mühlviertel, 252 Seiten, Photos, 16 Mark; Grieben, Band 207, Ober- und

Niederösterreich, 235 Seiten, Übersichtskarte, 8,80 Mark; Herold Druck- und Verlagsgesellschaft/München: Sotriffer, Das Mühlviertel – Traum einer Landschaft, 54 Seiten, 8 Farb- und 112 Schwarzweißabbildungen, 34 Mark; Sperner, Ausflugsziele in Oberösterreich – Auf Entdeckungsreise zwischen Böhmerwald und Dachstein, 211 Seiten, 48 Schwarzweißphotos, 14 Mark; Loderbauer, Wandern und Bergsteigen in Oberösterreich, 172 Seiten, Abbildungen, 14 Mark; Bergwandern in Österreich, 75 Seiten (2 Seiten Nordwaldkammweg im Mühlviertel), kostenlos von der Österreichischen Fremdenverkehrswerbung. – Freytag-Berndt, Wanderkarte Nr. 26 (mit Kurzführer), Mühlviertel und Böhmerwald, 1 : 100 000, 5,80 Mark; Kompaß Karte Nr. 198, Westliches Mühlviertel, 1 : 50 000, 4,80 Mark; Wanderkarte Böhmerwald (Sumava), 1 : 100 000, 5,80 Mark.

Auskünfte: Fremdenverkehrsverband Mühlviertel, Rudolfstraße 3, A-4020 Linz, Telephon (00 43 72 22) 34 58 93; Landesfremdenverkehrsamt Oberösterreich, Johann-Konrad-Vogel-Straße 2, A-4020 Linz, Telephon (00 43 72 22) 2 02 73; Österreichische Fremdenverkehrswerbung, Roßmarkt 12, 6000 Frankfurt, Telephon (06 11) 29 36 73 (Außenbüros in Berlin, Hamburg, Köln und München).

PORTUGAL: Das Gesicht zum Meer

Von Ingeborg Flagge

Die einen vermuteten bislang verborgen gebliebenes revolutionäres Engagement, andere exzentrische Abenteuersuche. Freiwillig nach Portugal zum Wandern zu fahren, während die Nachrichten politische Auseinandersetzungen und steigende Preise meldeten, erschien keinem meiner Freunde erstrebenswert.

Es mußte einen verunsichern, bei einer Reise in den Süden nicht beneidet zu werden, wo doch Frühnebel zu Hause schon die kühle Jahreszeit ankündigte. Hinzu kam die eigene Skepsis. Jeder Form des Gruppenerlebnisses an sich abhold, wußte ich schließlich selbst nicht recht, was ich eigentlich in Portugal sollte.

Doch dann war alles anders. Die Revolution ging hinter den Kulissen weiter. Man spürte sie kaum. Nur Plakate und Parolen, die jeden freien Zentimeter Häuserwand in Lissabon bis zu einer Höhe bedeckten, die sich aus Pinsel, erhobenem Arm, Mensch plus Leiter berechnet, ließen auf unruhige Zeiten schließen. Auch die Befürchtung, den durchschnittlich vierstündigen Wanderungen nicht gewachsen zu sein, erfüllte sich gottlob nicht. Der Trick ist einfach der: An der Spitze laufen.

Man hegt die Illusion, das Tempo zu bestimmen und hat ständig Erfolgserlebnisse, weil man immer der erste ist; in der Pause, am Ziel und am Bus. Wieso mir beim »Wandern« früher immer »Marschieren« in den Sinn gekommen war, konnte ich bald nicht mehr nachvollziehen. Dieses Wandern war Schlendern, Sehen, Schnuppern, Lauschen.

Und Stehenbleiben, um Trauben, Granatäpfel, Feigen und Oliven zu essen. Die zünftigen Wanderabzeichen – Rucksack und Taillenwurst mit wasserdichtem Anorak – waren für einige Portugiesen Anlaß zu leicht ironischem Grinsen. Aber uns störte das nicht: Die zufällig zusammengewürfelte 14köpfige Wandertruppe – fast alles Frauen, und zwar gutes Mittelalter, Schweizer bis auf drei deutsche Einsprengsel – war schnell eine Gemeinschaft.

Kein Tag glich dem anderen. Für jemanden, der in südlichen Ländern nur Hauptstädte und Sonnenstrände kennt, das Land dazwischen aber nur als am Zug oder Auto vorbeihuschende Kulisse, waren diese vierzehn Tage zwischen Strand und Städten ein faszinierendes Erlebnis ungeahnter Vielfalt. Und das Programm war so gut aufgebaut, daß wirklich jeder Tag ein Kontrasterlebnis zum vorigen schuf.

Alles begann mit einem Gewitter und einer fast nächtlichen Finsternis, in der wir die ehemalige Salazarbrücke (heute nach der Revolution benannt) zur ersten Wanderung in den Arrábida-Bergen überquerten. Eine mehrstündige Sturzflut hatte Straßen und Wege in rostfarbene Lehmkanäle verwandelt. Meine Schuhe jedenfalls genügten solchen Anforderungen nicht. Und nach ihren Kehrseiten zu urteilen, bewältigten die anderen die Strecke auch mehr rutschend als laufend.

Noch im kühlen, schattigen Sintra hing feine Feuchtigkeit in den Mimosensträuchern, die übermannshoch die Wanderwege säumten. Erst am Nachmittag, auf einer Hügelwanderung über dem Meer, wo unten der Atlantik riesige Brecher an den Strand warf, riß der Himmel endgültig auf und war für die restliche Urlaubszeit kein Grund zu weiteren Ärgernissen. Spätestens hier nun waren die Beine vom Macchiegestrüpp zerkratzt und hatten sich an das Laufen gewöhnt, wie das deutsche Ohr an das schnarrende Schwyzerdütsch der Gruppe.

Vor Obidos lagen vier Fußstunden durch sonnenüberflutete Weinberge und Apfelplantagen, vorbei an Feigen- und Olivenbäumen, Maisfeldern und kleinen weißen Gehöften, in deren Höfen frische Trauben gekeltert wurden und die Luft mit süßem Fäulnisgeruch füllten.

Nazaré war nur Strand und Wind und Wellen und am zweiten Tag Nebel, der am Horizont lautlos in eine bleierne See überging: eine riesige Bucht, in der die heimkommenden Fischerboote in Ermangelung eines sicheren Hafens lange vor der Küste kreuzen müssen, um dann mit der richtigen Welle auf deren Kamm an den Strand zu reiten, wo Traktoren sie schnell aus dem zurückflutenden Wasser ziehen, damit sie nicht fortgerissen werden. Nazarés Männer tragen schwarze Zipfelmützen, die Frauen zahlreiche bunte Petticoats unter weiten Röcken. Doch auch beim wildesten Tanz bleibt der Einblick in Regionen oberhalb des Knies verwehrt – durch den letzten Rock, der eng die Schenkel umschließt.

Die alten Volkstänze und die ein wenig schrille Musik scheinen von Polka und Ländler beeinflußt, vielleicht eine Reminiszenz an die nach Portugal vor mehr als einem Jahrtausend eingewanderten Sueben. Jedenfalls hat diese Musik nichts gemein mit den melancholischen Weisen des portugiesischen Fados, in denen der Portugiese »ein Meer an Traurigkeit« und »das Monopol seines Landes auf Bitterkeit und Schmerz« genießt. So jedenfalls die an diesem Punkt romantisch werdende Literatur über den Fado.

Was wir am nächsten Mittag an Köstlichkeiten bei Acepipe aßen, der an der N 1 nach Norden ein vorzügliches Feinschmeckerlokal besitzt und auf Vorspeisen = Acepipe spezialisiert ist, war leider von schwerwiegendem Nachteil auf der Wanderung danach. »Poder esperar è un gran virtude« = Hoffen können ist eine große Tugend, hatte auf einem Schild am Ausgang des Lokals gestanden. Hoffen

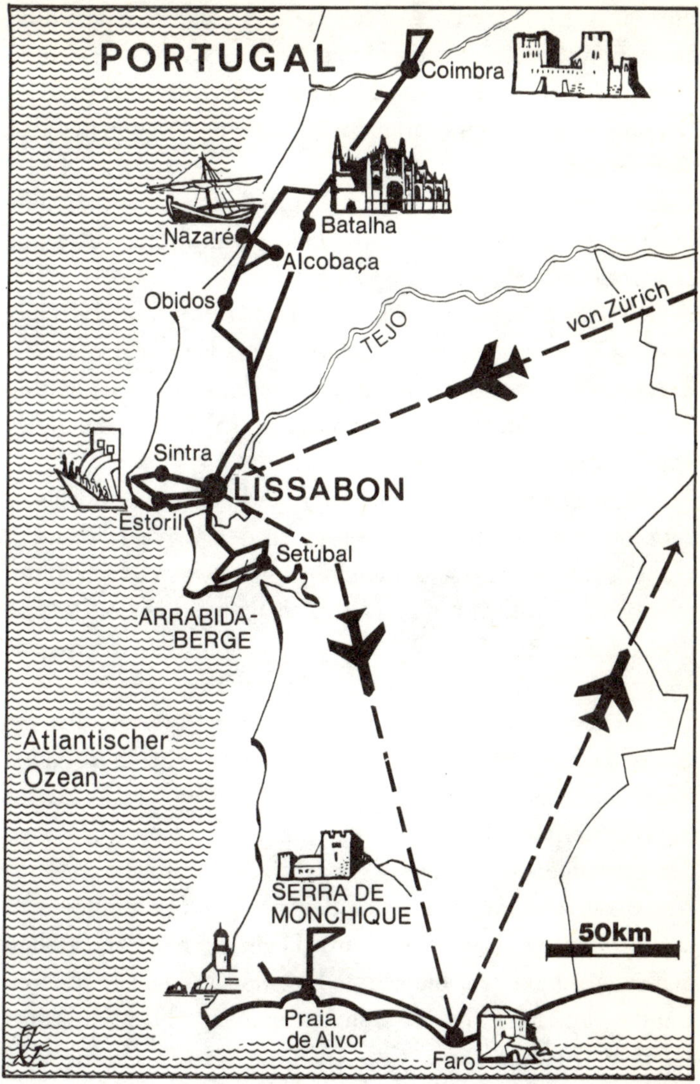

konnten wir, doch kaum laufen. Aber dann wurde der Weg durch den Eukalyptuswald leicht, das Licht brach ein wenig durch die silbern schimmernden Blätter, man döste im Gehen. Auch der Pinienwald hielt gnädig die Sonne von unseren weinschweren Köpfen fern. An jedem Baum hing ein Gummitopf, und aus einer breiten Kerbe der Rinde tropfte das Harz, das dann für Badezusätze exportiert wird. Dreimal, so die Auskunft, kann man einen Baum melken, dann stirbt er ab.

Am Waldrand von Belino empfing uns eine Frau mit frischen Feigen. In den Gärten leuchteten die Kürbisse mit Hibiskus und Oleander um die Wette.

Coimbra. Schöner noch als die Stadt selbst war das Umland: sanfte fruchtbare Hügel, Gärten dazwischen, kleine Bergdörfer, alles erinnerte an das Tessin. Oregano und wilder Thymian dufteten. Nur an den kahlen Stauden des Hasenkohles war der Herbst ablesbar.

Das Kloster Batalha, nach der »Schlacht« bei Aljubarrota benannt, die João I. 1385 gegen den Erzfeind Spanien und für die portugiesische Unabhängigkeit gewonnen hatte, ist reinste Gotik und war von allen Bauwerken, die wir in den wanderlosen Pausen besichtigten, wohl das interessanteste.

Nur der im 15. Jahrhundert begonnene, aber unvollendet gebliebene Anbau im manuelinischen Stil, eine portugiesische Spezialität ornamentaler Überladenheit und grotesker Figurenvielfalt, verriet den künstlerischen Taumel, in den die damaligen Entdeckungen das kleine Mutterland stürzten. Batalha ist zweifellos eine der wenigen Stätten, die man in Portugal gesehen haben muß. Denn reich an kulturellen Sehenswürdigkeiten, die es nur hier und in keinem anderen Lande gibt, ist Portugal wahrhaftig nicht. Nicht umsonst fallen einem durchschnittlich Gebildeten beim Nachdenken über bedeutende Persönlichkeiten, die die europäische Geschichte beeinflußt haben, nur Entdecker ein: Vasco da Gama, Bartolomëu Diaz, doch keine Dichter, Philosophen, Politiker.

Am Ende dann die Algarve. Blutrote Felsen und menschenleere Strände, ausgewaschene Steine und ein herrliches, mildes Licht. Schöne Hotels und ein Heer von Kellnern, die sich um die wenigen Gäste, die in diesem unruhigen Jahr gekommen sind, reißen. Portugal mit seinen 800 Kilometer langen Stränden hat auch noch Platz für viele Sonnenhungrige.

Die letzte Wanderung führte auf den Picota, den zweithöchsten Berg der Serra de Monchique. Durch verbrannte Pinienwälder, an nackten geschälten Korkeichen vorbei. Das Unterholz, durch das wir uns zwängten, staubte. Herr Hunkeler, unser Reiseleiter, eine wohlgelungene Mischung aus Dolmetscher, Kulturstättenführer, Kindermädchen, Finanzmakler, Gruppendynamiker und Spurenleser erneuerte aus einer Farbtube die verblichenen roten Punkte, die die Imbach-Wanderwege in allen Ländern rund um das Mittelmeer, vom goldenen Westen Amerikas bis hin zu den exotischen Azoren bezeichnen. Beim Picknick auf dem Gipfel ein letzter Blick über runde vulkanische Hügelketten. Für den Rest der Ferien wurden wir zu Strandläufern.

Wer in südliche Länder fährt, rechnet gewöhnlich mit Pannen. Ob er sie als Schlamperei hinnimmt, sie als Charakterdefizit verdammt, als temperamentstypisch geduldig erträgt – Pannen sind südlich der Alpen, wo die Sonne intensiver scheint, kaum zu umgehen. Auf der unglaublich gut organisierten Reise gab es sie nicht. Kein unpünktlicher Bus, kein verlorengegangener Fahrer, kein verflogener Koffer, immer die richtigen Zimmer und die richtige Anzahl ihrer Benutzer, ein Service auf die Minute. Selbst das Wetter schien fest in Imbach-Hand: mäßige Sonne bei den Wanderungen, blauer Himmel in der Freizeit am Strand.

Was nun hatte ich eigentlich von dieser Reise nicht erwartet? Jedenfalls keine Hauptstadt, die an einem Fluß liegt, der wie ein Meer ist. Keine Straßenschilder aus blauen Kacheln, keine jahrhundertealte Azulejo (= Kachel)kunst, die der von Delft in nichts nachsteht und sogar sehr viel älter ist. Nicht so viele und so große Korkeichen, die geschält wie frierende nackte Riesen aussehen, keinen Schnaps, der so furchtbar brennt wie der *argente*, keinen so erfrischenden Wein wie den *vinho verde*, der meist noch moussiert und bei Durst das beste Getränk ist. Keine so pittoresken und im Formenzeichnen sich gegenseitig überbietenden Schornsteine wie an der Algarve, wo die Häuser mit ihnen kokettieren wie Frauen mit neuen Hüten. Keine so wohlgelungene Mischung zwischen kulturellen Besichtigungen, freier Zeit für eigene Initiativen und sehr verträglichen und erholsamen Wanderungen. Und vor allem keine so netten Schweizer Mitläufer.

DIE WANDERROUTE

1. Tag: Flug von Zürich nach Lissabon.
2. Tag: Wanderung in den Arrábida-Bergen auf der Halbinsel Setúbal. Übernachtung in Lissabon.
3. Tag: Stadtrundfahrt, freier Nachmittag.
4. Tag: Fahrt nach Sintra, Wanderung. Zurück über Estoril nach Lissabon.
5. Tag: Fahrt nach Obidos und Nazaré, dort Wanderung.
6. Tag: Besichtigung des Klosters Alcobaça.
7. Tag: Vormittags Wanderung, nachmittags Badepause. Übernachtung in Nazaré.
8. Tag: Fahrt nach Coimbra.
9. Tag: Wanderung durch die Umgebung. Übernachtung in Coimbra.
10. Tag: Besichtigung des Klosters Batalha. Rückfahrt nach Lissabon. Flug nach Faro. Übernachtung in Praia de Alvor.
11. Tag: Ruhetag.
12. Tag: Wanderung durch die Serra de Monchique (Picota, 774 m).
13. Tag: Wanderung am Strand.
14. Tag: Flug von Faro zurück nach Zürich.

INFORMATIONEN UND PREISE

ANREISE: Der Linienflug Frankfurt–Lissabon und zurück kostet 1092 Mark. Bei einem Aufenthalt zwischen 6 und 30 Tagen (innerhalb eines Monats) ermäßigt sich der Preis auf 861 Mark. Für den Hin- und Rückflug Lissabon–Faro zahlt man 160 Mark (günstiger ist es jedoch, den Abstecher vorher zu buchen). Eine IT-Reise nach Lissabon (Linienflug ab Frankfurt, 6 Übernachtungen mit Frühstück) kostet beispielsweise bei Airtours ab 890 Mark. Für Autofahrer: Die Entfernung zwischen Frankfurt und Lissabon beträgt 2560 km.

PAUSCHALREISEN: Die Imbach-Reisen haben sich auf Wanderferien spezialisiert. Das Wanderprogramm Portugal–Algarve wird von Mai bis Oktober angeboten (5 Termine). Die hier beschriebene 14tägige Reise kostete rund 1600 Mark. Im Preis enthalten sind Linienflug ab Zürich, Unterkunft mit Vollpension, Eintrittsgebühren. Informationen und Buchung: Imbach-Reisen, CH-6000 Luzern 5, Weggisgasse 1.

SONSTIGES: Einzelreisende können beim Touristik-Amt einen Hotelführer und ein ausführliches Informationsheft über Portugal anfordern, das unter anderem über die Programme der deutschen Veranstalter Auskunft gibt.

EINREISEBEDINGUNGEN: Personalausweis. Für Autofahrer: Grüne Versicherungskarte.

DEVISEN: Für 9,50 Mark bekommt man 100 Escudos (1 Escudo = 100 Centavos). Ein- und Ausfuhrbeschränkungen sind zu beachten.

REISEFÜHRER UND KARTEN: Polyglott, Band 739, Portugal; Band 830, Algarve, je 64 Seiten, 4,80 Mark; Der Große Polyglott, Portugal, 400 Seiten, 13, 80 Mark; Baedeker, Autoführer Spanien-Portugal, 336 Seiten, 29,80 Mark; Grüner Reiseführer Michelin, Portugal, 146 Seiten, französisch, 15 Mark (auch in englisch erhältlich). Spezialführer Portugal: DuMont Kunst-Reiseführer, 197 Seiten, 22,80 Mark; Prestel-Verlag, Landschaftsbuch, 511 Seiten, 29,80 Mark; W. Kohlhammer/Strelocke, Studienreiseführer, 400 Seiten, 39 Mark. – Michelin-Karte Nr. 37, Portugal, 1 : 500 000, 3,80 Mark; Straßenkarten Spanien-Portugal: RV Nr. 85, 1 : 800 000, 8,80 Mark; IRO Nr. 1885, 1 : 1 Mill., 7,80 Mark.

AUSKÜNFTE: Portugiesisches Touristik-Amt, Baseler Straße 48, 6000 Frankfurt, Telephon (06 11) 23 24 93.

PROVENCE: Wein, Weißbrot und Oliven

Von Ruth Herrmann

Es war Mitte März, und an der Côte d'Azur wärmten die ersten Sonnenstrahlen schon die Steine. In das Musée de l'Annonciade in St. Tropez war gerade eingebrochen worden – einiges von Signac, Matisse, Utrillo und Dufy war nächtens leicht herauszuholen gewesen. Wir parkten vor dem Eingang. Der Wächter drinnen achtete streng darauf, daß man sich nicht auf die Lehne eines Ledersessels setzte.

Am Hafen spazierte Picasso im blau-weißen Ringelhemd, Brigitte Bardot kaufte Antikes ein.

Das war 1960.

Es war Mitte März 1976, und in St. Tropez war es windig und grau. Weder beim inzwischen mehrfach beraubten Museum noch sonst irgendwo konnten wir parken – der zum Rummelplatz heruntergekommene Ort hatte keine Parklücken.

Ich hatte ohnehin nicht vorgehabt, mich dort aufzuhalten, wollte nur das Museum wegen damals einmal wiedersehen; nun schob ich mich – Stoßstange an Stoßstange – im Verlauf einer halben Stunde wieder ins Freie.

Erst jetzt wurde ich richtig froh über meinen Plan, im Hinterland der azurnen Küste zu wandern, ein Gefühl, das sich steigerte, nachdem ich über die nach Südwesten führende Straße Cavalaire erreicht hatte, wo das letzte, noch nicht von Betonklötzen besetzte Land zum Ausverkauf angeboten wird. Nicht einmal meinen Wagen mochte ich dort aussetzen, und so fuhr ich ein paar Kilometer zurück nach La Croix-Valmer, wo der Legende nach Kaiser Konstantin ein Kreuz am Himmel erblickte, das ihm seinen und des Christentums Sieg ankündigte.

Zwischen Villengärten und Meer schlängelt sich ein anmutiger Weg, der nicht in Wanderwildnis führt, aber für einen längeren Anfangsspaziergang das Richtige ist. Ein Weg? Ja, für jemanden, der zu Fuß gehen will, aber eine Fahrstraße für Leute, die im grünen Versteck Häuser haben, und für Besucher der Bergdörfer Ramatuelle und Gassin.

Hinter jeder Kurve ist wieder eine Kurve, und in der ersten halben Stunde führten wir einen Zweikampf mit dem kleinen inneren Schweinehund, der uns einflüsterte, daß die Rucksäcke für den ersten Tag genug ausprobiert und wir gut beraten wären, wenn wir das Auto erst am nächsten Tag stehen ließen, an stiller Stelle, wo es ja auch sicherer wäre.

Wir besiegten den Schweinehund, was nicht unser moralisches Verdienst war, sondern das unserer Wanderstiefel, die sich, anders als Straßenschuhe, nach einigen Kilometern selbständig machten und weiter wollten.

Die Sonne schien, die Mimosen dufteten, wir ließen es geruhsam angehen und setzten uns ins warme Gras, wo wir uns mit einem Schluck aus dem Whisky-Flachmann den Rückweg zum Wagen endgültig versperrten.

Nach etwa drei Stunden tauchte die Straße aus dem Grünen, und auf der Höhe sahen wir Ramatuelle, eins der *villages perchés*, der für die Provence typischen Festungsdörfer auf Bergkuppen. Schusters Rappen haben keinen Kilometerzähler, und so konnten wir nur schätzen, daß wir zwölf oder fünfzehn Kilometer zurückgelegt hatten.

Das letzte Stück des Weges ist kahl, steinig und staubig, dann befindet man sich zwischen Häusern, die sich auf der kleinen Kuppe dicht an dicht drängen – aus der Entfernung mögen sie anzusehen sein wie eine Burg. Und wie Burgen sind diese Dörfer einst zum Zwecke besserer Verteidigung auch auf die Höhen gesetzt worden. Hier hatte der Feind zwischen dem achten und dem achtzehnten Jahrhundert den Sammelnamen Sarazenen – Mauren, Araber, Türken –: für die Provenzalen allesamt erobernde Barbaren.

Von Ramatuelle aus hat man einen wunderschönen Blick aufs Meer und in die Ferne zum Maurenmassiv, Bergen, die freilich nicht nach den alten Feinden benannt sind. (Aus dem griechischen amauros, was dunkel heißt, kam das provenzalische maouro mit der Bedeutung »dunkle Wälder«). »Der ungewöhnlich dichte und hohe Busch weist den Wanderer ab«, las ich in einer Beschreibung. Uns zog er an, war unser Ziel für die nächsten Tage.

Ramatuelles gewundene Gäßchen, den Platz mit der Ulme, die Sully um 1600 pflanzte, und den Friedhof, zu dem viele wallfahrten, weil Gérard Philipe dort begraben ist – das alles kann man sich in einer Stunde ansehen.

Wir wollten eigentlich in Ramatuelle übernachten, aber das einzige im Michelin verzeichnete Hotel, Le Baou (Zimmer von 148 bis 195 Francs), hatte nicht unsere Schuhgröße, und so trollten wir uns den Berg abwärts und, eine kurze Strecke weiter, zum nächsten village perché, nach Gassin, wieder nach oben.

Gassin ist kleiner, alles ist noch enger und heimeliger. Seine Meerseite ist eine einzige Terrasse. Vor den kleinen Restaurants speisen unter Bäumen mehr Einheimische als Fremde, trinken fröhlich und zu erschwinglichen Preisen ihren Rosé oder Rouge, Weine der Region.

Das Hotel Bello Visto wirkt wie ein rückwärtiger Anbau des Restaurants und der kleinen Kneipe. Über verwinkelte Steintreppchen gelangt man in Zimmerchen mit Möbeln, die irgendwie zusammengesucht wirken, die gemütlich sind, wie aus Zeiten vor Erfindung der Schema-F-Gastronomie.

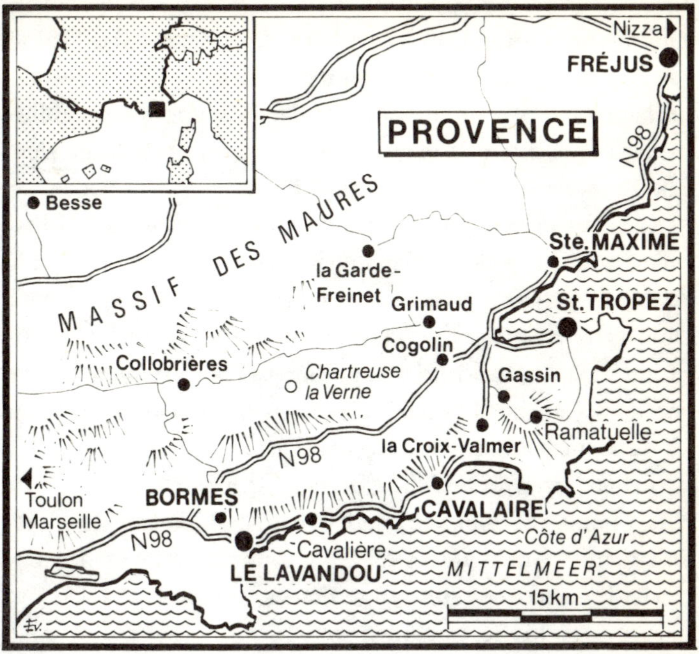

Unser nächstes Ziel war Grimaud, auch ein Bergdorf, nordwestlich von Gassin, jenseits der Nationalstraße 98, die von Fréjus nach Toulon führt. An einer mehrstrahligen Kreuzung geht es landeinwärts zunächst nach Cogolin. Wir fanden leider keinen Schleichweg und gingen die Straße entlang.

Cogolin ist ein Industriedorf. Rohrblätter für Holzblasinstrumente, Pfeifen, Flaschenkorken und anderes aus Kork sowie Möbel werden hergestellt. Material für das alles kommt aus den Korkeichenwäldern ringsum. Cogolin liegt am südlichen Ausgang des Maurenmassivs. Pfeifenrauchern machen die Auslagen in den kleinen Schaufenstern wahrscheinlich Lust, ihre Sammlung zu erweitern.

Zwischen Cogolin und Grimaud ist das Tal flach und weit. Die Schloßruine beherrscht das Panorama, sitzt groß und schwer auf dem höchsten Platz des hohen Dorfes. Nachdem die Sarazenen verschwunden waren, wurde das Schloß gebaut, im sechzehnten Jahrhundert zerstört, danach restauriert und erweitert und während der Revolution schließlich zu der imposanten Ruine gemacht, die heute besichtigt werden kann.

Nach dieser dritten »Bergbesteigung« wollte mein Muskelkater nicht weiter. Genaugenommen war ich noch nie gewandert, hatte zuletzt auf einem Schulausflug meiner Obertertia zwanzig Kilometer in der Lüneburger Heide zurückgelegt, was reichlich lange her ist. Nach einem Rouge vor dem Café de France, am ansteigenden Dorfplatz, war ich fest entschlossen, an diesem Tag keinen Schritt weiter zu gehen. Im Guide Michelin fand sich nur das Hotel Le Kilal – und wir meinten, daß wir uns ein einziges Mal etwas richtig Gutes antun dürften, Zimmer unweit der unteren Preisgrenze von 185 Francs, möglichst fern der oberen (440 Francs) nehmen sollten.

So früh im Jahr schien Le Kilal noch menschenleer zu sein. An der Rezeption stellte man nach einem flüchtigen Blick auf die Fünfzig-Zimmer-Liste (und einem vorangegangenen auf unsere Kluft) aber fest, daß nichts frei war. Also: Wanderer, kommst du nach Grimaud, merke, daß hier nicht deine Herberge sein kann!

Bei Mutter Grün ist im März nicht gut schlafen. Wir taten dann etwas, das sich für Wandersleute nicht gehört, riefen Freunde nahe La Croix-Valmer an und ließen uns von ihnen abholen, verwöhnen und am nächsten Morgen nach Collobrières fahren. Dort schnallten wir unsere Rucksäcke frohgemut wieder auf.

Jetzt waren wir tief im westlichen Teil des Maurenmassivs, inmitten waldiger Höhen, weit abseits vom Verkehr.

Collobrières' glasierte Maronen und Maronenkonfitüren

sind berühmte Erzeugnisse. Die Umgebung ist voller Edelkastanien, weiter oben bedecken Korkeichenwälder die Berge.

Waldbrände sind im Gebiet der Maures an der Tagesordnung. Schneisen zwischen den Korkeichen sind zu ihrer Eindämmung angelegt worden.

Wir wären gern querwaldein gegangen, aber überall sind Schilder, die das Betreten strengstens verbieten – wegen Brand und Borkenschnitt.

Sechs Kilometer vom Ort zweigt ein ungepflasterter Weg ab, der sich hinaufwindet zum Kartäuserkloster Unserer lieben Frau zu La Verne, einer gewaltigen Anlage, einsam im wilden Waldgebirge gelegen.

Es ist ein langer Marsch dorthin. Wir gingen eine Stunde oder länger bergan. Es hat sich gelohnt.

Zwei Kirchen und eine Kapelle, Kreuzgang, Kloster, Klosterhof, Kerker und Kirchhof, Kornkammer, Kuhställe, Bäckerei, Apotheke, dazu Gärten, Bibliothek, Schlafräume für Besucher, Zellen der Mönche und der Oberen und was nicht noch alles gehören zur Kartause, die eine kleine Stadt für sich gewesen sein muß. An Stelle einer verlassenen Priorei wurde sie 1170 gegründet – und im Verlaufe der folgenden Jahrhunderte ständig vergrößert. Schenkungen und Käufe machten die Mönche von La Verne reich. Dreihundert Hektar Wald, Wiesen und Äcker gehörten ihnen.

Im Jahre 1790 – ein Jahr nach Beginn der Französischen Revolution – wurde die Kartause nationaler Besitz. Heute ist der »Freundeskreis der Kartause zu La Verne« als Mieter für Instandhaltung und Restaurierung verantwortlich.

Einen bescheidenen Teil des dafür nötigen Geldes bringt die Gaststube ein, in der es Wein gibt und Weißbrot mit eingebackenen blauen Oliven – auch zum Mitnehmen. Es war eine Wegzehrung, die wir genossen.

Sie reichte fast bis Besse, einem kleinen Dorf, etwa zwanzig Kilometer nordwestlich von Collobrières, wo wir nach dem Abstieg vom Kloster übernachtet hatten.

Besse ist ein architektonisches Kunstwerk, das, so sahen wir es im März, von Touristen wohl noch nicht entdeckt ist. Fahlrosa, graue und blauverschossene harmonisch gegliederte Fassaden. Auf dem sehr kleinen Platz in der Dorfmitte, der geschlossen wirkt wie ein Saal, steht eine dreifach lebensgroße Marianne – La Patrie, die Größte im kleinen Dorf.

Im ländlichen Restaurant an diesem Platz kann man vorzüglich essen und – nicht ganz so schön, aber freundlich aufgenommen – in dunklen Zimmerchen übernachten.

Wir hatten vor, von Besse aus in zwei Tagestouren nach La Garde-Freinet zu wandern, einem größeren Ort inmitten des Maurenmassivs. Von dort ist es nicht weit nach Grimaud. Über Cogolin wollten wir zurückgehen nach Cavalaire. Wie lange wir dafür gebraucht hätten, war schwer zu schätzen. Luftlinien sagen nichts im Gebirge. Wir wollten, wenn nötig, noch zweimal übernachten.

Strömender Regen, der uns in Besse, auf die große Marquise vor dem Restaurant trommelnd, weckte und nicht mehr aufhören wollte, ließ uns für dieses Mal aufgeben. Wenn sich die Stiefel von oben her mit Naß füllen, hört die Gemütlichkeit auf. Schließlich waren wir nicht Soldaten, die jene Dörfer um jeden Preis zu nehmen hatten.

Zehn Kilometer hinter Besse – zwanzig vielleicht vor La Garde-Freinet – riefen wir von einer Wirtschaft aus unsere Freunde an. Sie fuhren uns – nicht eben trockenen Fußes, aber mit einem Dach über dem Kopf – zurück nach La Croix-Valmer.

INFORMATIONEN UND PREISE

ANREISE: Das Linienflugticket Frankfurt–Nizza–Frankfurt kostet 664 Mark. Bei einem Aufenthalt von 6 bis 30 Tagen ermäßigt sich der Preis auf 405 Mark. Für die Bahnfahrkarte von Frankfurt nach Fréjus und zurück zahlt man 2. Klasse 220, 1. Klasse 337,20 Mark. Entfernung Fréjus–La Croix-Valmer: 47 km.

UNTERKÜNFTE: Der französische Hotelführer von Michelin »France« erscheint jährlich neu (24 Mark). Preiswertere Hotels (1 bis 2 Sterne) findet man im Hotelführer »Logis de France« (365 Seiten, 16,80 Mark). Ein Hotelverzeichnis für die Provence kann bei den französischen Verkehrsbüros angefordert werden. Ein Vergleich ist zu empfehlen. Beispielsweise werden im Regionalverzeichnis für Ramatuelle 6 Hotels aufgeführt (Übernachtung ab 35 Francs), während Michelin nur das 3-Sterne-Hotel Le Baou (ab 153 Francs) angibt. Das in der Reportage erwähnte Bello Visto/Gassin wird wiederum nur im Michelin angegeben (10 Zimmer, Übernachtung ab 43 Francs). Weitere Hotels in Cogolin (2), Grimaud (3), Cavalaire (10) und La Croix-Valmar (7), Übernachtung ab 28 Francs.

PAUSCHALREISEN: Eine 9tägige Wanderung durch Provence und Camargue bietet Baumeler/Schweiz an (795 Mark, einschließlich Busfahrt ab Frankfurt). Buchung der 16 Termine über FIT-Reisen/Frankfurt. Inter-Air/Frankfurt hat eine 9-Tage-Wanderung »Côte d'Azur« (1360 Mark, 4 Termine) sowie eine 8-Tage-Wanderung »Provence/Camargue« (976 Mark, 14 Termine) im Programm. Eingeschlossen ist jeweils Flug Frankfurt–Zürich, Weiterfahrt per Bus, Unterkunft, Verpflegung. Sieben 12tägige Wanderfahrten organisiert Fahrtenring/Starnberg durch die Hochprovence, Preis für Busfahrt ab München, Halbpension, 1150 Mark. Wer sich seinen Standort (und die Art der Anreise) selbst aussuchen will, kann bei Destination France/Frankfurt einwöchige Hotelaufenthalte, beispielsweise in Cogolin für 287 Mark (Hauptsaison 329 Mark) buchen. Bahnfahrten in die Provence zum Beispiel bei France Tourisme Service/Frankfurt. Über weitere französische Pauschalangebote für die Provence informiert das Verkehrsbüro, zum Beispiel: Fahrrad/Moped-Hotelpauschalen, verschiedene Pauschalreisen, Campingbusvermietung.

SONSTIGES: Die französischen Sommerferien sollten bei der Reiseplanung berücksichtigt werden. Juli/August sind die heißesten Monate. Markierte Wanderwege hat das Comité National des Sentiers de Grande Randonée, 92, rue de Clignancourt, F-75883 Paris, Cedex 18, auch in der Provence angelegt. Für diese Strecken sind Wanderführer (auf französisch) erhältlich. Auskünfte für Wanderer erteilt außerdem: Les Excursionnistes Toulonnais, 26, rue d'Alger, F-83100 Toulon.

EINREISEBEDINGUNGEN: Personalausweis.

DEVISEN: 100 französische Francs kosten 56,10 Mark.

REISEFÜHRER UND KARTEN Provence: Polyglott, Band 792, 64 Seiten, 4,80 Mark; Hieronimi/Reisen in Farbe, 250 Seiten, 39,80 Mark; LN, Band 40, 144 Seiten, 8,80 Mark, Prestel, Landschaftsbuch, 413 Seiten, 28,50 Mark; DuMont, Kunst-Reiseführer, 244 Seiten, 22,80 Mark; Merian, Heft 7/XXVI, 120 Seiten, 7,80 Mark; Michelin, Grüner Führer, 142 Seiten (mit Karte), französisch, 13 Mark; Polyglott, Band 764, Französische Riviera, 64 Seiten, 4,80 Mark; Grieben, Band 264, Östliches Südfrankreich, 246 Seiten, 8,80 Mark. – Ravenstein, Autokarte, Blatt 264, Provence/Côte d'Azur, 1 : 250 000, 6,80 Mark; Michelin, Blatt 84, Marseille-Menton, 1 : 200 000, 3,80 Mark.

AUSKÜNFTE: Amtliches Französisches Verkehrsbüro, Kaiserstraße 12, 6000 Frankfurt, Telephon (06 11) 75 20 29; Außenbüros in: Berliner Allee 26, 4000 Düsseldorf, Telephon (02 11) 32 30 64; Alstertor 21, 2000 Hamburg 1, Telephon (0 40) 32 47 39.

SAUERLAND: Wo liegt Krahwinkel?

Von Dieter Piel

Die Hose naßgeregnet, die Schuhe verschlammt und die Füße wundgelaufen: Ein Glück, daß ich daran nicht vorher gedacht habe. Ich hätte mich sonst mit Sicherheit nicht auf den Weg gemacht, mit 18 Pfund Gepäck auf dem Rücken und zehn Tagesstrecken vor mir. Bestimmt hätte ich mich bequem in meinen Wagen gesetzt und mein Ziel in längstens drei Stunden erreicht. Aber sicher ist auch: Ich hätte eine denkwürdige Ferientour versäumt.

Ich hätte mich dann um die Erfahrung gebracht, daß man das volkreiche Nordrhein-Westfalen durchqueren kann, von Bonn im Südwesten bis ins Lippische Bergland im Nordosten, und doch kaum einer Menschenseele begegnet – außer denen, die man bisweilen nach dem Weg fragen muß und jenen, die man abends im Hotel trifft. Noch immer würde ich diesem Land nicht zutrauen, was es doch reichlich bietet: Ruhe und frische Luft. Nun aber weiß ich: NRW, dieses drei-Buchstaben-Gewirr aus Menschen und Lärm, ist erholsam, wenn man nur schnell und ausdauernd genug hindurchläuft.

Der Preis dieser Erfahrungen: Ein Zehrgeld von höchstens fünfzig Mark pro Tag, ausreichende Mengen Verbandszeug und Salben für die Füße, die Kosten für Regenzeug, Wanderstiefel und Rucksack. Und der Lohn: Viel Erholung in wenigen Tagen und nahe der eigenen Haustür.

Eine Fußwanderung über mehrere Tage hinweg – das ist eine gewaltige und doch nützliche Schikane für müde

Körper. Sie zeigt den Füßen, wozu sie da sind. Sie läßt das Herz in einer Stunde mehr leisten als sonst in zwei Tagen. Sie bringt Sauerstoff in die Lungen und schier penetrantes Leuchten in die Augen: Gesundheit auf Schritt und Tritt.

Lediglich die ersten paar Kilometer habe ich mit dem Taxi zurückgelegt: Bonn ist mir denn doch ein bißchen zu vertraut, als daß ich es auch noch durchwandern möchte. Danach aber war mir fast alles neu. Daß es in unmittelbarer Nachbarschaft der Stadt, in der mich ein ungutes Schicksal seit etlichen Jahren wohnen und arbeiten läßt, Ortsbezeichnungen wie Bennert und Boserodt gibt; daß zwischen Stadt und Provinz nur ein kleiner Hügel zu liegen braucht; daß sie zuweilen in einem Dorf nicht wissen, wie das nächste heißt, daß sich die Klangfarbe der Sprache von Kirchturm zu Kirchturm ändert – all das beginnt zu interessieren.

Zwischen dem Siegkreis, wo sie so sprechen wie Karl Wienand, und dem Oberbergischen, wo man mit der deutschen Sprache schon wieder recht ordentlich umgeht, liegt nur ein kleiner Waldrücken, die Nutscheid, zehn Kilometer lang und drei Kilometer tief. Sie verändert die Sprache, sie trennt religiöse Gruppen, und sie verwirrt offenbar die Sinne: Als ich mich im Flecken Spurkenbach nach dem Weg ins nächstgelegene Krahwinkel erkundige, schickt mich eine überaus hilfsbereite Ansammlung von Dorfbewohnern, vermutlich ohne böse Absicht, nach Bladersbach. Dort erkundige ich mich, schon etwas resignierend, wiederum nach Krahwinkel – vergeblich; das Kaff, nur vier Kilometer entfernt, ist den Leuten unbekannt. Der Teufel hole die Nutscheid.

Und er hole den »Sauerländischen Gebirgsverein«, der wohl auch nicht mehr das ist, was er mal war. Die Wegestrecken, die ihm zu Ehren in meine Wanderkarte eingetragen sind, sind mitunter schlecht oder überhaupt nicht

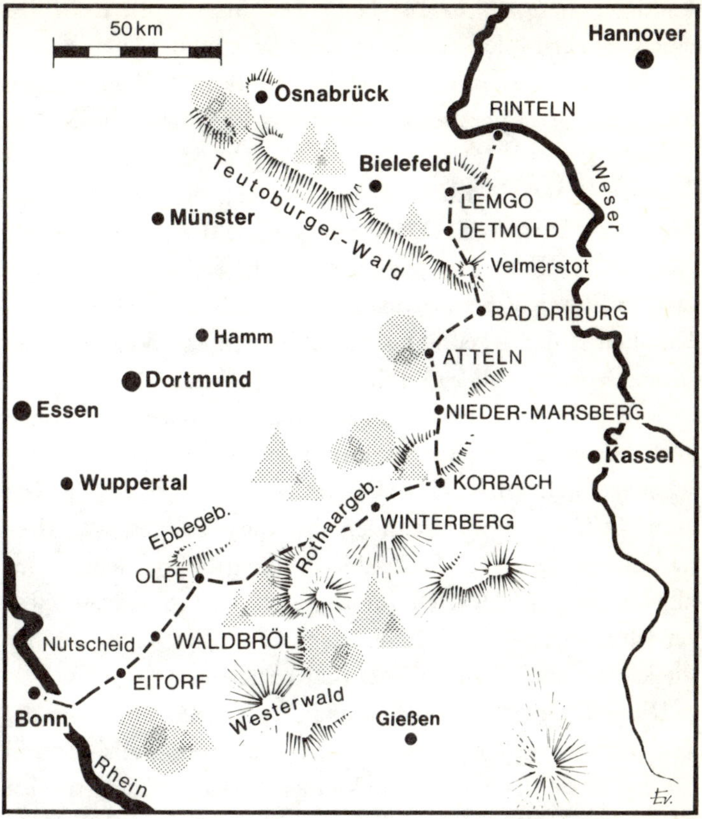

markiert. Bisweilen enden sie im Unterholz. Dem wandernden Städter bleibt nichts anderes übrig, als sich, vom Stand der Sonne geleitet, quer durch das Gestrüpp zu schlagen und zu hoffen, daß er bald auf einen neuen Weg stößt. In solchen Augenblicken wünsche ich mich an einen gutbesetzten Taxistand oder an einen komfortablen Omnibus-Bahnhof – aber finden Sie das einmal, mitten im deutschen Wald.

Mit mangelhaften Auskünften bedacht oder gar in die Irre geschickt, hat man mich in den zehn Tagen meiner Wanderung gewiß ein dutzendmal. Es geschieht, daß ich mich, ratlos in meiner Karte suchend, nach einem Weg erkundige, der ganz in der Nähe verlaufen muß. Ich frage einen Bauern, der seinen Trecker freundlich neben mir stoppt: »Also, wenn Sie nach Löffelsterz wollen, müssen Sie die B 256 geradeaus, übernächste Abfahrt links und dann ...«

»Nein«, wende ich ein, »ich bin kein Autofahrer, sondern ein Wanderer.« Damit mache ich die Angelegenheit für den Befragten kompliziert. Er zieht einen zweiten Bauern zu Rate. Vereint entsinnen sie sich, daß es in ihrer Kindheit »hier irgendwo« tatsächlich einen Weg gegeben habe. Genaueres aber fällt ihnen nicht mehr ein.

Solche Erlebnisse sind zwar recht lehrreich, aber doch auch verdrießlich. Wer es mir nachtun und längere Fußwanderungen unternehmen will, kann sie sich, wenigstens zum Teil, ersparen, wenn er sich die richtigen Wanderkarten besorgt. Der Handel bietet, für größere Gebiete, im allgemeinen nur Karten im Maßstab 1 : 150 000 an. Besser sind Karten im Maßstab 1 : 50 000. Man kann sie über die kartographischen Landesämter beziehen.

Die kleinen Ärgernisse, um die sich wohl allenfalls die fast-professionellen Wanderer, die Leute mit Gamsbart und Gebirgsblick, ganz drücken können, entschwinden freilich bald dem Gedächtnis, wenn ein lohnendes Zwischenziel erreicht ist: der weite Blick in die Täler des Ebbegebirges, des Sauerlandes oder des Eggegebirges, die herrliche Ruhe auf einsamen Höhenzügen, Erholung und Zeitungslektüre an einem der oft recht gemütlichen Rastplätze.

Fast immer war ich dabei allein. Nur ein einziges Mal in zehn Tagen bin ich anderen Wanderern begegnet: auf dem Velmerstot, einem kleinen Felsmassiv im Teutoburger Wald, standen neben mir plötzlich eine Schulklasse und ein paar ältere Solisten.

Zur Aufnahme sozialer Kontakte zwingen nur der Hunger und die Müdigkeit. Hartgesottene Naturburschen werden gewiß auch dann noch von Mitgebrachtem zehren und in Jugendherbergen (die bekanntlich auch älteren Semestern Einlaß bieten) nächtigen wollen. Den Bequemeren aber empfehle ich: Machen Sie sich keine Gedanken darüber, daß Sie nach zwanzig, dreißig oder vierzig Kilometern nicht mehr gerade adrett wirken. Gehen Sie, wenn Sie die Wahl haben, in das bessere Restaurant, in das komfortablere Hotel. In den einfachen Häusern wird man Ihnen Ihr zerzaustes Aussehen eher schlecht auslegen, man wird Sie für einen ziemlich unsauberen Tramp halten und Sie womöglich abweisen. In den besseren Häusern aber schinden Sie Eindruck: Der Herr (oder die Dame) kann sich das leisten. Zur markanten Persönlichkeit gehört offenbar ein markanter Geruch.

Zehn Tage sind leider keine lange Zeit – und die guten 300 Kilometer, die ich, den verschlungenen Feld- und Waldpfaden folgend, zurückgelegt habe, sind auch nicht die Welt. Menschen mit mehr Zeit und anderer Muskulatur mögen auch den ganzen »Europäischen Wanderweg« ablaufen, den ich nur mal eben betreten habe. Er führt von der Nordsee über schöne Höhenwege bis an den Bodensee, und von dort weiter bis ans Mittelmeer.

Ich kann nur versichern: schon zehn Tage reichen. Sie haben mir mehrere Wochen Urlaub ersetzt. Und sie haben mir, weil ich oftmals zu müde war, mir auch nur eine Zigarette anzuzünden, geholfen, das Rauchen abzugewöhnen. Versuchen Sie's mal.

Die Wanderroute

1. Tag: Mit dem Taxi von Bonn nach Oberpleis. Beginn der Wanderung. Abends Ankunft in Eitorf/Sieg.

2. Tag: Von Eitorf durch die Nutscheid, ein großes Waldgebiet, nach Waldbröl im Oberbergischen Land.

3. Tag: Von Waldbröl per Taxi nach Denklingen und von dort wieder per pedes nach Olpe im Sauerland.

4. Tag: Von Olpe nach Kirchhundem.

5. Tag: Von Kirchhundem mit dem Bus bis in die Nähe von Schmallenberg und von dort, wieder zu Fuß, nach Winterberg im Hochsauerland.

6. Tag: Von Winterberg nach Korbach (davon etwa 10 km per Anhalter).

7. Tag: Von Korbach nach Niedermarsberg.

8. Tag: Von Niedermarsberg durch das »Sindfeld«, eine brettflache Großbauern-Region, nach Atteln im Paderborner Land.

9. Tag: Von Atteln nach Bad Driburg.

10. Tag: Von Bad Driburg durch das Eggegebirge bis Holzhausen-Externsteine, von dort mit dem Bus nach Detmold.

11. Tag: Von Detmold mit dem Bus nach Lemgo und von dort wieder zu Fuß nach Kalletal, etwa 10 km vor Rinteln a. d. Weser.

Informationen und Preise

Die hier beschriebene Wanderung führt durch die Regionen Sauerland (Ebbe- und Rothaargebirge) und Teutoburger Wald (Weser, Eggegebirge), die zu dem Gebiet des Landesverkehrsverbandes Westfalen gehören.

Unterkünfte: Durchschnittspreise für Übernachtung im Doppelzimmer mit Frühstück, pro Person: Privatvermieter/Bauernhöfe: 9 bis 16 Mark; Gasthöfe/Pensionen: 17 bis 20 Mark; Hotels: 20 bis 30 Mark. Bei den unten angegebenen Auskunftsstellen können sämtliche Unterkunftsverzeichnisse angefordert werden. Verschiedene Pauschalangebote hat der Landesverkehrsverband Westfalen in einer Broschüre zusammengefaßt. Preisbeispiele: In der Hauptsaison (Juni bis September) zahlt man in Winterberg für 7 Übernachtungen mit Frühstück, Kurtaxe und weiteren Sonderleistungen zwischen 74 Mark (Privatzimmer) und 150 Mark (Hotel). Ein dreitägiger Wochenendaufenthalt in Detmold kostet 57,60 Mark (mit Frühstück) oder 78,20 Mark (mit Vollpension).

PAUSCHALREISEN: In den Katalogen der Reiseveranstalter (Auskünfte erteilen die Reisebüros) werden Sauerland und Teutoburger Wald als Bahnreiseziele angeboten. Buchung auch für Pkw-Reisende möglich: 1 Woche Winterberg kostet beispielsweise bei Hummel in der Hauptsaison zwischen 110 (Privatzimmer) und 350 Mark (Hotel, Vollpension).

SONSTIGES: Die Verkehrsämter verschicken ausführliches Informationsmaterial.

Der Sauerländische Gebirgsverein (SGV), Emster-Straße 104, 5800 Hagen, betreut 23 000 km Wanderwege, davon verteilen sich 4000 km auf 32 Hauptwanderstrecken. Der SGV informiert auch über den Verlauf des Europäischen Fernwanderweges.

REISEFÜHRER UND KARTEN: Grieben, Band 176, Sauerland/Siegerland; Band 178, Teutoburger Wald/Münsterland, je 215 Seiten, 8,80 Mark; Polyglott, Band 615, Nordrhein Westfalen; Band 625, Sauerland, je 64 Seiten, 3,80 Mark. Belser, Kunstwanderungen in Westfalen, 508 Seiten, 32 Mark; Fink Verlag, Rundwanderungen Sauerland, 116 Seiten, 9,80 Mark; Kneebusch/SGV, Parken und Wandern, Südwestfalen, 856 Seiten, Karten, 38 Mark (außerdem in dieser Reihe: Teilbände Sauerland). Informationen über Wanderkarten gibt der SGV. Auch beim Sauerland-Verlag, Hagener Str. 1–3, 5860 Iserlohn, können Verzeichnisse angefordert werden. Amtliche Karten gibt es beispielsweise für den Teutoburger Wald (1 : 50 000, 4,80 Mark) oder das Rothaargebirge (1 : 25 000, 4,20 Mark).

AUSKÜNFTE: Landesverkehrsverband Westfalen e. V., Balkenstraße 4, 4600 Dortmund, Telephon (02 31) 57 17 15; Fremdenverkehrsverband Sauerland e. V., Postfach 38, 5948 Fredeburg, Telephon (0 29 74) 60 68; Kreisverkehrsverband Südsauerland, Seminarstraße 22, 5960 Olpe, Telephon (0 27 61) 50 22.

SCHOTTLAND: Whisky, Möwen und tausend Lochs

Von Barbara von Jhering

Die Freunde waren fußfaul und skeptisch, aber sie schwärmten vom »Whiskydunst im Haar und der Krume schottischer Hochebene an den Sohlen«. Ich selbst hatte mir meine Wanderung ungefähr so vorgestellt: Schloßhotel, bemühte Kellner, allwissender Portier, Tips und Tricks versprühender Manager. Dann einige Tage in die Berge verschwinden, immer das komfortable Ziel, das auch Start zu sein hätte, vor Augen.

Schloßhotels gibt es in Schottland genug, sie liegen ausnahmslos in schöner Umgebung. Aber je mehr ich besichtigte, desto wählerischer wurde ich: Spaziergängergegend war zwar meinem Können angemessen aber nicht meinem Anspruch, ich suchte exemplarisches Wanderland. Als ich es endlich, ohne Schloßhotel natürlich, gefunden hatte, mußte ich an die Whisky-Vision meiner Freunde denken: Am vierten Tag meiner Wanderung nämlich hätte ich einen Schluck dabei haben sollen.

Tage mit Sonne und Wind, mit Bergen ringsum und dem Meer immer in Sichtweite, mit dem Duft von Tang und Seewasser in der Nase und dem Gekreisch der Möwen im Ohr, lagen hinter mir.

Jetzt wollte ich von Kinlochhourn übers Land nach Shiel Bridge, meinem Ausgangspunkt, zurück. Bei schönem Wetter ist das ein angenehmer Weg von neun Meilen oder rund drei Stunden; der Höhenunterschied beträgt nicht mehr als 350 Meter.

Aber es hatte die ganze Nacht geregnet, und die Leute

im Tal warnten mich vor dem Nebel, der hier häufig auftritt. Ein paar helle Flecken in der Wetterecke waren schuld daran, daß ich mich dennoch zum Wandern entschloß – und ein Autostopp-Angebot großspurig ausschlug. Sollte es Nebel geben, wollte ich umkehren.

Er kam, als ich den ersten Grat erstiegen und schon ein Drittel des Wegs geschafft hatte. Die Aussicht, wieder zurücklaufen zu müssen, war wenig verlockend, das wäre mir auch wie eine Kapitulation vorgekommen. Da es wieder angefangen hatte zu regnen, war ich ohnehin von Kopf bis Fuß naß.

Der Nebel wälzte sich wuchtig über den Kamm, den ich als nächsten ersteigen mußte: kein Schleier mehr, eher ein alles zudeckendes Federbett. Als der Wind es ein wenig nach oben blies, faßte ich Mut. Einheimische hatten mir geraten, an jener Stelle nicht ins Tal hinunterzugehen, sondern den Höhenlinien zu folgen, um Zeit und Kraft zu sparen. Ich befolgte den Hinweis (der sich, natürlich, an versiertere Wanderer richtete als mich). Der Fehler rächte sich: Ich kam vom Weg ab.

Es gab keine Orientierungspunkte. Die Landschaft bestand nur aus Steinen, Gras und kahlen Kuppen. Der Regen hatte den Boden in eine Sumpflandschaft verwandelt, mit Bächen, Seen und Wasserlöchern, die das lange Gras heimtückisch verbarg. Immer, wenn ich glaubte, den Weg entdeckt zu haben, war es doch nur ein Regenrinnsal. Fata Morgana auf schottisch.

Nirgends gab es auch nur das kleinste trockene Plätzchen, an dem ich das Zwanzig-Pfund-Ungetüm auf meinem Rükken hätte absetzen können. Ich achtete längst nicht mehr darauf, wo ich hintrat; bei jedem Schritt gluckste es im Stiefel.

Zum Unbehagen, weit weg von jeder menschlichen Behausung zu sein, gesellte sich schließlich doch die Angst:

Was, wenn mich der Nebel völlig einhüllen würde? Was, wenn ich stolperte und mir den Knöchel verstauchte? Zwar hatte ich vorm Abmarsch ein Formblatt der Bergwacht ausgefüllt, aber bis die mich finden würden, so malte ich mir aus, konnten Tage vergehen.

Zuletzt ging ich den Kamm direkt an, ohne zu wissen, ob ich ihn überqueren mußte. Der Nebel, den ich die ganze Zeit mißtrauisch beobachtete, lungerte zwar noch immer an den Bergspitzen herum, schien aber dort hängenbleiben zu wollen.

Ausgepumpt stand ich schließlich oben, der Wind riß mich fast um, die Anorak-Plastikhaut war von innen so naß wie von außen. Bevor ich endlich meinen Standort bestimmen konnte, mußte ich sogar noch über einen Zaun klettern –, schottische Grundbesitzer haben eben mehr Interesse daran, dem Wild den Weg zu verbauen, als ihm dem Wanderer zu ebnen. Dann sah ich die Straße, vielleicht drei Meilen entfernt. Schnurgerade und vertrauenerweckend lag sie da inmitten abweisender Wildnis.

Kurz vor neun Uhr war ich losgegangen, um drei Uhr saß ich an der Straße und tauschte die ganz nassen gegen etwas weniger nasse Socken. Englische Urlauber brachten mich mit dem Auto zurück ins Hotel. Beim wärmenden Whisky fand ich später in einer Broschüre den Satz: »Trotz vergleichsweise geringer Höhe können die schottischen Berge doch gefährlich sein, weil sie schnellen Wetterumschwüngen ausgesetzt sind. Ein einfacher Weg kann sich so in ein Unternehmen verwandeln, das großes bergsteigerisches Können erfordert.«

Zumal, wenn man allein ist. Den ersten Satz des Scottish Mountain Code, *Never go alone to the hills,* hatte ich zwar vorher gelesen, aber nur flüchtig, aus den Augenwinkeln, wie man eben etwas wahrnimmt, was man eigentlich nicht wahrhaben will. Was sollte ich machen, es hatte sich so er-

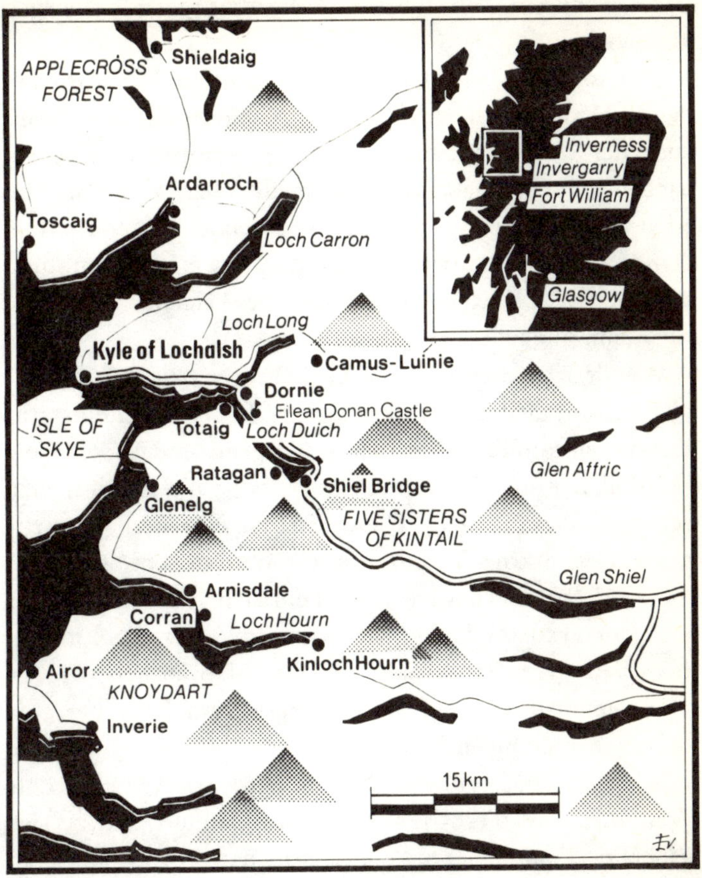

geben. Und in den ersten, sehr sonnigen Tagen (Schottland hat, entgegen landläufig-kontinentaler Meinung, häufig einen schönen Sommer) hatte ich es sogar genossen, mal mit diesem, mal mit jenem zu laufen: mit den Franzosen aus der nahen Jugendherberge oder mit den freundlichen Ladies, die mir aus dem Kofferraum ihres Wagens eine köstliche *cup of tea* anboten (und mir, als ich das Backwerk lobte, gleich das Rezept mit auf den Weg gaben) — Begegnungen am Wegrand. Heute weiß ich, daß sie ein mieses Einsamkeitserlebnis in den Bergen doch nicht ganz aufwiegen können ...

Wo soll man also wandern in Schottland? Natur, und damit Wanderland, gibt es jede Menge, und das scheint auch der Grund zu sein, warum der schottische Bergverband vor der Aufgabe kapituliert, alle Wege zu markieren. Abgesehen von einigen Spazierwegen und *nature trails* in den *Natural Forests* ist man auf das – zweifellos gute und detaillierte – Kartenmaterial und den eigenen Orientierungssinn angewiesen.

Wanderer, denen man auf Grund ihrer profihaften Ausrüstung mit Seil und Pickel eigentlich den Amateurstatus absprechen müßte, halten sich vorwiegend an das Glen Coe, 78 Meilen nördlich von Glasgow, oder die Cullins, eine Felsengruppe auf Skye. Diese Insel ist eine der unbestrittenen Drei-Sterne-Schönheiten Großbritanniens, sie zählt aber auch zu den bevorzugten Touristenzielen. Gegenüber auf dem Festland findet dagegen noch jeder die Einsamkeit, die er verkraften kann, und das Maß an bergsteigerischer Herausforderung, das er braucht, um hinterher auftrumpfen zu können.

In Schottlands wildem Westen wird das Wandern zur Wallfahrt, zum Fest. Wer hier etwa wandert, um zu sich selber zu kommen, muß aufpassen, daß er sich nicht an diese Landschaft verliert: an das von Wasser zerfressene Land, an die von Inseln durchsetzte See, an Steilküsten und flache Kiesstrände, an die Skyline der Isle of Skye und anderer Hebrideninseln. Möwen kreisen über Süßwasserseen, Adler stehen über Meeresarmen, und das Blau des Wassers ist nur wenig tiefer als das der Berge.

Mein ursprünglicher Plan sah vor, um Shiel Bridge (und das sehr angenehme Kintail Lodge Hotel) herum eine »Acht« zu wandern. Zunächst war ich nach Westen gegangen, an kleinen weißgekalkten Häusern vorbei mit hochgebundenen Rosenstöcken und Fuchsien, und hatte mich dann, dem nächsten Meeresarm folgend, wieder nach Osten gewandt. Das Loch Hourn zählt zu den schönsten und stillsten *sea lochs* in Schottland, und sofern nicht jemand ein Ungeheuer mit Namen Hournie darin entdeckt, wird es das wohl auch bleiben. Hier im Westen kam mir der Verdacht, die Schotten inszenierten den ganzen Loch-Ness-Rummel nur, um sich die anderen Seen von Touristen freizuhalten.

Daß ich die obere Schlaufe der Acht dann nicht mehr in Angriff nahm, ist dem auch am nächsten Tag anhaltenden Regen zuzuschreiben. Aus Gesprächen mit Einheimischen weiß ich immerhin, daß es auf der Nordseite des Shieltals mindestens so lohnende Wanderwege gibt wie im Süden. Einsam ist es freilich auch dort, und wer nicht die Schlafstatt auf dem eigenen Rücken trägt, sollte die Jugendherberge in Glen Affric in seine Planungen einbeziehen. Auf das Zimmer mit Bad kann man in den Western Highlands und Islands jedenfalls nicht jeden Abend hoffen.

In einer schottischen Jugendherberge unterzukommen, ist nun alles andere als ein Unglück. Wenn da, wie von mir in Ratagan erlebt, die Socken über dem Ofen dampfen während in der Küche nebenan ausgeklügelte Dosenmenüs in Selbstbedienung zusammengestellt werden, wenn die einen ihr Auto entladen und andere ihren bis aufs Gramm ausgewogenen Rucksack neu schichten, wenn wieder andere Schach spielen oder ihrem Kind Tischsitten beizubringen versuchen, dann hat das sehr wenig mit dem zu tun, was mancher als typische Jugendherbergsatmosphäre in Erinnerung haben mag. Meine Idealformel für die nächste Schottland-Wanderung wäre daher eine Kombination aus Hotel, Jugendherberge und Zelt – je nach Lust auf Komfort, Geselligkeit oder Unabhängigkeit.

Diesmal klappte die Quartiersuche dank der Intervention

des Postboten in Glenelg. Mrs. Griffith, meine Wirtin, hatte die Gästebetten gerade einem Familienbesuch überlassen. So schlief ich denn im eilig geräumten Ehebett, derweil es sich die Griffiths auf der Wohnzimmercouch unbequem machten. In Corran, einem friedlichen Nest am Loch Hourn, überließ mir die Statthalterin des General Post Office das Bett ihrer gerade verreisten Mutter, denn die eigentliche Bed-&-Breakfast-Lady, Mrs. Sinclair, hatte aus Altersgründen den Betrieb kurz vorher eingestellt. In Kinlochhourn schließlich, wo es nichts Pensionsähnliches gab, nächtigte ich auf dem Trockenboden der Brüder Macrea und überstand das nur dank der freundlichen Gabe der Ferienhausbesitzer von nebenan: zwei Nylonlaken, eine Taschenlampe.

Kinlochhourn, das bedeutet »Erde von Loch Hourn«. Mir schien es zuerst, unter verhangenem Himmel, mit kaum drei Häusern, weltentrückt. Dann sah ich im brackigen Wasser unweit der Mündung eines kleinen Baches einen Mann in Langschäftern; neben ihm, auf einer winzigen Grasinsel, lag sein Hund. Wie ich später erfuhr, gehörte der Angler zu der Lodge, die nur einen Steinwurf weit vom Hause der Macreas entfernt lag. Eine Phalanx von Porsches und Bentleys vor dem Tor zeigte an, daß die herbstliche Jagdsaison bereits begonnen hatte. Es war das dritte Herrenhaus, das ich auf meiner Reise passierte. In diesem Teil Schottlands ist das Land noch in riesige Domänen aufgeteilt, und heute wie vor dreihundert Jahren arbeiten viele Dörfler auf dem *estate* des Grundbesitzers.

Am letzten Tag bekam ich einen Eindruck davon, was belebte Schotten-Einsamkeit sein kann. Mein Versuch, wenigstens einen Teil der »Nordschlaufe« per Auto in Augenschein zu nehmen, endete in Camus-Luinie. Die Bauernhöfe sahen verlassen aus; nur am Ortsausgang zeigte herumliegendes Spielzeug vor einem Haus, daß es bewohnt war. Ich wollte fragen, wie es mit den Wegen hinten im Tal bestellt sei. So geriet ich in das Haus von Duncan Matherson, einem runden, rotbärtigen Bauern, oder besser Viehzüchter. Nachdem er mir frische Pancakes und Tee angeboten und mich eine Weile nach dem Woher und Wohin befragt hatte, lud er mich ein, das Allerheiligste zu betreten: Das Wohnzimmer hatte Duncan zum Ausstellungsraum für Tausenderlei Selbstgeschnitztes aus Horn umfunktioniert. Auf Tischen, Stühlen und Schränken standen Figuren, Becher und alle möglichen Gefäße, in den Ecken lehnten Spazierstöcke mit wilden Gnomen als Griff. Mit vielsagendem Augenzwinkern bekam ich schließlich in einem kleinen Hornbecher den Sonntagsschluck: Whisky, home-made.

Von seinen gastgeberischen Fähigkeiten überzeugt, wollte ich versuchen, auch Duncan als Herbergsvater für potentielle Wanderer zu gewinnen. Solch ein Ansinnen war ihm offensichtlich noch nicht untergekommen. Erst stutzte er, dann lachte er breit und fragte: Why not? Und die große schlanke Frau neben ihm, Mutter seiner zahlreichen Kinder, lächelte: Certainly.

DIE WANDERROUTE

1. Tag: Von Shiel Bridge über Totaig nach Glenelg (12 Meilen).
2. Tag: Von Glenelg nach Corran (8 Meilen).
3. Tag: Von Corran nach Kinlochhourn (7 Meilen).
4. Tag: Von Kinlochhourn nach Shiel Bridge (9 Meilen).
5. Tag (beabsichtigt): Von Shiel Bridge nach Camus Luinie (7 Meilen).
6. Tag (beabsichtigt): Von Camus Luinie nach Shiel Bridge über die »Falls of Glomach« (9 Meilen).

INFORMATIONEN UND PREISE

ANREISE: Der Linienflug von Frankfurt über London nach Glasgow kostet hin und zurück 818 Mark (Wochenendtarif 662 Mark). Von London gibt es alle halbe Stunde eine Flugverbindung (Shuttle) nach Glasgow im Pendelverkehr (keine Buchung, Beförderungsgarantie), Flugpreis pro Strecke zirka 123 Mark. Weiterreise per Bahn von Glasgow nach Fort William in 4½ Stunden (4,50 £, 2. Klasse), dann per Bus oder Auto über Invergarry Richtung Dornie. Bahnanreise außerdem möglich von Inverness nach Kyle of Loch Alsh.

BAHNFAHRT: British Rail verkauft Netzkarten, die für alle Strecken in England, Schottland und Wales gelten. Der Britrail Pass kostet für 8, 15 oder 22 Tage in der 2. Klasse 140, 200 oder 250 Mark (weitere Ermäßigungen für 14- bis 22jährige). Spezialarrangements in Schottland: Netzkarte (Freedom of Scotland Pass) für eine oder zwei Wochen (17,50/24,50 £); Highlands and Islands Travelpass für acht oder zwölf Tage (24/29 £ in der Nebensaison), Bus- und Schiffahrtslinien sind hier eingeschlossen.

UNTERKÜNFTE: Die Hauptsaison geht von Mitte Juli bis Ende August. In dieser Zeit sind Reservierungen zu empfehlen. In den Hotels der mittleren Kategorie kostet ein Doppelzimmer zwischen sieben und zehn Pfund. Für eine Übernachtung in den Bed-and-Breakfast-Quartieren zahlt man zwischen zwei und drei Pfund. Über den British Bookshop in Frankfurt kann das Unterkunftsverzeichnis »Where to stay in Scotland« für 6,50 Mark bezogen werden. In Schottland gibt es 80 Jugendherbergen. Das Haus in Ratagan ist beispielsweise von Mitte März bis Ende Oktober geöffnet. Die Übernachtung kostet für Mitglieder 3 Mark, für rund 20 Mark kann die Mitgliedschaft erworben werden (Scottish Youth Hostels Association in Sterling FK8 2JA).

Unterkunftsvermittlung für Ratagan, Dornie und Glenelg über: Tourist Commission, Kyle of Loch Alsh/Rosshire. Wanderer finden außerdem Aufnahme bei Mrs. Sinclair (Arnisdale/Rosshire) und bei Mrs. Duncan Matherson (Camus-Luinie/Dornie, Rosshire).

In den Western Highlands hat der gemeinnützige Verein Holiday Fellowship zwei Gästehäuser, die sich besonders für aktive Familienferien eignen. Von Mai bis September können hier Aufenthalte mit Verpflegung (120 Mark bis 200 Mark wöchentlich) gebucht werden. Allgemeine Informationen über das Britische Verkehrsamt.

PAUSCHALREISEN: Über die verschiedenen Schottland-Angebote der Veranstalter informiert das Britische Verkehrsamt, eine ausführliche Adressenliste wird auf Anfrage verschickt. Achttägige Wanderferien im Schottischen Hochland bieten Dr. Tigges-Fahrten/Wuppertal an (sechs

Termine zwischen Ende Mai und August). Standort ist Carrbridge südlich von Inverness. Flug Düsseldorf–Edinburgh, Transfers, Vollpension, 790 Mark. Vier Termine für zweiwöchige Wanderferien hat das Institut für wissenschaftliches Reisen Fahrtenring (Unterer Seeweg 3, 813 Starnberg) im Programm. Nach dem Flug Düsseldorf–Glasgow geht es per Bus durch Schottland, Rückflug ab Edinburgh, Reisepreis 1680 Mark. Baumeler/Luzern (vertreten durch FIT-Reisen, Ravensteinstr. 2, 6000 Frankfurt 60) bieten elftägige Wanderreisen an (1660 Mark mit Flug von Frankfurt). Das Deutsche Jugendherbergswerk/Detmold vermittelt Wanderferien in Schottland (Altersbegrenzung 16 bis 30 Jahre).

SONSTIGES: Beste Reisezeit: Mai/Juni, September/Oktober. Regentage sind einzukalkulieren. Im Juli/August viele »miches« (winzige Stechtiere). Insektenspray und Wanderbedarf aller Art in »Nevis Sport Shop«/Fort William.

EINREISEBEDINGUNGEN: Personalausweis.

DEVISEN: Ein englisches Pfund (£) kostet zur Zeit 4,80 Mark.

REISEFÜHRER UND KARTEN: Polyglott, Band 728, Schottland, 64 Seiten, 4,80 Mark; Grieben, Band 284, Schottland, 197 Seiten, 8,80 Mark; Conradi, Schottland für jedermann, 256 Seiten, 19 Mark; englisch: Red Guide, Complete Scotland, 450 Seiten, 23 Mark, – Scottish Highlands, 191 Seiten, 18 Mark; Scottish Mountaineering Trust (District Guide Books), The Western Highland, 143 Seiten, etwa 28 Mark; Bartholomew, Scottish Hill Tracks, Teil 2, Northern Scotland, 76 Seiten; Robert Nicholson/London, Scotland, 64 Seiten, 1,25 Pfund. – Ordnance Survey (One-inch-Tourist Map) Blatt 26, Lochcarron, Blatt 35, Loch Arkaig, je 9,80 Mark; Amtliche Karte Great Britain, Western Highlands, 1 : 250 000; Ravenstein Nr. 892, Schottland, 1 : 507 000, je 7,80 Mark. – Spezielle Publikationen sind erhältlich über The British Bookshop/Frankfurt.

AUSKÜNFTE: Britische Zentrale für Fremdenverkehr, Neue Mainzer Straße 22, 6000 Frankfurt, Telephon (06 11) 23 64 28; The Highlands and Islands Development Board, Bridge House, 27 Bank Street, Inverness IV1 1QR; Scottish Mountaineering Club, 4 Morven Road, Bearsden, Glasgow G61 3BU.

Wandern in Großbritannien
Von Julie Stewart

Englische Wanderwege sind selten überlaufen, viele Engländer schauen sich das Land auch ganz gern vom Auto aus an. Vielleicht ist ihnen die Wanderlust im Laufe der Jahre aber auch vergangen, angesichts der unzähligen Schilder »Verboten« oder »Privatstraße«. Hinter ellenlangen Mauern und Zäunen verstecken sich riesige gepflegte Besitzungen, für niemanden zugänglich. Dieser Zustand hat sich seit dem letzten Krieg langsam, aber stetig geändert. In Großbritannien gibt es inzwischen 165 700 Kilometer öffentliche Wander-, Reit- und Fahrwege. Parallel dazu findet die »Rambler's Association«, eine Wandervereinigung, immer mehr Gehör bei der Durchsetzung von Gesetzen zum Schutz der Naturschönheiten des Landes, bei der Einrichtung von »National Parks« oder der Erhaltung von Wanderwegen. Die »Ramblers's Association« ist die Dachorganisation für rund 400 Wanderklubs, die 23 000 Mitglieder zählen.

Wo kann man auf den britischen Inseln wandern? Es gibt ein Dutzend offizieller »Fernwanderwege«. Der zentraleuropäische Besucher zieht gewöhnlich die Küstenstrecken vor, die herrliche Ausblicke auf das Meer und die zahllosen Inseln und Inselchen, die Großbritannien umgehen, bieten. Eine der reizvollsten und auch wärmsten Routen ist der 429 km lange »Cornwall Coast Path«, der sich um die südwestliche Halbinsel zieht. Spricht man von ihm, fallen so große Worte wie »englische Riviera« und tatsächlich gibt es hier subtropische Pflanzen, sogar Palmen. Genauso erwähnenswert sind aber die pittoresken Häfen, die lustigen Schiffe, zauberhaften Küstenlandschaften, Sand, Klippen. Wenn noch einige Wegerechtsfragen geklärt sind, wird dies der längste Wanderweg der Insel sein: 800 km »Hiking« ohne Unterbrechung.

Wer es wilder und einsamer haben möchte und doch das

Meer nicht missen will, umwandere die südwestliche walisische Küste in der Grafschaft Pembrokeshire (268 km). Die eindrucksvollsten Seeregionen sind nur vom abgelegenen Klippenaussichtspunkt aus zu genießen. Auch hier säuselt der vom Golfstrom gemilderte Wind lau. Lauter kreischend als anderswo, ziehen Papageientaucher, Seeraben, Lummen, Stummelmöwen, Eissturmvögel und Sturmtaucher ihre Kreise, ungestört von der Umwelt.

Der Wandervogel, der bei den Walisern bleiben will und gefällige Hügel, Weiden, eingefriedete Felder und Moorgebiete dem Meerblick vorzieht, mache sich nach »Offa's Dyke« auf, dieser Weg ist 270 km lang. Will man ihn, der sich an der gesamten Grenze nach England dahinschlängelt, wirklich bezwingen, braucht man dazu zwei bis drei Wochen. Ein Teil dieser Wanderstrecke geht an dem Erdwall – *dyke* – entlang, den Offa, der König von Mercia, im 8. Jahrhundert errichten ließ, um sich vor plündernden Kelten zu schützen.

Für jene Urlauber, die sich in Nordengland aufhalten oder lieber eine rauhere Landschaft als die südliche entdekken möchten, ist der »Pennine Way« das richtige. Er beginnt südöstlich von Manchester im Peak District und führt nach Norden durch die Yorkshire Dales, die Pennine Berge, überquert den »Hadrian's Wall« (die von den Römern gegen die Pikteneinfälle errichtete Mauer), läuft weiter bis zu den Cheviot Hills in Südschottland – 402 km lang – und verbindet alte Fußwege, Schäfer- und Bergarbeiterspuren, Pässe, Reitpfade, Viehherdenrouten und römische Heerstraßen, vorbei an zahllosen zwischen 600 und 1000 Meter hohen steinigen Bergkuppen.

Für all diese »Long Distance Footpaths« ist die Countryside Commission in England genauso zuständig wie für die zehn »National Parks«, die sich in England und Wales zum Teil in die Wanderstrecken einfügen, am Wochenende freilich in der Nähe der Informationszentren besser gemieden werden. Denn hier steigen die naturliebenden Autofahrer mit Vorliebe aus und machen einen kleinen Bummel.

Wanderer finden in Großbritannien ausgezeichnete Informationsbroschüren, und England ist wahrscheinlich das Land, das sich der besten Landkarten der Welt erfreuen kann. Die Amtliche Landesvermessung bringt Touristenkarten im Maßstab 1:25 000 heraus und Karten, auf denen 2 1/2 inch für 1 Meile stehen; diese sind für den Fußgänger am besten geeignet.

Und wie steht es mit Schottland?, werden Entdecker und Kletterer wissen wollen. Der Wanderer besorge sich hier das Heft »Hillwalking in Scotland« (für 15 pence) beim Scottish Tourist Board, Dept. P 37, 2, Rutland Place, Edinburgh EH1 2YU; es enthält zahlreiche Vorschläge für Wanderungen und Klettertouren über Barbara von Jherings Schottland-Trip hinaus.

Informationen und Preise

Countryside Comission, 1 Cambridge Gate, Regent's Park, London NW 1, Tel.: 01-935-5533. Hier erhält man die Broschüre »National Parks of England and Wales« und Prospekte über die verschiedenen Wanderwege.

The Ramblers's Association, 1/4 Crawford Mews, York Street, London W1H 1PT, Tel.: 01-262-1477 gibt Auskünfte über Kartenmaterial und Preise (kostenlos, aber Rückporto notwendig), verleiht auch Karten. Das Verzeichnis »Bed and Breakfast and Bus Guide« (17 1/2 pence) enthält über 2000 empfohlene Adressen, wo Wanderer willkommen sind.

Youth Hostel Association, Trevelyan House, St. Albans, Hertfordshire.

Eine Veröffentlichung der Automobile Association, »No Through Road – The A. A. Book of Country Walks«, beschreibt in großer Ausführlichkeit und mit Kartenmaterial 205 Wanderungen (£ 7,95). Unterwegs benutzt man den dritten Teil dieses Führers: »Walker's Handbook«.

SCHWÄBISCHE ALB: Wenn Zauberer Angekko seine Sprüche murmelt

Von Rolf Zundel

Am Abend vor dem Abmarsch sahen wir uns bloß an. Flokkenwölkchen segelten über die Berge. Der Regen war fast schon zu riechen, die Meteorologen im Fernsehen sprachen penetrant von einem heranziehenden Sturmtief.

Die hätten sich ja schon oft geirrt, tröstete mein Schwager im sicheren Gefühl, einen ruhigen, häuslichen Sonntag vor sich zu haben. Meine Frau sagte etwas von übertriebenem Pflichtgefühl. Mein Widerspruch fiel beschämend matt aus.

Das ganze Unternehmen war wie Spitzgras unter bloßen Füßen. Die kaum eingelaufenen neuen Schuhe – würden sie nach einigen Stunden Marsch wieder zu drücken beginnen? Der Regen, der zwischen Hals und Kragen einzusickern beginnt, die Hose, die wasserschwer um die alterssteifen Knie schlappert – die bloße Vorstellung trieb einem den Schnupfen in die Nase.

Und warum in aller Welt die Schwäbische Alb, die ganze Heerscharen von rüstigen und aufmerksamen Wanderern kartographiert, beschrieben und in Klischees verpackt haben? Was es da Wissenswertes gab – war nicht alles schon nachzulesen? Vorzugsweise im »Albführer Julius Wais«, der den Wanderer mit jener liebevollen Festigkeit, die früher einmal als Inbegriff der guten Erziehung galt, an die Hand nimmt und alles genau erklärt: nach wieviel Meter man am Waldrand rechts abbiegen muß, welche Aussicht zu betrachten und wo die Geschichte der Kelten zu bedenken sei. Generationen von Schwaben sind mit Julius Wais gewandert, bis sie die Arteriosklerose einholte, immer der Mahnung eingedenk: »Merkt euch: der rechte Wanderer und der anständige Mensch benimmt sich in der Natur wie in seiner guten Stube.«

Julius Wais und seinen späteren Bearbeitern habe ich viel abbitten müssen. Abgesehen vom Vorwort ist er von unübertrefflicher, nüchterner, informativer Genauigkeit: »Bei der Papiermühle folgt man dem Sträßchen links leicht aufwärts, am linksseitigen Waldrand dem Filstal entlang.« So fing es an. Und trotz der Warnungen der Meteorologen waren Schwaben die Menge unterwegs.

Der oberflächliche Beobachter könnte leicht glauben, die Schwaben ergingen sich in der Natur, um Appetit zu bekommen und um einen schönen Platz zum Vespern zu finden. Die Vermutung ist falsch. Und sie wird auch nicht dadurch wahrscheinlicher, daß die Schwaben ihre Naturempfindungen grundsätzlich nicht für mitteilbar halten; daß sie zum Wetter, peinlich befragt, ob es schön gewesen sei, mit Mühe ja oder nein sagen, der Qualität des Vespers dagegen ungefragt drei oder gar vier Sätze zu widmen imstande sind. Die Alb verleitet nicht zum Schwätzen. Und was in den Seelen schwäbischer Wanderer vor sich geht, binden sie niemandem auf die Nase.

Erzählen freilich läßt sich von den Höhlen, und davon wimmelt es auf der Alb. Erst anderthalb Stunden waren wir marschiert, hatten gesehen, daß im Bach im Schatten der Erlen tatsächlich Forellen schwammen, hatten erlebt, daß dieses Wiesental auf eine Weise schön war, die einem nur die Wahl zwischen Wortlosigkeit und schlimmen Klischees ließ, und schließlich festgestellt, daß kein Mensch einen so riesigen, in Signalrot leuchtenden Rucksack den Berg hinaufschleppte wie wir – da tat sich, versteckt im Gehölz und hinter einem Vesperhäuschen, der erste Höhleneingang auf.

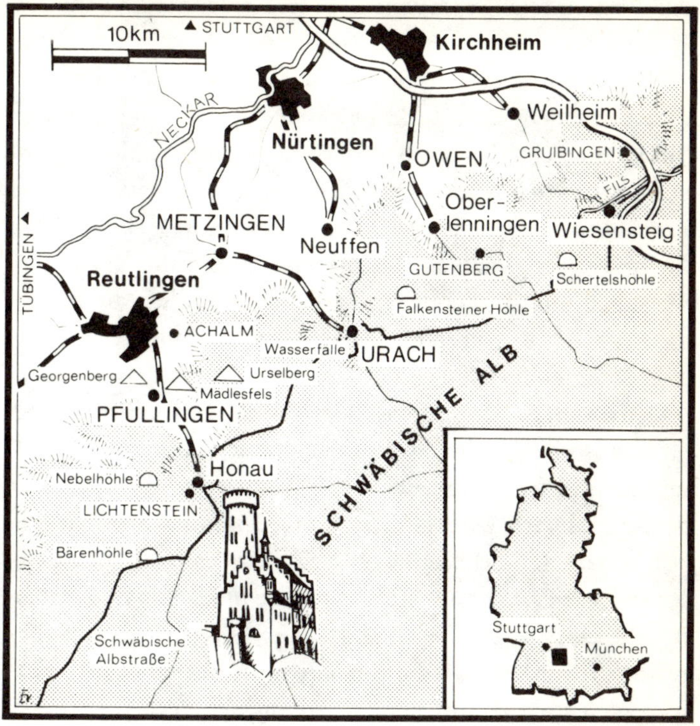

Die Schertelshöhle gehört nicht zu den größten und schönsten der Alb, nicht in die Klasse der Nebelhöhle oder der Bärenhöhle; sie hat wohl auch nach dem Krieg gelitten, als Tropfsteinjäger hier hausten. Trotzdem finden sich jeden Sommersonntag hier Dutzende von Besuchern ein, die leicht fröstelnd in das feuchte Loch hinuntersteigen und sich die Tropfsteinformationen zeigen lassen – die Orgel, das Kamel, den Löwenkopf. Und sie erfahren in schwäbisch getöntem Hochdeutsch: »Die 230 m lange Höhle hieß 1470 ›Schretzenloch‹ (möglicherweise im Zusammenhang mit mittelhochdeutsch schratt, schratz = Waldteufel, Kobold).« Lange habe man nicht gewagt, die Höhle zu betreten.

Der Schauer des Geheimnisvollen hatte keinen Bestand.

Der Führer weiß noch eine zweite Entdeckungsgeschichte: In der ersten Hälfte des 19. Jahrhunderts habe der Forstmeister Freiherr von Schertel, dessen Hund plötzlich wie vom Erdboden verschluckt gewesen sei, sein Tier in dieser Höhle entdeckt. Fortan leuchtete wohl auch in diese Höhlenfinsternis das Licht der Aufklärung, und heute gibt es dort sogar Halogenlampen. Die Waldschrate haben sich in die finstersten Winkel verkrochen, dafür arbeitet, wie in Schwaben üblich, wunderbar und sehr erbaulich die Natur: »Sechzig Jahre dauert es, bis ein Kubikzentimeter Tropfstein sich gebildet hat«.

Ganz anders die Falkensteiner Höhle am nächsten Tag: ein gewaltiges Felstor im lichten Buchenwald, kein Mensch zu sehen. Man tappt über Felsbrocken ins Innere, nach zwanzig Metern wird es naß und niedrig, und wer erst einmal kräftig den Schädel angestoßen hat, krabbelt gern wieder ins Freie. Warum bloß hat man nicht im Wais nachgelesen, dort steht alles: »Es kann nicht genug darauf hingewiesen werden, daß diese Höhle nicht mit einer der leicht zu begehenden ›Kulturhöhlen‹ verglichen werden darf; besonders bei mangelhafter Bekleidung kann schon ein Begehen des vorderen Teils zum Verhängnis werden.« Kletternd, kriechend, schwimmend und tauchend sind Forscher 3000 Meter weit ins Höhleninnere eingedrungen. Eine Taschenlampe hätte man haben müssen!

Nun ja, die Taschenlampe fehlte, aber dafür gab es ja Phantasie. Hatte nicht der Verfasser des »Rulaman« die Höhle mit seltsamen Gestalten bevölkert; der Zauberer Angekko saß hier im Halbdunkel und murmelte seine Sprüche. Ich purzelte durch ein paar Zivilisationsschichten zurück in die Kinderzeit. Meine Frau holte mich mittels Julius Wais wieder auf die Höhe moderner Erkenntnis zurück. Der nämlich stellte mit freundlicher Entschiedenheit fest, diese Höhle sei mit großer Wahrscheinlichkeit nicht bewohnt gewesen, auch der Fund einer keltischen Fibel in der Nähe des Eingangs beweise nur, daß jemand die Höhle besucht habe ...

Manchmal kann die rauhe Alb sich unerwartet freundlich zeigen. In der Sonne bekommt die karge Wacholderheide mit den Hagebuttenhecken Duft, Farbe und Wärme. Wenn das Wetter umschlägt, geschieht es nicht dramatisch wie im Hochgebirge, aber es wird auf sehr nachdrückliche Art ungemütlich. Eine Gegend, die mit sparsamen Mitteln unglaubliche Effekte erreicht: Ein Kalksteinweg durch Wiesen, ein einzelner mächtiger Baum, in der Ferne die dunkle Front des Waldes, darüber zerrissene Wolken, die ein kalter Wind treibt, die ersten Tropfen.

Das war der Augenblick, in dem wir die Sonntagswanderer beneideten. Sie hatten nicht mehr weit bis zum Parkplatz, eine halbe Stunde Fahrt, dann waren sie zu Hause, konnten die Kleider wechseln, baden, Kaffee trinken.

Das Gasthaus füllte sich schnell. Ein paar Kurgäste im gepflegten Freizeitlook, etliche Einheimische, Spaziergänger, die ihr Auto vor der Tür stehen hatten.

»Ein Zimmer zum Übernachten?« Der Wirt musterte uns mit schläfrigen Augen, denen nichts entging: Ehepaar mittleren Alters, etwas naß und verdreckt, mit großem Rucksack, ohne zünftige Wanderkleidung, ohne Auto.

Das Haus sei voll, sagte er, aber – war's Mitleid oder der Wunsch, uns loszuwerden – im nächsten Dorf, in Gutenberg, da gebe es sicher noch Zimmer. Er könne ja mal telephonieren.

Wie weit es denn bis Gutenberg sei? »Fünf Kilometer«. – Ein paar Minuten für einen Autofahrer, eine Ewigkeit für Fußgänger im Regen.

Wir sind schließlich hingekommen, und es war fast das vollkommene Glück: ein gemütliches Gasthaus, freundliche Wirtsleute, ein schönes Zimmer mit Blick über das Tal, ein heißes Bad, abends Forellen aus dem eigenen Wasser, morgens ein reichgedeckter Frühstückstisch mit selbstgebackenem Brot und selbsteingemachtem Himbeergelee. Ein solches Haus morgens früh bei leichtem Nieselregen zu verlassen, erfordert ein gerüttelt Maß von Blödheit oder Charakter.

Es ist schon komisch, in welchem Maß ein Wanderer von den Wirtsleuten abhängig ist. Sie können einem die Stimmung gründlich vermiesen und mächtig heben – so etwa wie der Wirt vom Hirsch in Gruibingen, ein freundlicher Herrscher über Gasthaus und Metzgerei, über die »Weibsleut« in der Küche und die Gäste am Tisch. Ein Krug Most aus dem Keller, Rostbraten, eine Klößesupp', meint er, stünde uns zu – »alles selber gemacht, nix aus der Guck.« Wir haben es genossen.

Oder ein anderer Wirt. Ihn trafen wir, nachdem wir von morgens acht bis abends sechs unterwegs gewesen waren, bergauf, bergab, bergauf und am Ende über eine geteerte Landstraße, die wie Blei an den Füßen hing.

Übernachten? Das ginge nicht. Und er klagte beredt über die schreckliche Wirkung des Fremdenverkehrs. Er habe einen Verein gegründet, der diesem Unwesen Einhalt gebieten solle. Allerdings kämen jetzt manche im Dorf nicht mehr in seine Wirtschaft, und das Geschäft leide. Da stimmte ihm seine Frau zum erstenmal zu. Aber man dürfe doch die Natur nicht verhungern lassen. Jetzt wollten sie sogar drüben an den Uracher Wasserfällen einen Sessellift bauen und hier ein großes Hotel mit vielen Luxuszimmern. Wir wären schon mit einem kleinen, einfachen zufrieden gewesen.

Solche Schwierigkeiten hatten wir erwartet; sie sind unangenehm, unvermeidlich und gehen vorüber. Zur wirklichen Krise gedieh die Tour aus anderen Gründen. Sie begann mit den frischen Socken.

Am dritten Tag hatte ich dieses Paar angezogen, im Vollgefühl, eigentlich doch noch ein ungewöhnlich tüchtiger Wanderer zu sein, fast eine Modellfigur für den Albverein: froh der Sinn und frisch die Füße. Am späten Vormittag spürte ich ein unangenehmes Scheuern, das bald in ein Brennen überging. Gegen Mittag verpflasterte ich fünf Blasen.

Dann kam die Sache mit der Absperrung. Auf der Karte war in einem Erholungsgebiet ein riesiges Staubecken eingezeichnet. Es war ringsum abgesperrt. Wasser zum Anschauen, nicht zum Baden! Nun ja. Auf abschüssigem Waldweg stiegen wir ins Tal, müde, verschwitzt, aber nicht ohne Hoffnung. Zwischen den Bäumen blinkte ein Stausee. Auch er eingezäunt und abgesperrt! Ein kunstvoll gefertigtes Schild belehrte den Wanderer darüber, daß der Gegensatz von Wasser und Bergen den Charakter einer Landschaft präge. Es war zum Heulen.

Manchmal mochte man schon aufgeben, ein Taxi nehmen und zum nächsten Bahnhof fahren. Glücklicherweise ist man zu feige dazu. Und so passiert es einem dann, daß man nach einem Regentag aufwacht, zum Fenster hinausblickt und die Waldkuppen im Morgennebel, der die alten Urstromtäler füllt, wie große Inseln treiben sieht. Oder man sitzt am Waldrand, und plötzlich hat man den Duft in der Nase, der entsteht, wenn die Sonne auf frischgeschlagenes Tannenholz scheint. Oder man sieht vom Alb rauf, etwa vom Mädlesfels, hinunter auf das Riesenspielzeug der Dörfer und Städte, und aus dem Dunst steigen die alten Sagenberge auf, der Urselberg und der Georgenberg; die Achalm mit ihrer Burgruine schiebt sich majestätisch ins Blickfeld, und in der Ferne taucht zwischen Wäldern das Schloß Lichtenstein auf.

Im übrigen darf man sich sicher sein: Wo in Schwaben so viel Schönheit ist, steht auch ein Gasthaus. Der Weg ist markiert.

DIE WANDERROUTE

1. Tag: Wiesensteig–Schopfloch–Gutenberg.
2. Tag: Gutenberg–Urach–Bleichstetten–Würtingen.
3. Tag: Würtingen–Stahleck–Mädlesfels–Metzingen.

INFORMATIONEN UND PREISE

UNTERKÜNFTE: Das Zimmerangebot der Schwäbischen Alb reicht vom Erste-Klasse-Hotel bis hin zum Wanderheim. Der Tagessatz für Übernachtung mit Frühstück beträgt pro Person im Doppelzimmer: in Hotels mittlerer und gehobener Kategorie zwischen 19 und 40 Mark; in Gasthöfen und Pensionen ab 14 bis 25 Mark und bei Privatvermietern kostet es zwischen 10 und 20 Mark. Die Wanderheime des Schwäbischen Albvereins berechnen für Übernachtung im Gruppenraum pro Bett 5,50 Mark und 8 bis 10 Mark in Ein-, Zwei- und Dreibettzimmern (ohne Frühstück).

PAUSCHALANGEBOTE: Beim Verkehrsverein Reutlinger Alb e. V. (Am Omnibusbahnhof, 7410 Reutlingen, Telephon [0 71 21] 4 44 82) kann man eine Zehn-Tage-Wanderung über 175 Kilometer auf der Schwäbischen Alb im Kreis Reutlingen buchen. Für Übernachtung mit Frühstück (Zimmer mit und ohne Dusche) berechnen die Vertragsgasthöfe durchschnittlich 17 Mark pro Tag und Person, und übernehmen auf Wunsch den Gepäcktransport. Rechtzeitige Anmeldung ist wegen Zimmerreservierung erforderlich. Gästewanderungen mit fachkundigen Führern veranstalten die meisten Verkehrsvereine kostenlos ein- bis zweimal pro Woche.

SONSTIGES: Die größten Höhlen der Schwäbischen Alb sind von Frühjahr bis Herbst geöffnet; Eintrittspreise (meist): Erwachsene 2 Mark, in Gruppen je 1,50 Mark, Kinder 0,50 Mark und Schulklassen je Kind 1,50 Mark. Für die kleineren Höhlen, wie die noch nicht erschlossene Falkensteiner Höhle bei Grabenstetten, wird kein Eintrittsgeld verlangt. Die Charlottenhöhle bei Hürben gilt als die längste begehbare Höhle in Süddeutschland.

Bei schlechtem Wetter: Es gibt zahlreiche Schutzhütten an den Wanderwegen und ausreichende private Buslinien zwischen den einzelnen Ortschaften.

REISE-(WANDER-)FÜHRER UND KARTEN: Wais, Schwäbische Alb: Band 2, Mittlerer Teil (von der Achalm bis zum Bussen), 836 Seiten, 15 farbige

Wanderkarten, 22,80 Mark; Südwestdeutsche Verlagsanstalt: Parke und Wandere, Band IV, Schwäbische Alb, 308 Seiten, Kartenskizzen, 15,80 Mark; Band 18, Geheimnisvolle Schwäbische Alb (Höhlen, Hungerbrunnen, Wasserfälle/Wegweiser für Wanderungen unter und über der Erde), 120 Seiten, 7,80 Mark; Band 35, Schwäbischer Albweg, 118 Seiten, 7,80 Mark; Schwäbische Albstraße, 132 Seiten, 4,80 Mark; Fink Verlag/Stuttgart: Rundwanderungen: Schwäbische Alb-Ost, 111 Seiten, Kartenskizzen, 9,80 Mark; Schwäbische Alb-West, 114 Seiten, Kartenskizzen, 9,80 Mark; Rundwanderbuch Südwestalb, 112 Seiten, 9,80 Mark; Wanderparkplätze des Schwäbischen Albvereins zwischen Tauber und Bodensee, 112 Seiten, 11,80 Mark; Schmidt, Schwäbische Alb Östlicher Teil und Westlicher Teil, je 55 Seiten, Kartenskizzen, je 6,80 Mark; Grieben, Band 234, Schwäbische Alb (mit Stuttgart und Schwäbischem Wald), 214 Seiten, Karte, 8,80 Mark; Polyglott, Band 608, Stuttgart/Schwäbische Alb, 64 Seiten, 3,80 Mark; – Amtliche topographische Karten: L 7918, L 7920, L 7922, L 7718, L 7720, L 7722, L 7724, L 7520, L 7522, L 7524, L 7526, L 7322, L 7324, L 7326, L 7328, L 7126, L 7128, 1 : 50 000, je 4,80 Mark; RV-Karten: Nr. 42, Mittlere Schwäbische Alb, 1 : 50 000, 5,80 Mark; Nr. 46, Heidenheim und die östliche Alb, 1 : 50 000, 4,80 Mark; Nr. 39 (Schwäbische Alb-West) und Nr. 40 (Schwäbische Alb-Ost), je 1 : 100 000, je 4,80 Mark; (Alle RV-Karten mit markierten Wanderwegen); Deutsche Freizeit-Karten Nr. 19, 21, 22, 1 : 150 000, je 5,80 Mark.

Auskünfte: Gebietsgemeinschaften Schwäbische Alb: Region Ost, Rathaus, 7325 Bad Boll, Telephon (0 71 64) 4 57; Region West, Postfach 2623, 7400 Tübingen, Telephon (0 70 71) 3 35 66; Schwäbischer Albverein, Hauptgeschäftsstelle, Hospitalstraße 21 B, 7000 Stuttgart, Telephon (07 11) 29 09 96.

SCHWARZWALD: Die Krawatte ist immer dabei

Von Rudolf Walter Leonhardt

Man wandert wieder. Die ersten, die sich bereits ganz darauf eingestellt haben, sind die Fremdenverkehrsverbände und Beherbergungsunternehmen des Schwarzwalds.

Schon von jeher ist der Schwarzwald mit seinen 21 000 Kilometern markierter Höhenwege und Querwege das große Freiwildgehege für Wanderer der beiden herkömmlichen Typen. Die einen sind Spaziergänger; Amateure, die den immer gleichen Standort oft auf den gleichen Wegen in vorsichtiger Entfernung umkreisen. Die anderen sind Naturburschen; Halbprofis, die, von schweren Rucksäcken schier erdrückt, dreißig und mehr Kilometer am Tag hinter sich bringen, die in Hütten, Wanderheimen, Jugendherbergen, Naturfreundehäusern oder sogar im mitgeschleppten Zelt nächtigen.

Die Wanderzukunft gehört meiner Meinung nach einem dritten Typ: dem automüden Großstädter, der nicht nur sich bewegen, der auch vorwärtskommen, auch was erleben will. Jedoch viel Gepäck mit sich herumschleppen, das schafft er einfach nicht; und am Ende des Tages möchte er lieber in einem Hotelzimmer als auf einem Strohlager nächtigen.

Zum Wohle dieser neuen Kunden sind vergangenes Jahr im Schwarzwald gleich vier Vorschläge erarbeitet worden, wie sie ihr Auto am wenigsten entbehren. Diese Vorschläge erschienen mir ergänzungsbedürftig durch einen fünften.

Bisher gibt es den Vorschlag 1 für Nicht-ganz-Natur-Burschen, die zu möglichst kleinen Preisen etwas mehr Bequemlichkeit suchen. Es gibt die Vorschläge 2–4 für Gruppenreisen zu mittleren Preisen; sie unterscheiden sich voneinander nur durch den Schauplatz – 2 Nordschwarzwald, 3 Mittelschwarzwald, 4 Südschwarzwald (siehe Kasten). Ich vermißte ein Gegenstück zu Vorschlag 1: für Leute, denen schon bei dem Wort »wandern« eine leichte Gänsehaut über den Rücken läuft und die dennoch nicht ganz glücklich sind auf dem kurzen Weg vom Limousinenpolster zum Luxusbett und zurück. Für sie habe ich die »Schwarzwaldwanderung 1. Klasse« erfunden; und ich habe mich nicht mit dem Schreibtischtäterakt begnügt, sondern die Sache selber ausprobiert.

Das in meinem Vorschlag zu beschreibende Vergnügen, einen Teil des Schwarzwaldes in fünf Tagen so intensiv zu erleben, als ob es der ganze Schwarzwald wäre, ist nicht billig. Richtige, sportlich gestählte, jugendliche Wanderer können das alles nach Vorschlag 1 billiger haben, besonders dann, wenn ihnen die Zeit nicht davonläuft. Ich bin weder so jung, noch so sportlich gestählt, wie ich es gern hätte; und ich leide wie so viele von uns an der fixen Idee, keine Zeit zu haben.

Mein Vorschlag gründet sich auf drei Maximen: 1. Viel sehen, einigermaßen weit kommen, sich ruhig ein bißchen anstrengen, aber nicht völlig verausgaben. 2. Nach einem anstrengenden Tag ist das beste Hotel gerade gut genug. 3. Wenn man schon mal im Schwarzwald mit seiner hochgelobten Küche und seinen vorzüglichen Weinen ist, dann soll man es sich auch schmecken lassen. So erlebt man drei Wochen Urlaub in einer, gibt freilich auch fast so viel Geld aus. Manche lieben's konzentriert; für sie ist eine Schwarzwaldwanderung 1. Klasse genau das Richtige.

Aus Maxime 2 ergibt sich, daß ich die Wegstrecke rigoros an den Hotels orientiert habe. Mönchs Posthotel ist dafür verantwortlich, daß ich in Herrenalb aufgebrochen bin, und der Adler in Hinterzarten setzte den Schlußpunkt des Vergnügens. Da traf es sich glücklich, daß das Kurhotel Traube-Tonbach und das Parkhotel Wehrle in Triberg sich als Zwischenstationen anboten. Auf manchen Aufenthaltsort habe ich ungern verzichtet – vor allem auf den Erbprinz in Ettlingen, auf das Waldhotel Selighof bei Baden-Baden und auf das Sommerberg-Hotel bei Wildbach; aber die ließen sich in meine Streckenführung nicht einbauen.

1. Tag: Herrenalb – Unterstmatt, 6 Stunden.

Das ist immer wieder bewährte und daher nachahmenswerte Reportergewohnheit: vom Verläßlichen aufzubrechen ins Unvertraute. Mönchs Posthotel in Herrenalb ist ebenso verläßlich wie angenehm.

Frühstück im blumenprächtigen Hotelgarten, ein letzter Sprung ins Schwimmbecken, zum letzten Male Kühle für lange heiße Stunden.

Wie tief im Tal Bad Herrenalb mit seinen Thermalquellen liegt, wurde mir erst als Fußgänger so richtig bewußt. Das steigt und steigt, bis man nach einer Stunde endlich den Weitehäusleplatz (823 m) und dann den Langmartskopf (914 m) und damit den legendenumwobenen Schwarzwaldwestweg erreicht hat, der sich nach Norden und Süden so verlängern läßt, daß er von der Nordsee bis ans Mittelmeer führt. Es gibt Leute, die so von Hamburg nach Genua wandern – zugegeben: nicht viele.

Endlich wird auch der Blick frei, der beim Aufstieg immer verstellt war durch jene Bäume, die in romantischeren Reisebeschreibungen gern »finstere Tannen« genannt werden und die, obwohl gewiß »finster« genug, bei näherem Zusehen sich meistens als Fichten entpuppen. Ganz oben gedeihen auch Fichten nicht mehr, treten Latschen und Föhren an ihre Stelle.

Nach einer Stunde geht es dann wieder bergab. Der Flachländer vergißt das zuweilen: Kilometerangaben sagen

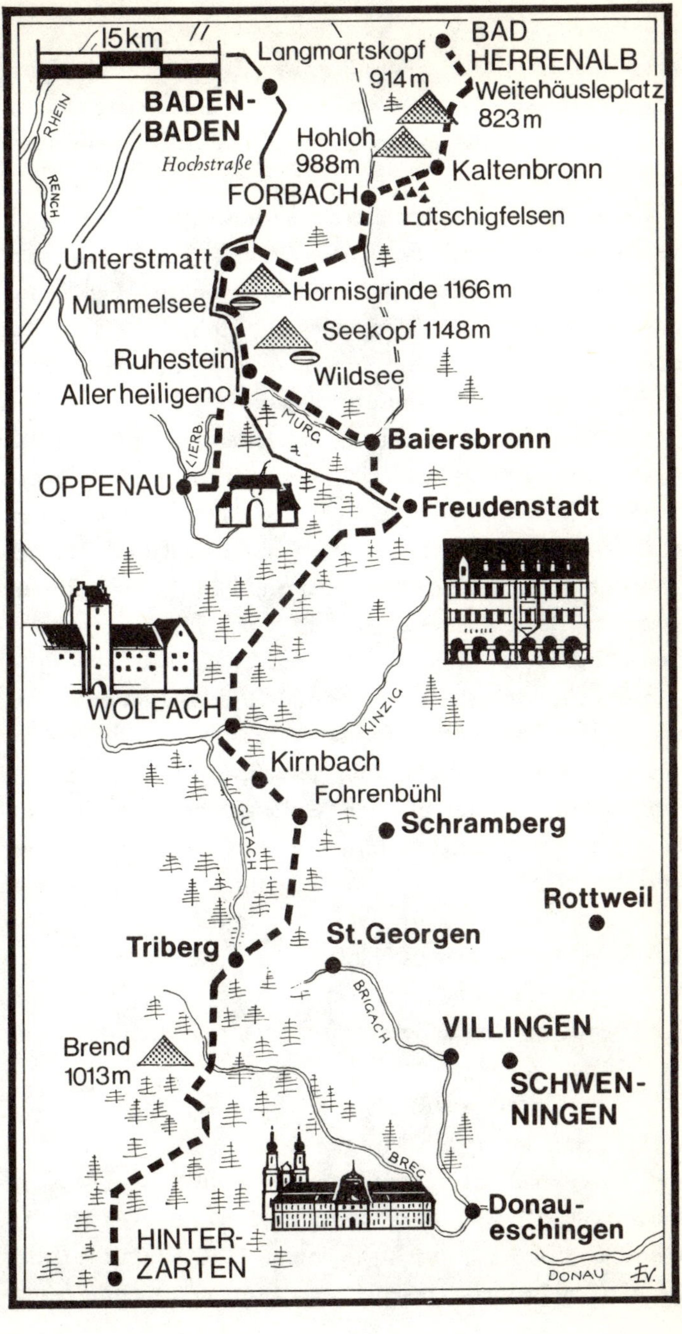
15 km
Langmartskopf
914 m
BAD
HERRENALB
Weitehäusleplatz
823 m
BADEN-
BADEN
Hochstraße
Hohloh
988 m
Kaltenbronn
FORBACH
Latschigfelsen
RHEIN
RENCH
Unterstmatt
Hornisgrinde 1166 m
Mummelsee
Seekopf 1148 m
Ruhestein
Wildsee
Allerheiligen
MURG
LIERB.
Baiersbronn
OPPENAU
Freudenstadt
WOLFACH
KINZIG
Kirnbach
Fohrenbühl
Schramberg
GUTACH
Rottweil
Triberg
St. Georgen
BRIGACH
VILLINGEN
SCHWEN-
NINGEN
Brend
1013 m
BREG
Donau-
eschingen
HINTER-
ZARTEN
DONAU
E.V.

in solchen Gegenden wenig über den Zeitplan; auf Steigung und Gefälle kommt es an und dazu auf die Wegbeschaffenheit. Realistisch ist es, mit drei bis vier Kilometern pro Stunde zu rechnen.

Kaltenbronn hat ein kleines Kurhaus, das sich zur wohlverdienten Pause anbietet. Danach wieder bergauf zu einem der Höhepunkte des Tages und der ganzen Wanderung, dem Hochmoor- und Seengebiet des Hohloh (988 m), wo man zu versinken drohte, hätten nicht Wanderfreunde einen Bohlenpfad quer hindurch gelegt.

Von dem Steinbrockenhang der Latschigfelsen sieht man weit ins Murgtal hinein, sieht unten auch Forbach liegen, was Forellenbach bedeuten soll. Der Abstieg ist der zweitmühsamste der ganzen Woche, vor allem dann, wenn die Sonnenhitze ungebremst auf den Südwesthang einfällt und von den Steinen zurückgeworfen wird. Himbeeren gedeihen dabei prächtig.

Sechs Stunden sind vergangen seit dem Abmarsch. Das reicht. Von einem freundlichen Auto lasse ich mich hinaufbringen zur Schwarzwaldhochstraße nach Unterstmatt. Diese Art anzukommen, ist gerade hier nicht ganz stilecht. Denn das Höhenhotel ist so eine Art Luxuswanderherberge für Siebzehn- bis Siebzigjährige, von denen viele auch noch richtig mit großem Gepäck auf dem Wege nach Basel sind (kurioserweise läuft kaum jemand den Westweg in umgekehrter Richtung, von Basel nach Pforzheim) und die abends im Bierkeller ihre tolldreisten Geschichten zum besten geben.

2. Tag: Unterstmatt – Baiersbronn, 5 Stunden.

Als erstes geht's am Morgen immer aufwärts, auch von der Hochstraße noch: auf den höchsten Berg des Nordschwarzwaldes, die Hornisgrinde (1166 m) – ein etwas trübseliges und ziemlich ausgedörrtes Hochplateau, auf dem für Techniker mehr zu sehen ist als für Naturfreunde: zwei abgesperrte, wenn auch offenbar nicht sehr aktive Militärstationen der Franzosen und ein Funkturm des Südwestfunks, so recht als Aussichtsturm geeignet. Dem Gelegenheitswanderer will das Schild »Unbefugten ist der Zutritt verboten« als ein Akt unnötiger Unfreundlichkeit unserer ARD erscheinen. Denn von da oben muß die Aussicht großartig sein auf die Schwäbische Alb, die Gipfel des Hegaus, den Kaiserstuhl und hinter der Rheinebene die Vogesen; bei klarem Wetter sieht man auch im Süden die Alpen und im Westen das Straßburger Münster.

Die kurze Strecke von hier zum Mummelsee ist Spaziergängerrevier, voller Leute, die unten ihr Auto stehen haben und sich ein bißchen die Füße vertreten wollen. Wanderer entwickeln sehr schnell einen wunderbaren Hochmut gegen solche Autotouristen und vergessen offenbar ganz, wie oft sie selber dazugehörten.

Wer sich im August dem Mummelsee, »welcher unergründlich und in der Nachbarschaft auf einem von den höchsten Bergen gelegen« ist, als Leser von Mörike-Gedichten oder Grimmelshausen-Abenteuern nähert (»überaus lustig und männiglich nützlich zu lesen«), dem steht eine Enttäuschung bevor. Im Hochsommer ist der Mummelsee ein rechter Rummelsee und hat nichts Gespenstisches. Neptun, der Herr der mümmelnden Seegeister, tritt im Faschingskostüm mit Dreizack als Photomodell auf. Der Wein auf der Gartenterrasse ist der schlechteste, den ich während der ganzen Reise getrunken habe. Und ich konnte so viele Steine in den See werfen, wie ich wollte: ein Gewitter wie seinerzeit, als Simplicius Simplicissimus die Steine warf, kam nicht auf.

Da ist der Wildsee doch eine andere Sache; der nämlich, der ein wenig ab vom Wege zum reichlich eine Stunde entfernten Seekopf liegt. Hinunterzukommen, das war freilich der schwierigste Abstieg, den ich im Schwarzwald erlebt habe – schwierig genug jedenfalls, um die Zahl der Besucher drastisch zu reduzieren: zweitausend am Mummelsee, zwanzig am Wildsee.

Manchmal reichen die Namen im Schwarzwald für doch immer wieder recht ähnliche geologische Formationen offenbar nicht aus. Der Wildseen wie der Seeköpfe gibt es mehrere. »Unser« Wildsee, von der Schwarzwaldhochstraße aus in einer Stunde leicht zu erreichen, hat ein wenig morastiges, aber an einem Augusttag doch zum Schwimmen einladendes Wasser. Das war eine willkommene Erfrischung.

Unter dem Seekopf liegt dann, an der Straße, Ruhestein, wo es auch abgeht nach Baiersbronn. Nomen sit omen. Es reichte für diesen Tag. Von Ruhestein nach Baiersbronn verkehrt ein Omnibus.

3. Tag: Baiersbronn – Allerheiligen – Oppenau – Baiersbronn, 6 Stunden.

Eigentlich hatte es heute weitergehen sollen nach Schramberg. Aber der dortige Gasthof Hirsch leistet es sich, im August zu schließen. So ergab sich eine Art Ruhetag wenigstens insoweit, als nicht schon wieder alles Gepäck eingepackt und dann auch wieder ausgepackt werden mußte.

Der Wanderer 1. Klasse hat wohl auch Hemden mit Schlips und einen dazu passenden Anzug bei sich. Dazu Ölzeug für alle Fälle; denn ich wollte mir meinen Plan nicht verregnen lassen. Außerdem Badesachen; denn alle meine Hotels (mit Ausnahme von Unterstmatt) hatten ein Schwimmbad.

Das Kurhotel Traube in Baiersbronn-Tonbach hat gleich drei: eins mit sehr warmem Salzwasser, eins mit lauwarmem Süßwasser für ruhige Schwimmer und ein größeres für die Tober der jüngeren Generation.

Dieses Hotel hat überhaupt alles, was die Gäste sich wünschen. Und das nicht zufällig: die Leute werden planmäßig befragt; Wünsche, die sich wiederholen, werden nach Möglichkeit erfüllt. Ich kenne kein anderes Hotel, das so bewußt auf die Bedürfnisse von Feriengästen zugeschnitten ist. Und für ein Haus dieser Klasse ist es billig. Übernachtung und Frühstück kosten zwischen 33 und 76,50 Mark (Luxus-Appartement).

Den gewonnenen Tag nutzte ich, um mir die Klosterruine Allerheiligen anzusehen und im Lierbachtal auf schattigen Spazierwegen an den gischtenden Wasserfällen entlangzuwandern bis zur Mündung des kleinen Flusses in die auch nicht viel größere Rench, bei dem Städtchen Oppenau.

Das liegt nun schon im alten Baden. Und als ich mir aus Baiersbronn ein hilfreiches Auto herbeitelephonieren wollte, gab es dafür kein Telephonbuch. »Das ist doch drüben im Württembergischen«, sagte die Wirtsfrau, so wie sie bei uns vielleicht sagen würde: das ist doch jenseits der Zonengrenze.

4. Tag: Baiersbronn – Triberg, 6 Stunden.

Ohne befreundete Autos ist diese etwa sechzig Kilometer lange Strecke auch für geübtere Wandersmänner nicht zu machen. Aber es gibt keine Herberge 1. Klasse zwischen Baiersbronn und Triberg. Und ich hatte eben nur fünf Tage. Da für den Gepäcktransport ohnehin gesorgt werden mußte, konnte ich daran partizipieren, indem ich mich gewissermaßen als Koffer transportieren ließ – Schrankkoffer, versteht sich.

Das ging übrigens immer ganz glatt mit dem Gepäck. Jedesmal sorgte das Hotel, das ich morgens ungern verließ, dafür, daß meine Sachen im nächsten Hotel auf mich warteten. Jedem, der meinem Vorschlag folgt, wird der gleiche Service zum gleichen Preis zugesichert.

Auf eigenen Füßen begann ich die vierte Etappe erst im Kirnbachtal. Der Weg von dort zum Fohrenbühl, eine Stunde etwa, gehört zu den wenigen, die ich nicht noch einmal machen würde. Das geht ziemlich eben dahin und ziemlich langweilig vor allem dadurch, daß viele der alten Wanderwege hier asphaltiert sind und nun auch – selten, gewiß, aber immerhin – von Autos befahren werden. So gefestigt im Glauben ans Wandern ist unsereiner ja noch nicht, daß er die Demonstration, wieviel einfacher und bequemer er ganz das gleiche auch mit dem Auto haben könnte, lässig ertrüge.

Vom Fohrenbühl hinab nach Triberg: Das ist dann wieder ein zwar nicht sehr gebirgiger, viel über Wiesen und Matten führender, aber doch recht lohnender Weg und auf dem größeren Teil der Strecke ausreichend autofern.

Diesmal hatte man mir einen kundigen Führer mitgegeben, der mich davon abhielt, die Direttissima zu wählen in die kleine Stadt, die wir schon bald im Talkessel vor uns liegen sahen. Wie ein von Wartehöhe zu Wartehöhe heruntergelotstes Flugzeug schraubten wir uns hinab, so daß wir von allen Seiten Kirchen und Bahnhof bewundern konnten und nicht zuletzt die kurvenreichen Tunnelstrekken der Schwarzwaldbahn, die den Anspruch erhebt, älteste Bergbahn der Welt zu sein.

Triberg ist ein hübsches Städtchen mit einer Wallfahrtskirche, Deutschlands höchstem Wasserfall (163 m), einem dem Schwarzwälder Handwerk gewidmeten Heimatmuseum und dem Parkhotel Wehrle. Das Schönste an diesem schönen Hotel sind sein modern rustikales Gästehaus mitten in einem großen Park und die »Alte Schmiede«, ein Restaurant der 1. Klasse (und gar nicht so furchtbar teuer).

5. Tag: Triberg – Hinterzarten, 4 Stunden.

Auch der letzte Tag beginnt mit dem Aufsteigen gleich nach dem Aufstehen. Diesmal geht es das Tal der Gutach entlang, die einem in fröhlichen Kaskaden vom Berg her entgegenfällt, ein Schauspiel, so prächtig, daß die Triberger Eintritt dafür erheben können.

Danach bewegt man sich immer gewissermaßen zwischen Nordsee und Schwarzem Meer oder, lokalgeographisch ausgedrückt, auf der Wasserscheide zwischen Rhein und Donau. Auch die vertrauten roten Rauten des Westweges kehren wieder, den wir ja immer einmal wieder schnöde verlassen hatten um der gepflegteren Herbergen willen. Da trifft man dann auch alte Bekannte wieder, aus dem Bierkeller von Unterstmatt. Die müssen nachtsüber weitergelaufen sein, denn immer, wenn man sie am Tage sah, saßen sie irgendwo mit einer Flasche Bier in der Hand.

Gegenüber der Martinskapelle ist die eigentliche und richtige Donauquelle, wie der prächtige Stein vor dem etwas ärmlichen Rinnsal stolz behauptet, »1078 m über dem Meer, 2888 km von der Donaumündung entfernt«. Hier, so heißt es, entspringt die Breg, die, im fälschlich der Donauquelle sich rühmenden Donaueschingen, nur noch mit der Brigach sich vereinigt.

Eine weitere knappe Stunde, und ich stehe auf dem Brend, wo ein dicker kleiner Turm Gelegenheit gibt, noch einmal zurückzublicken: Das alles liegt nun hinter mir. Doch immerhin mehr als hundert Kilometer in fünf Tagen – so viel laufe ich sonst wohl im ganzen Jahr nicht. Ein leichter Muskelkater war durchaus zu spüren. Vor allem in der Nähe des Schienbeines, nach außen hin, gibt es offenbar einen Muskel, von dem ich bisher nichts wußte. Er muß bergab in Aktion treten.

Sonst keine Beschwerden. Es war richtig, die Mahnungen sorgender Freunde, ich müßte mir geländegängige Bergschuhe anschaffen, zu ignorieren. Wo man ja nicht querfeldein, sondern noch immer auf gebahnten Wegen geht, und seien sie noch so schmal und steinig, da sind ein paar bequeme leichte Leinenschuhe mit dicker Kreppsohle, wie ich sie anhatte, genau das Richtige. Unterwegs hatte ich viele Halbprofis getroffen, die trugen Tennisschuhe.

Auf dem Brend gibt es auch ein Wirtshaus, von wo ich auch die Freunde in Hinterzarten anrufen konnte: Mir reicht's, holt mich bitte ab.

Im Parkhotel Adler hatte die große Welt mich wieder. Der Herr des Hauses sah mich etwas zweifelnd an, so wie vorher schon die illustren Chefs des Empfangs und des Restaurants: zu Fuß? Muß das sein? sagte sein Blick. Aber dann sah er meine beiden jugendlichen Begleiterinnen und bekannte spontan: »Mit denen würde ich auch durch den Schwarzwald laufen!« Was meine Tochter freute.

Vielleicht liegt auch eine Lehre darin. Immer allein, wäre mir die Lauferei manchmal wohl doch ein bißchen fade geworden. Man sieht, zu so einem richtigen zünftigen Wandervogel, wie er Hans Reymann von Unterstmatt gefiele, habe ich es trotz allem nicht gebracht. Aber lustig war es; und, vermutlich, sehr gesund.

Im Rückblick: Was würde ich anders machen? Was würde ich meinen Lesern empfehlen, anders zu machen? Nicht viel. Alles war so, wie es war, sehr gut und sehr schön.

Vielleicht ist der August nicht eben die beste Jahreszeit: Man zahlt Hauptsaisonpreise, nur um stellenweise dem Hauptsaisonrummel selbst zu Fuß nicht entfliehen zu können und in der Hitze mehr als nötig zu keuchen. Das nächste Mal würde ich im April oder Mai, im September oder Oktober gehen.

Und vielleicht, wenn es sich einrichten (und bezahlen) ließe, würde ich mir doch ein bißchen mehr Zeit nehmen als eine Woche (1 Anreisetag, 5 Wandertage, 1 Heimreisetag): um ein bißchen weniger schummeln zu müssen mit den »befreundeten Autos« und um auch mal zwei oder drei Ruhetage einlegen zu können. Jedes der Hotels, an denen ich meine Wanderung orientiert habe, verlockt zu längerem Bleiben. Ich könnte es in jedem gut vier Wochen aushalten.

Informationen und Preise

Unterkünfte: Von der Hütte bis zur Luxusherberge reicht das Zimmerangebot im Schwarzwald. In den Wanderheimen des Schwarzwaldvereins (Verzeichnis verschickt der Verein gegen Voreinsendung von einer Mark in Briefmarken) liegen die Übernachtungspreise zwischen 2 und 10 Mark. Für Übernachtung mit Frühstück berechnen Gasthöfe, Pensionen und Privatvermieter ab 7,50 bis 20 Mark, und in Mittelklassehotels bezahlt man zwischen 17 und 32 Mark.

Pauschalangebote: Drei organisierte Wandertouren werden unter dem Motto »Wandern ohne Gepäck« angeboten: Die Wanderung »Auf der Fährte des Rothirschen«, ab Freudenstadt 150 Kilometer durch den Nordschwarzwald. Sie kostet pro Person etwa ab 237 Mark, einschließlich acht Hotelübernachtungen, Frühstück und Gepäckbeförderung. (Buchungen bei der Städtischen Kurverwaltung, Postfach 440, 7290 Freudenstadt, Telephon [0 74 41] 75 11). Für die 185 km lange Zehn-Tage-Tour »Auf dem Weg der Uhrenträger« im mittleren Schwarzwald zwischen Gutachtal und Wutachschlucht werden 296 Mark und 249 Mark in der Vor- und Nachsaison je Teilnehmer berechnet, inbegriffen neun Hotelübernachtungen, Frühstück und Gepäcktransport. (Zentrale Buchungsstelle: Kurverwaltung, 7740 Triberg, Telephon [0 77 22] 8 12 30). Wer sich elf Tage Fußmarsch über etwa 210 Kilometer zutraut, kann sich für das Pauschalarrangement »Rund um den Feldberg« entscheiden. Im Pauschalpreis von 350 Mark pro Person sind enthalten zehn Hotelübernachtungen, Frühstück und Gepäcktransport. (Anmeldungen an: Kurverwaltung, 7820 Titisee-Neustadt, Telephon [0 76 51] 56 66). Alle drei Wanderungen können an jedem beliebigen Ort der Route angefangen werden (auch nur für Teilstrecken möglich), allerdings nur in einer Richtung.
Die einwöchige »Schwarzwaldwanderung 1. Klasse« von Rudolf Walter Leonhardt kostete 469 Mark mit sechs Übernachtungen und Gepäckbeförderung, ohne Anreise- und Verpflegungskosten.

Sonstige Wanderwege: Die bekanntesten sind die drei Höhenwege (sie durchziehen den Schwarzwald der Länge nach in Nord-Süd-Richtung): Westweg (Höhenweg I, Kennzeichen »rote Raute auf weißem Feld«) von Pforzheim nach Basel, 275 km, mit Gabelung 348 km, 10 bis 13 Wandertage; Mittelweg (Höhenweg II) von Pforzheim nach Waldshut, 228 km, mit Gabelung 275 km, 8 Wandertage; Ostweg (Höhenweg III) von Pforzheim nach Schaffhausen, 227 km, 10 Wandertage.

Wanderführer und Karten der Strecke Bad Herrenalb-Hinterzarten: Tüchle, Goldener Schwarzwald Westweg – Wanderungen in 11 Tagen von Pforzheim nach Basel, 96 Seiten, Photos, Karte, 8 Mark; Schmidt, Rundwanderungen Nordschwarzwald, 120 Seiten, Zeichnungen, 9,80

Mark; Schmidt, Südschwarzwald, 120 Seiten, 9,80 Mark; Rieple: Erlebter Schwarzwald, 200 Tourenvorschläge, 248 Seiten, Abbildungen, 26,80 Mark; Schwarzwaldfibel, 64 Seiten, Abbildungen, 7,50 Mark; Wanderkarten des Schwarzwaldvereins: Blatt 1, 2, 5, 8, Sonderblatt 13, 16, 1 : 50 000, je 6 Mark. (Eine Liste mit Wanderliteratur und -karten vom Schwarzwald gibt der Schwarzwaldverein e. V. heraus, Hauptgeschäftsstelle, Rathausgasse 33, 7800 Freiburg. Gegen Voreinsendung von einer Mark in Briefmarken werden Prospekte, Wanderpaß, Etappenplan einschließlich Unterkunftshinweisen übersandt.)

AUSKÜNFTE: Fremdenverkehrsverband Schwarzwald e. V., Postfach 5440, 7800 Freiburg, Telephon (07 61) 3 13 17/8; Gebietsgemeinschaft Nördlicher Schwarzwald, Stadt-Information, Marktplatz, 7530 Pforzheim, Telephon (0 72 31) 30 03 07 21 90; Verkehrsgemeinschaften: Hochschwarzwald, Landratsamt, 7820 Titisee-Neustadt; Mittlerer Schwarzwald-Schwarzwaldbahn, Rathaus, 7620 Wolfach; Südlicher Schwarzwald, Hochrhein-Hotzenwald, Landratsamt, 7890 Waldshut; Südlicher Schwarzwald, Wiesental-Markgräflerland, Landratsamt, 7850 Lörrach.

SCHWEIZER NATIONALPARK:
Mit der Lampe aufs Lager

Von Ferdinand Ranft

Zunächst war es nicht mehr als eine Wunschidee: Eine Wanderwoche in der Schweiz, endlich einmal laufen, tief durchatmen, schauen, das einfache Leben genießen, etwas für die Gesundheit tun – wie nötig schien das alles.

Der Plan bekam rasch Konturen. Eine geführte Gruppenwanderung sollte es sein. Wandern für Anfänger, die keinerlei Erfahrung besaßen, die sich erst einmal zeigen lassen wollten, wie man eine Tour plant, welche Ausrüstung notwendig ist, was man sich zutrauen kann. Meine Wahl fiel auf ein kleines Spezialbüro für Wanderferien, das 611 Wanderwochen auf 147 verschiedenen Wanderrouten anbietet. Gebucht habe ich schließlich die Wanderwoche Nummer 427 »Schweizer Nationalpark«, aus alter Anhänglichkeit zum Engadin.

Vierzehn Tage vor der Abreise wurde es ernst. Die Ausrüstung mußte zusammengestellt werden. Das »Ausrüstungsblatt – Alpines Bergwandern«, vom Veranstalter übersandt, gab Hilfestellung. Die alte Kniebundhose aus den fünfziger Jahren war natürlich längst zu eng, Fehlanzeige auch bei Bergschuhen mit Profilgummisohle, dem geforderten Flanellsporthemd, der Feldflasche und dem leichten Wanderrucksack. Aber ein Hamburger Spezialgeschäft, in dem sich Wanderlustige gegenseitig die Klinke in die Hand drückten, als sei die halbe Stadt auf der Walz, konnte sogar Bergschuhe Größe 13 liefern (aus den Regalen ragten noch Exemplare Größe 15 heraus). Den federleichten Rucksack habe ich mir geliehen.

Mit neuen Bergschuhen auf Tour gehen? Ein Narr müßte man sein. Eine Woche lang ertrug ich mitleidige, spöttische, verwunderte – selten bewundernde – Blicke und marschierte mit Bundhose und Bergstiefeln ins Büro, durch Hamburger Straßen und ins Kaufhaus. Es hat sich gelohnt, Blasen bekam ich später nicht.

Treffpunkt der Gruppe sonntagabends war das Hotel »Alpina« in Zernez: Ich begrüßte am Abendbrottisch den Davoser Bergführer Toni, drei junge Männer aus der Verwaltung der hessischen Gemeinde Langen, zwei jüngere Damen und den Veranstalter, der diese Tour einmal selber in Augenschein nehmen will. Erstes vorsichtiges Abtasten; ich finde, daß die Gruppe ganz gut zusammenpaßt, wir machen uns Mut für den nächsten Tag. Wie wird das wohl werden?

Der erste Tag dient zum »Einlaufen«. Wir müssen im Rucksack nur Verpflegung (Brot, Butter, Käse, Hartwurst, Äpfel, Schokolade, heißen Tee), Photoapparat und Fernglas mitnehmen, weil der 14-Kilometer-Rundkurs uns ja wieder zum Ausgangspunkt zurückführt.

Genauso habe ich mir das vorgestellt: ein langes Tal, ein leicht ansteigender Weg, unten rauscht ein Fluß, keine Wolke am Himmel, ein strahlender Herbsttag; ein leichter Wind fächelt uns Kühlung zu. Die Schuhe laufen wie geschmiert, aber die Strümpfe rutschen. (Merke: Wanderstrümpfe müssen weit über die Knie gehen und einen gut sitzenden Gummizug haben; mit der Bundhose kann man sie nicht festhalten. Wenn man sie alle zehn Meter hochziehen muß, wird man verrückt). Ich habe sie rutschen lassen, es war glücklicherweise warm genug.

Im Tal war Hochbetrieb. Schweizer Familien nutzten den Feriensonntag und beobachteten wie wir mit Feldstechern und Fernrohren die von allen Talseiten herunterröhrenden Hirsche nebst Gefolge. Die letzten fünfhundert

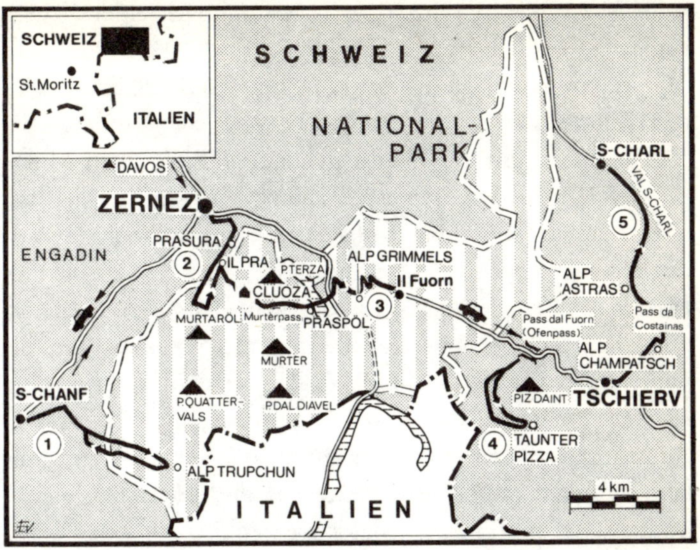

Meter geht es ziemlich steil zur Alp Trupchun hinauf. Das wird sauer; die Füße schmerzen plötzlich an den Sohlen, Gesicht und Rücken sind naß. Wäre ich allein gewesen, ich wäre umgekehrt ...

Beim Picknick, mit dem Blick hinab ins Tal, die Wanderfamilien in weiter Ferne, bekommt der Kreislauf wieder Schwung. Nach einer Stunde marschieren wir auf der gegenüberliegenden Talseite zurück. Auf den letzten Kilometern werden die Beine langsam lahm, man spürt: für den ersten Tag war das ein ganz schönes Pensum.

Am nächsten Morgen geht's »richtig« los, im Rucksack ist das Gepäck für zwei Tage. Aber du liebe Zeit, was ist nicht alles überflüssig! Zahnbürste, Waschlappen, Seife, Handtuch, fertig. Wozu rasieren? Noch der Schlafanzug, ein Pullover, ein Taschentuch, die Regenhaut, Taschenlampe (Erklärung folgt), Hausschuhe, Sonnenbrille, Hautcreme und Marschproviant.

Es ist kühl, als wir aus Zernez hinaustippeln, und ich

habe Muskelkater. Gleich hinterm Ort, nach einer Wiese, beginnt der Aufstieg durch den Wald. Toni gibt das Marschtempo an, schön langsam, etwa sechzig Schritte in der Minute. Bald ist die Kühle vergessen; die Anoraks werden geöffnet, um den Bauch gebunden. Einer läuft hinter dem andern, gesprochen wird kaum. Ich gehe am liebsten vorn, das steigert das Selbstgefühl. Gedanken schießen durch den Kopf: Schaffst du das? Wird es ein langer Marsch? Wird der Rucksack drücken? Ich habe nicht auf die Uhr gesehen, aber es kam mir ziemlich lang vor, bis wir endlich auf der Lichtung Il Pra, so nach sechshundert Metern Steigung, die erste Pause machten. Die großen Rucksäcke werden in einem Blockhaus verstaut, nur mit dem Proviant laufen wir weiter auf den Murtaröl hinauf, noch einmal fünfhundert Meter Steigung.

Der Bergpfad schlängelt sich wie ein Bandwurm langsam um und auf die Höhe hinauf. Die Aussicht ist phantastisch; ab und zu ein Stopp zwecks Gemsenbetrachtung; wir genießen jede noch so kurze gerade verlaufende Strekke. Auf dem Gipfel (2579 Meter) picknicken wir im Windschatten: Das erste Erfolgserlebnis.

Auf einem anderen Weg gehen wir zurück zur Il Pra; die Rucksäcke gebuckelt, stapfen wir an die vierhundert Meter tief ins Tal hinunter.

Abwärtslaufen, steil hinunter, ist fast so anstrengend wie Steigen. Bei jedem Schritt hinab spüre ich meine Zehennägel; es wird immer schlimmer. Am Abend sind die Zehen grün und blau, ich schneide die Nägel kürzer. (Merke: Herkömmliche Ansichten über die Länge von Zehennägeln sind falsch, man glaubt gar nicht, wie kurz Nägel beim Wandern sein sollten). Der variierte Muskelkater des nächsten Tages läßt mich nie geahnte Muskeln entdecken. Jetzt weiß ich auch, wozu Profilgummisohlen gut sind. Man kann sich auf sie verlassen, selbst auf Wurzeln rutschen sie nicht, das spart Kraft. Und richtige Stiefel, über die Knöchel hinaus, geben Halt, schützen vor Steinen und Wurzeln; mit Halbschuhen könnte man sich leicht den Fuß verletzen.

Das Blockhaus Cluoza ist eine typische Berghütte. Der kleine Aufenthaltsraum wird mit Hilfe eines winzigen Kamins erst langsam warm; die Stiefel werden an der Tür ausgezogen. Oben ist ein Matratzenlager, es gibt einige Einzel- und Doppelzimmerchen, alle ohne fließendes Wasser und ohne Licht. (Merke: Eine Taschenlampe weist immer ins richtige Bett und verhindert Wurzelstolpern bei nächtlichem Klobesuch.) Obwohl die Saison in einer Woche zu Ende geht, ist die Hütte gut besucht: ein paar lustige Familien mit Kindern, ein älteres Ehepaar, das dieselbe Tour wie wir geschafft hat.

Bis zum Abendbrot bleibt eine Menge Zeit, wir waren ja schon gegen vier Uhr eingetrudelt. Also kreisen die Flaschen: Rotwein. Toni läßt sein Witzrepertoire ablaufen. Ein paar Kerzen verbreiten spärliches Licht. Wir sehen zwar kaum, was wir essen, aber es schmeckt gut. Dann greift der Hüttenwirt zur Gitarre: Chor- und Sologesang im Wechsel, laut und aus vollem Herzen.

Die Waschbecken sind im Freien, Schlangestehen muß niemand. Gott sei Dank sind wir so müde, daß wir ohne viel Federlesens unter die kalten Wolldecken kriechen. Aber wir liegen auf frischen Bettlaken und haben ein bezogenes Kissen unterm Kopf. Es dauert eine Weile, bis wir warm werden.

Anderntags gilt es als erstes, den 2545 Meter hohen Murtergrat zu bezwingen. Jetzt sind die Beine schon ganz gut eingelaufen, die sechshundert Meter Steigung in anderthalb Stunden bereiten uns kaum noch Probleme. Oben genießen wir die Aussicht auf den Piz Quattervals, Piz dal Diavel, das Fuorntal und den Piz Terza.

Der Abstieg ist fast gemächlich; jetzt haben wir auch wieder genug Puste, um uns zu unterhalten, ganz zwanglos wechseln die Grüppchen. Nach zahlreichen Kehren laufen wir über die von Hochwald umgebene Wiese von Praspöl. Ich erinnere mich an unser letztes Picknick, irgendwo auf einer Waldwiese; entspannt lagen wir im Gras, atmeten reinste Bergluft, löschten den Durst mit heißem Tee, später tranken wir im Tal aus einem glasklaren Bach. Bilderbuchberge ringsum, in den Wäldern die erste schüchterne Färbung.

Etwa 168 Quadratkilometer groß ist der Schweizer Nationalpark, ein Naturschutzgebiet, das zu einem Drittel von Wald, vor allem Bergföhren, und zu einem Drittel von Alpengras bedeckt ist, das Felsgestein der Berge erstreckt sich über das letzte Drittel des Parks.

Endstation an diesem Tag ist die Straße zum Ofenpaß. Etwas verstaubt und verschwitzt fahren wir nach Tschierv in ein Berghotel.

Der vierte Tag soll den Höhepunkt bringen: die Besteigung des 2968 Meter hohen Piz Daint. Als wir am Ofenpaß, dem Ausgangspunkt dieser Etappe, aus dem Auto steigen, sinkt mir beim Anblick des Bergmassivs das Herz fast in die Hosen: Dort hinauf? Dann ist alles halb so schlimm; 820 Meter Steigung machen uns nichts mehr aus. Die Wege sind gut markiert und in ausgezeichnetem Zustand.

Auch diese Tour bleibt immer Wanderung, wird niemals Kletterei. Auf dem Gipfel ist es eng, überall fällt der Fels steil ab: Wie kamen wir bloß hier herauf? Hinab stolpern und springen wir über eine riesige Geröllhalde, dann über weite Almen hinunter ins Tal und zurück in unser hübsches Hotel nach Tschierv, wo wir uns ein Käsefondue spendieren, schließlich sind wir in der Schweiz.

Zum Schluß machen wir noch einen herrlichen vierzehn Kilometer langen Spaziergang. Gleich gegenüber vom Hotel geht es die Hänge hinauf, in den Wald, über Wiesen, an verlassenen Almen vorbei, über den Paß da Costaines, die Alp Astras und in das S-charl-Tal.

Ich unterhalte mich mit Rudolf Walz, dem Veranstalter dieser Tour. Er hat ein Mini-Reisebüro, vermittelt vor allem Wanderungen anderer Organisationen, manchmal stellt er auch selber ein Programm auf die Beine. Die Wanderverbände hierzulande haben ihm manchen Knüppel zwischen die Beine geworfen, haben ihm beispielsweise Wanderführer abspenstig gemacht. Wandern, so haben sie postuliert, dürfe nicht kommerzialisiert werden. Walz liegt nichts ferner als das. Er will uninformierten Interessenten die vielfältigen Angebote zugänglich machen, will den Individualisten helfen, die nichts mit Wandervereinen zu tun haben wollen. »Achtzig Prozent meiner Teilnehmer kommen allein«, sagt er, »sie suchen Kontakte, finden sie meistens auch; in der Gruppe ist das kein Problem.« Aber: Die Gruppen dürfen nicht zu groß sein; zehn bis zwanzig Teilnehmer, allenfalls.

Letzte Station ist das kleine Dorf S-charl: Ein paar stattliche Häuser mit schneeweißen Fassaden, bunten Fensterläden und kunstvoll verzierten Türen, ein motorisierter Maler ist da und pinselt eben eine Sonnenuhr unters Dach. Das Matratzenlager ist diesmal geheizt, der Waschraum liegt im Hause, aus einem Hahn kommt warmes Wasser. Man weiß das jetzt zu schätzen.

Wir fühlen uns großartig, sind stolz auf unsere Leistung, reden von Wiederholung. Die Ausrüstung, jedenfalls, haben wir ja. Acht Wochen sind inzwischen vergangen, ich überlege: Packe ich's beim nächstenmal allein oder wieder mit einer Gruppe? Und wann wird wohl »das nächste Mal« sein?

DIE WANDERROUTE

Anfahrt: Mit dem Wagen bis Zernez, dort Übernachtung.
1. Tag: Fahrt mit Wagen von Zernez bis S-chanf (Parkplatz) – Alp Trupchun und zurück. Erreichte Höhe: 1680–2380 m; Distanz: 14 km. Übernachtung in Zernez.
2. Tag: Zernez – Prasura – Il Pra – Murtaröl (2579 m) – Il Pra – Blockhaus Cluoza. Erreichte Höhe: 1473–2579 m; Distanz: 12 km. Übernachtung im Blockhaus.
3. Tag: Blockhaus Cluoza – Murterpaß (2545 m) – Praspöl – Alp Grimmels – Il Fuorn. Erreichte Höhe: 1882–2545 m; Distanz: 12 km. Mit dem Wagen nach Tschierv, dort Übernachtung.
4. Tag: Mit dem Wagen von Tschierv zum Paß dal Fuorn – Davo Plattas – Piz Daint (Westgrat) – Taunter Pizza – Doss de la Plattas – Paß dal Fuorn. Erreichte Höhe: 2149–2968 m; Distanz: 9 km. Mit dem Wagen zurück nach Tschierv, dort Übernachtung.
5. Tag: Tschierv – Alp Champatsch – Paß da Costainas – Alp Astras – Val S-charl – S-charl. Erreichte Höhe: 1693–2251 m; Distanz: 14 km. Übernachtung in S-charl.
Rückfahrt mit dem Wagen.

INFORMATIONEN UND PREISE

ANREISE: Bahnrückfahrkarten von Frankfurt nach Zernez kosten 1. Klasse 229,30 Mark und 2. Klasse 147,10 Mark. Bei Ferienkarten ermäßigt sich der Preis um 16 Mark 1. Klasse und 10 Mark 2. Klasse.
Die kürzeste Reiseroute mit dem Wagen ab Frankfurt: Ulm–Lindau–Klosters–Davos nach Zernez (rund 560 km). Autofahrer aus dem bayerischen Raum fahren am besten über München–Garmisch-Partenkirchen–Fernpaß–Landeck nach Zernez.

UNTERKÜNFTE: Das Hotel »Il Fuorn« im Nationalpark berechnet pro Person für Übernachtung im Doppelzimmer mit Frühstück zwischen 26 und 34,50 sfr. Im Blockhaus Cluoza zahlt man pro Bett 7,50 sfr (Matratzenlager) und 13 sfr (Doppelzimmer), das Frühstück kostet 6,50 sfr.
Durchschnittspreise für Übernachtung mit Frühstück pro Person im

Doppelzimmer in Hotels und Hotelpensionen (Garni) der Orte Zernez, S-chanf, Zuoz, Tschierv, S-charl und Scuol: Zimmer mit Waschbecken: zwischen 20 und 45 Mark (Hotels) und 18 bis 30 Mark (Garni); Zimmer mit Bad/Dusche: von 28 bis 90 Mark (Hotels) und 25 bis 42 Mark (Garni).

Pauschalreisen: Wanderwochen im Schweizer Nationalpark kann man bei Walz-Wanderferien buchen (Mörikestraße 10, 7441 Neckartenzlingen, Telephon [0 71 27] 3 20 44). Zum Beispiel das Arrangement »Herbstwanderungen im farbenfrohen Engadin« (3 Termine) mit 5 bis 7 halbtägigen Touren ab Zuoz kostet je nach Unterkunftsart, Komfort und Verpflegungsmodus pro Teilnehmer zwischen 385 und 615 Mark, einschließlich aller Transporte, einer Wanderkarte und einigen Extras (ohne Anreise). Zehntägige Wanderungen im Engadin (4 Termine) hat der Schweizer Veranstalter Baumeler Wanderferien/Luzern im Programm. Teilnahmekosten: ohne Anreise 765 Mark, inklusive Hotelunterkunft mit Halbpension in Pontresina, Transfers (Busse, Bergbahnen), Reiseleitung und Wanderführung. (Buchungen direkt beim Veranstalter oder bei FIT-Gesellschaft für gesundes Reisen m.b.H./Frankfurt.)

Das hier beschriebene Fünf-Tage-Wanderarrangement kostete mit Übernachtungen und Vollverpflegung 410 Mark, ohne Anreise.

Sonstiges: Wanderungen mit geschulten Führern veranstalten die einzelnen Verkehrsbüros im Engadin. Eine Halbtageswanderung kostet pro Teilnehmer 5 sfr und 10 sfr ganztägig.

Der Kur- und Verkehrsverein Zuoz (CH–7524 Zuoz, Telephon [00 41 82] 7 15 10) veranstaltet im September und Oktober »Herbstwanderwochen«. Das Acht-Tage-Arrangement (täglich 5 bis 7 Stunden Wandern) kostet pro Person ab 350 sfr (Unterbringung im Hotel mit Vollpension) und ab 182 sfr (Unterkunft in Garni-Häusern mit Frühstück).

Einreisebedingungen: Personalausweis.

Devisen: Derzeitiger Wechselkurs: 100 Schweizer Franken (sfr) = 105,25 Mark.

Wanderführer und Karten: Schloeth, Der Schweizerische Nationalpark – Offizieller Wanderführer, 46 Seiten, Wanderrouten, 7,80 Mark; SBN, Durch den Schweizer Nationalpark, Offizieller Führer, 256 Seiten, Karten-Skizzen, Karten-Beilage 1 : 50 000, 19 Mark; Kümmerly & Frey, Schweizer Wanderbücher: Band 4, Unterengadin (mit Wanderungen im Nationalpark), 234 Seiten, Abbildungen, 13,80 Mark; Verkehrsverein, Schweizer Nationalpark, Graubünden, 24 Seiten, Abbildungen, Wanderkarte 1 : 100 000, 4,20 Mark. – Landeskarte der Schweiz, Nr. 249, Tarasp (Scuol, Vulpera), 1 : 50 000, 7 Mark; Kümmerly & Frey, Nr. 0788, Zernez–Nationalpark–Münstertal (mit markierten Wanderwegen), 1 : 50 000, 9 Mark.

AUSKÜNFTE: Verkehrsbüro Zernez, CH-7530 Zernez, Telephon (00 41 82) 8 13 00; Nationalparkhaus Zernez, CH-7530 Zernez, Telephon (00 41 82) 8 13 78; Schweizer Verkehrsbüros: Kaiserstraße 23, 6000 Frankfurt, Telephon (06 11) 23 60 61, und Graf-Adolf-Straße 100, 4000 Düsseldorf, Telephon (02 11) 36 43 22.

SMOKY MOUNTAINS: Nachts schliefen wir in Käfigen

Von Wolfram Runkel

Die Bären kommen nachts. Schließen Sie die Tür im Stahlgitter Ihres Käfigs fest und gut zu. Die Schwarzbären sind eigentlich, so sagt der Ranger, ungefährlich. »Sie kommen nur, wenn sie Hunger haben, und dann gehen sie nur an den Rucksack, sie wollen Ihr Essen.«

Unser Essen sollte aber vierzehn Tage reichen. Vierzehn Tage wollten wir durch die wilden, einsamen Wälder der Smoky Mountains in Tennessee wandern. Hiking: Ausflippen aus der Welt des Geschäfts und der Geschäfte, der Jobs und Shops, weg von Pollution und Plastik. Ohne Geld und ohne Gift – und eintauchen in eine Welt, wie sie vor tausend Jahren war. Vierzehn Tage unabhängig, vierzehn Tage mit der Natur allein, allein mit Bäumen, Blumen, Bächen, mit Beeren und Bären. Allein? Hiker-Papst Colin Fletscher empfiehlt zwar in seinem Buch »The Complete Walker« für »wirkliches Hiking« das absolute Alleinsein, das Wandern ohne Begleiter, »anderenfalls verpassen Sie das Wichtigste«, aber ich hatte trotzdem einen Kumpel, amerikanisch und weiblich; selbst Colin Fletscher akzeptiert dies unter gewissen Umständen.

Die Bären kommen im Zweifel also nachts, deshalb haben die Amerikaner mit staatlichen und Rockefeller-Geldern auf dem berühmten Appalachian Trail, einem Wanderpfad auf dem Grat des Appalachiangebirges, *Lean-Toes* eingerichtet: überdachte Eisengitterkäfige, in denen sich die Wanderer vor den Bären schützen.

Die Bären kamen nicht nachts. Sie kamen auch nicht tags.

(»Was machen wir, wenn plötzlich ein Bär auf dem Trail steht?« Der Ranger: »Am besten ignorieren!«)

Nun, die Ignorierten waren wir. Wir trafen nie einen Bär. Hörten lediglich zweimal Geräusche, Knacken, nein, Umwerfen von Bäumen, sahen Spuren, und einmal trat ich voll in einen saftigen Haufen, den ich für Erde gehalten hatte: Bärenlosung.

So haben wir unser Essen selber gegessen. Dreißig Pfund in vierzehn Tagen. Die Amerikaner können wieder einmal mit einem Nasa-Nebenprodukt dienen: Freeze Dried Food: tiefgefroren-getrocknet. In kleinen 100- bis 400-Gramm-Tütchen gibt es zum Beispiel Beef Stroganoff, Vegetable Stew, Hamburgers, Mashed Potatoes. Dreihundert Gramm Pulver eine Mahlzeit für zwei: Das Beef-Stroganoff-Pulver, vermischt mit warmem Wasser, verwandelt sich in eine duftende Maxim-Delikatesse.

Hikers Heidi, die Besitzerin des Hiking-Shops, hilft uns, zwei mal vierzehn Lunches (pulverisierte Salate, Käse und so weiter), zwei mal vierzehn Abendessen (warmes Wasser notwendig) und zwei mal vierzehn Frühstücke (Trockeneier, Trockenschinken, Trockenmilch nebst vitamin- und eiweißhaltigen Snacks) für die stündlichen Pausen zusammenzustellen. Für unseren siebten Tag (Halbzeit) hatten wir zum Beispiel Spargelcremesuppe mit Sherry (der einzige Alkohol für vierzehn Tage), Pasta Asciutta und Schokoladenpudding nebst Tee, alles zusammen 300 Gramm netto.

Die Vierzehntageverpflegung kostete etwas mehr als 100 Dollar und, was wichtiger ist, wog etwa 33 amerikanische (30 deutsche) Pfund, drei Pfund zuviel: Bei meinen Hamburger Testwanderungen hatte ich für unsere Belastbarkeit 70 Pfund, 40 für mich und 30 für meinen Buddy, ermittelt.

Gewicht zu sparen ist der Hauptspaß der Vorbereitung, Hiker erfinden immer neue Erleichterungen; sie nehmen

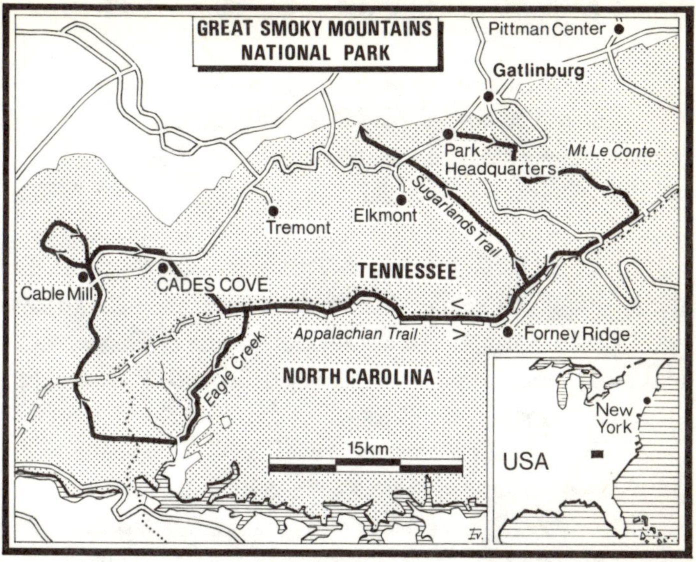

(wenn überhaupt) nur einen halben Kamm mit, brechen den Stiel von der Zahnbürste, reißen Papierhänger von den Teebeuteln, nehmen statt Handtüchern Windeln.

Drei Pfund zuviel Essen bedeutete: drei andere Pfund sparen. An den »musts« war nicht zu rütteln: Schlafsack, Isoliermatratzen für den Erdboden, Kocher nebst Spiritus und Töpfen, Erste-Hilfe-Päckchen, Kamera und eine Ersatzgarnitur (Jeans, Hemden, zweimal Unterwäsche, Pullover, Socken). Ein Zelt hatten wir ohnehin nicht. Die meisten Nächte wollten wir im überdachten Käfig verbringen. Ansonsten waren wir Optimisten: keine Angst vor Regen (auf alle Fälle hatten wir einen Regenschutz für den Schlafsack). Wir hatten also unsere 70 Pfund. Kosten für die vierzehn Tage (Essen, Schlaf- und Rucksäcke, Spezialschuhe, Kocher, Spiritus) 950 Mark für zwei.

Die Übernachtungen in den Lean-Toes sind frei. Der Ranger, ein Cherokee-Indianer in Gatlinburg, notierte nur unsere geplante Route, gab uns unsere Hiking-permits und

»Good Luck«. Good bye, du schöne Super-Duper, Jizzy-Dizzy-Welt.

Wir tauchten in den Wald. Die Smoky Mountains sind der höchste Teil des Appalachiangebirges, das sich auf der Ostseite Amerikas von Neufundland bis Georgia hinzieht; auf dessen Grat verläuft der Appalachiantrail 2500 Meilen lang.

Nach einer halben Stunde hörten wir keine Autos mehr, nur noch das stürzende Wasser eines reißenden Bergbachs, eines Creeks, wie ihn die Indianer nennen. Es war sehr heiß, und wir waren schon naßgeschwitzt. Wir mußten natürlich bergauf, die Rucksäcke zogen nach hinten, wir hatten Durst, wir redeten nicht viel. Was auch? Wir wollten nicht über unsere erste Panne reden: Wir hatten vergessen, unsere Wasserflaschen zu füllen. Das Wasser des Creeks klatschte naß und irgendwie spottend auf die Steine. Darf man das hier schon trinken? Der Ranger hatte das Wasser erst von einer höheren Lage und weiter entfernt von der Straße für unbedenklich erklärt. Außerdem wollten wir – ganz diszipliniert – wenigstens eine Stunde wandern bis zur ersten Pause.

Der Durst vermengte sich mit dem Gewicht des Rucksacks zu körperlichem Schmerz. Das eigentliche Erlebnis einer solchen Wandertour ist das Gehen selber, heißt es bei den Hikern. Ich dachte an Pausen, »breaks«, ich dachte auch an Bier und die Tatsache, daß ich heute abend keins und morgen keins und vierzehn Tage lang keins, nicht mal ein Budweiser, haben würde. Ich dachte auch daran, daß wir keineswegs gezwungen sein würden, heute abend um acht Uhr, wenn es dunkel sein würde, schwitzend und durstig uns auf harten Boden zu legen, sondern daß es noch Zeit genug war, die ganze Tour als Schnapsidee zu entlarven und zurückzugehen in ein Gatlinburger Motel mit Farbfernsehen, Chlorwasser und Wasserklosett.

Aber natürlich redeten wir nicht darüber, obwohl ich auf meines Buddys Gesicht (Buddy, so nennen die Amerikaner einen Kumpel) ähnliche Gedanken zu erkennen glaubte. Ich erinnerte mich und meinen Buddy lediglich an eine andere Hiker-Weisheit: »The first day is for shit anyway.«

Bevor es Zeit für die geplante Pause war, erreichten wir eine Quelle, und diesmal riskierten wir es: riskierten einen Magen-Darm-Katarrh. Das Wasser schmeckte unbeschreiblich gut, es schmeckte klar, kalt, kräftig, frisch, rein. Wasser, wie Wasser sein soll.

Selig und sorglos trank ich zwei Flaschen Wasser. Zum erstenmal ahnte ich, daß ich das Bier gar nicht vermissen würde. Eine halbe Stunde später, beziehungsweise nach einer dreiviertel Meile, beziehungsweise einem guten Kilometer ständigen Kletterns hatten wir alles naßgeschwitzt. Wir wechselten in freier Wildbahn die ganze Kleidung, mit der Folge, daß – zwei Stunden nach dem Start – beide Hiking-Garnituren naß waren. Wir stöhnten über die Hitze und über die Steigung, verfluchten beides und fanden aber bald heraus, daß wir auch die gegenteilige Situation nicht akzeptierten. Bergab ist genauso schlimm, vielleicht schlimmer als bergauf. Das Gewicht auf dem Rücken drückte, es schob uns immer schneller voran, daß wir plötzlich in unglaublichem Tempo Meilen machten.

Auch die aufziehenden Wolken – zunächst freudig begrüßt – betrachteten wir bald immer skeptischer. Vor allen Dingen drohte jetzt Regen. Es wurde dunkler. Eigentlich sollte man jeden Tag spätestens um fünf Uhr am Ziel sein, wir aber hatten gar kein Ziel. Einen Lean-Toe konnten wir unmöglich noch erreichen, so suchten wir nur einen guten Lagerplatz, trocken. Kurz bevor es dann wirklich regnete, fanden wir ein altes Holzhaus, das mindestens 100 Jahre nicht betreten worden war. Ganze Wände fehlten, alte Möbelteile (Delikatessen für Sammelfetischisten) lagen, Fledermäuse flogen rum.

Hinter dem Haus rasselte wieder ein Creek, der Regen rasselte auch, und unser Feuer sprang nicht an. Die zweite Panne. Nun klappte es auch mit dem Essen nicht, wir aßen kalte Snacks. Waren wir sauer? Frustriert? Ich weiß nicht. Es war alles ganz anders, als wir es uns vorgestellt hatten. Irgendwann begriffen wir: Wir mußten die Situation, auch unsere Fehler, unsere Fehleinschätzungen und auch unsere Frustration akzeptieren. Gerade das gehört dazu. Dann lachten wir: »The first day is for shit anyway.«

Der zweite Tag. Es regnete nicht mehr, aber es war grau, naß, neblig und rauchig. Wir hatten neun Meilen vor uns und eine Steigung von 1500 Metern. Um ehrlich zu sein: Es war eine Qual, von dem Erlebnis des Wanderns, des Gehens, des Lebens und Bewegens mit dem Wald, mit der Natur, der Luft – von alledem merkten wir wenig oder nichts, trotz vieler wunderschöner Ausblicke, Wasserfälle, phantastischer Bäume, Berge, Bäche.

Es war fast dunkel und der Nebel dicht, als wir unseren Käfig auf dem berühmten Mount Le Conte erreichten. Alles ist feucht, auch unser Schlafsack. Und es ist kalt. Wir schließen den Käfig. Machen ein Feuer; der Kocher funktioniert; das Essen ist warm.

Der dritte Tag beginnt kalt und mit Muskelkater, mit Frustration. Zum erstenmal sprachen wir über Resignation und überlegten, aufzugeben. Doch wenigstens noch zum Appalachiantrail, und dann morgens irgendwie zurück? Nach zwei Stunden brach die Sonne hervor. Wir legten eine neue Pause ein, trockneten die Sachen. Und plötzlich hatten wir neuen Mut, hatten plötzlich den Mut, der dann blieb, auch als es ein paar Tage später wieder kalt wurde. Wir erreichten unsere »Hütte« um vier, gerade als das Gehen anfing, Spaß zu machen. Wir waren fast enttäuscht.

Wir lagen auf einer hohen Wiese mit herrlichem Ausblick. Rundherum die Berge, zwischen denen sich der Nebel oder Rauch ruhig, aber sichtbar senkte und hob. Auf einer einsamen Wiese über den Wolken. Als wir uns an den Hang stellten, warf die Sonne unsere Schatten gegen eine 40 Meter entfernte Nebelwand, und rund um unsere Köpfe bildeten sich Regenbögen, wie Heiligenscheine.

Später, als die Stille um uns und in uns nachließ, wir wieder atmeten, griff ich in profihafter Neugier zur Kamera und knipste unsere regenbogenumschienenen Schatten. »Fata Morganas kann man nicht photographieren«, sagte mein Buddy. Man kann. In den Smokys kann man sich selbst mit Heiligenschein photographieren.

Nach diesem Tag wußten wir, daß uns nichts mehr vorzeitig auf den Weg zurückschicken konnte, daß alles, was auch immer passierte, Teil unserer Reise, Teil der Berge, Teil von uns selbst sein würde. Das blöde Klischee von der Sonne, die auf den Regen folgt, war wahr geworden. In den Smokys folgt seit Ewigkeiten immer nach zwei, drei Tagen Regen die Sonne, und umgekehrt natürlich. Und wenn man das weiß, stört weder der Regen noch die Sonne.

Heute kann ich nicht mehr sagen, ob es schöner ist, durch den sonnigen, lieblichen oder durch den mysteriösen, nebligen Wald oder durch platschenden Regen zu laufen.

Nach sechs, sieben Tagen, unsere Rucksäcke waren freilich inzwischen auch je acht Pfund leichter geworden, war uns das Wandern nicht nur selbstverständlich, es war der Inhalt von allem geworden. Wir wanderten durch Wälder, Wiesen, Wasser (am siebten Tag mußten wir 22mal den Eagle Creek durchwaten). Natürlich sind auch die Pausen schön, sei es zum Essen, Trinken, Luftholen, Aufnehmen (in jedem Sinne) eines in Farbe und Form unglaublich unwirklichen Bildes, Geräusches, Geruches, sei es zum Baden oder Blaubeerenpflücken (zwei Meter hohe Sträucher), aber das Haupterlebnis wird das Wandern selber. Gehen, das Gehen ohne Aufnehmen, ohne Denken, ohne Reflexion, das Gehen als Gehen, das Gehen als Ziel des Gehens.

Wenn man so geht, macht es keinen Unterschied, ob Regen oder Sonne. Man akzeptiert und erlebt Regen, Sonne oder Nebel als das, was es wirklich ist; man ist nicht mehr sauer über irgendein Wetter. (Am Anfang waren wir über jedes Wetter sauer gewesen.) Wenn es regnete, hängten wir unsere riesigen Plastiktücher mit Kopfloch über alles von uns und gingen weiter: bei, mit, im, durch, unter und über Regen.

Unsere Angst vor dem Regen war schließlich ebenso gewichen wie zum Beispiel die vor dem Verirren in der Einsamkeit oder vor Bären. (Oft mußten wir den verlorenen Pfad im Dschungel wieder suchen.) Als wir eines Tages wirklich unseren Shelter bis sieben Uhr, zur beginnenden Dämmerung, nicht gefunden hatten, legten wir uns unter einen Rhododendronbusch – ließen den Geruch von Chikken und Mashed Potatoes in die Umgebung strömen, nikten den Rehen und Wildschweinen zu, die da freundlich, aber bescheiden in zehn Meter Abstand zuguckten. Wir wußten, daß die Raubvögel, die über uns schwebten, nach zwei oder drei großen Bögen leider wieder wegfliegen würden, löschten das Lagerfeuer und schliefen ein.

Colin Fletscher wurde Hiker, nachdem er durch Zufall einem Mann begegnet war, der gerade aus der Wildnis zurückkam und dessen Ausdruck und Bewegungen ihm verrieten, daß jener etwas erlebt hatte, was Menschen normalerweise nicht erleben. Hatten wir so etwas erlebt?

Als wir nach vierzehn Tagen an der wirklich frischen Luft den Sugarlandstrail herunter und zurück nach Gatlinburg gingen, kamen wir uns ein bißchen vor wie Pfadfinder, Lederstrumpf und Bärentöter und ein bißchen wie Indianer.

Jedenfalls, in Gatlinburg, im Hotel, nach dem heißen,

guten alten Chlorbad, trank ich Wahnsinniger einen Schluck Jack Daniels (Whiskey) pur; der sauste wie ein Flash durch mein Blut, krachte donnernd in den Kopf wie ein Gewitter. Feuerwasser.

Informationen und Preise

Anreise: Der reguläre Linienflug von Frankfurt nach Knoxville über New York und zurück kostet je nach Saisonzeit 2742, 2814 oder 3334 Mark. Bei einem Mindestaufenthalt von 14 bis höchstens 21 Tagen bezahlt man 2171 und 2421 Mark. Wer mindestens 21 und höchstens 45 Tage bleibt, zahlt 1574, 1661 oder 1960 Mark. (Nachsaison: November bis März; Mittelsaison: April–Juni, Oktober; Hochsaison: Juli–September) Am preiswertesten sind die ABC-Flüge (mit Chartermaschinen), die von vielen Veranstaltern angeboten werden. Saisonabhängig kostet ein Rückflugticket Frankfurt–New York 707 bis 925 Mark. (Voraussetzung: Mindestens 45 bis 60 Tage vor Reiseantritt muß die Buchung vorliegen.)

Wer zum Apex-Tarif die Route Frankfurt–New York und zurück fliegt (mit Linienmaschinen), zahlt saisonbedingt 1018 bis 1308 Mark. (Bedingung: Zwei Kalendermonate vor Abreise buchen.)

Ein Rückflugticket von New York nach Knoxville kostet etwa 330 Mark.

Busverbindungen bestehen zwischen Knoxville und Gatlinburg (knapp eine Stunde Fahrzeit).

Unterkünfte: Die Durchschnittspreise für ein Doppelzimmer mit Bad in guten Mittelklasse-Hotels/Motels liegen zwischen 20 und 30 US-Dollar pro Tag. In den Motels, die der »Budget«-Kette angehören, zahlt man für das Doppelzimmer pro Nacht 10 bis 12 US-Dollar. (Eine Liste aller Häuser, die dem Budget-Imperium angehören, erhält man von der American Automobile Association [AAA].)

In den YMCA- und YWCA-Häusern zahlt man für ein Einzelzimmer pro Nacht 8 bis 13,25 US-Dollar, und für ein Doppelzimmer 14 bis 16,50 US-Dollar. Für Gäste mit einem Internationalen Jugendherbergsausweis oder Studentenausweis reduziert sich der Zimmerpreis um etwa ein Drittel.

Sonstiges: Aus Sicherheitsgründen wird allen Wanderern geraten, ihre Route und die Aufenthaltsdauer im Visitor Center des Park Headquarters anzumelden. In der Hauptsaison ist eine rechtzeitige Anmeldung notwendig, um eine Übernachtungsbescheinigung für die »Trail

Shelter« (jeweils 12 Schlafplätze) zu erhalten, die Benutzung ist kostenlos. (Übernachtungsmöglichkeit von April bis einschließlich Oktober.)

Insgesamt sind im Great Smoky Mountains National Park rund 20 Shelter, davon etwa 14 entlang des Appalachian Trails, der quer hindurchführt. Außerdem gibt es zahlreiche Campingplätze (komfortable und einfache). Auf den einfachen Plätzen fehlen sanitäre Anlagen (Toilettenpapier mitnehmen), Waschmöglichkeit bieten Quellen oder Flüsse. (Das Campen ist im Park von Juni bis Anfang September auf sieben Tage beschränkt.)

Die Wanderausrüstung sollte man möglichst schon in Europa besorgen oder in den Spezialgeschäften für »Hiking« in New York und anderen amerikanischen Städten, in denen man auch die Wanderverpflegung einkaufen kann.

EINREISEBEDINGUNGEN: Reisepaß und Besuchervisum.

DEVISEN: Der Wechselkurs für 1 US-Dollar liegt zur Zeit bei 2,64 Mark.

REISEFÜHRER UND KARTEN: Baedekers USA, Reiseführer durch die Vereinigten Staaten von Amerika, 872 Seiten, 76 Karten und Pläne, 48 Mark; Nagel, USA, 990 Seiten, 31 Karten und Pläne, 65 Mark; Polyglott, Große Serie, USA, 400 Seiten, Karten, Pläne, 17,80 Mark; Falk Autokarte USA, 1 : 3,8 Millionen, 9,80 Mark; Amtliche USA-Karte, Appalachian Region (Grenzen, Verkehrsnetz, Nationalparks, Indianer-Reservationen), 1 : 2,5 Millionen, 6 Mark. Informationsschriften und Wanderkarten über den Great Smoky Mountains National Park erhält man zum Teil kostenlos in den Visitor Centers des Park Headquarters und der Ranger Stations.

AUSKÜNFTE: Fremdenverkehrsamt der USA (USTS), Postfach 2923, 6000 Frankfurt.

AM RANDE DES SPREEWALDS:
Liebe auf den zweiten Blick

Von Marlies Menge

Ostberlin, ich gebe es zu, weckt nicht gerade die Assoziation, als ob sich's da gut wandern ließe. Wenn man überdies Bewohner der Bundesrepublik ist und sich in den Kopf gesetzt hat, in der DDR zu wandern, muß man sich schon was einfallen lassen, um seinen Plan zu verwirklichen. Da kann man nicht einfach in die Landschaft fahren, an einem Punkt anfangen zu wandern und nach einer Woche an einem ziemlich entfernten Punkt damit aufhören, zwischendurch gar noch in Gasthäusern übernachten, die am Wege liegen. Das wäre Anarchie. Der westliche Besucher ist an bestimmte Interhotels gebunden, die meist so weit voneinander entfernt liegen, daß auch rüstige Wanderer kaum per pedes an einem Tag von einem zum andern kommen. Bleibt die Möglichkeit, eines der Interhotels als Wanderstützpunkt auszuwählen. Ostberlin bietet sich dafür an, weil es die meisten Interhotels hat. Dazu kommt freilich meine sentimentale Vorliebe für die Landschaft um Berlin, ich würde sie immer wählen, egal wofür. Und da es nun sein muß, also auch zum Wandern.

Nur eine knappe Dreiviertelstunde nach dem Frühstück kostet es (Autobahn bis Königs Wusterhausen, dann südostwärts), und schon ist schönstes Wanderland erreicht. Ich meine die Gegend zwischen Berliner und Baruther Urstromtal, eine eher karge Gegend, nichts für Liebe auf den ersten Blick. »Der Dreißigjährige Krieg kam nicht hierher, weil ihm die Gegend zu arm und abgelegen war«, sagt eine alte Chronik. Mir gefällt gerade das. Die Landschaft überrumpelt nicht, wartet nicht dauernd mit neuen Überraschungen auf, ist bieder und freundlich. Und still. Nur selten kommt man in den Genuß, so mit sich allein zu sein wie hier. Begegnungen sind so selten, daß sie erfreuliche Abwechslung sind, mit einem kleinen Schwätzchen nach dem Woher und Wohin.

In Prieros packe ich meine Wanderutensilien aus dem Auto: Den jüngsten Sohn, der als Entschuldigung dienen kann, daß die täglichen Wanderstrecken sich in menschlichen Grenzen halten werden, eine zusammenklappbare Karre, zur Entlastung der fünfjährigen Füße, einen Rucksack für mich.

Auf der Verkehrs- und Wanderkarte führen zwei Wanderwege von Prieros weg. Prieros ist eine über 600 Jahre alte Fischersiedlung; das Heimatmuseum befindet sich in einem alten, schilfgedeckten Haus, die Zimmer sind voller ausgestopfter Tiere, Bauernmöbel, Schmiedeeisernem. Am schönsten das Schild vor der Tür, auf dem der Brückenzoll bei Prierosbrück von 1827 abzulesen ist. Befreit von der Abgabe waren demnach: die Königlichen und Prinzlichen Herrschaften, königliche Militärpersonen, die in deutschem Dienste waren, als auch alle herrschaftlichen Beamten, Königlichen Forstbeamten und Amtsfuhren. Fußgänger mußten drei Pfennige Brückenzoll bezahlen; für hundert Gänse, die über die Brücke watschelten, hatte das Bäuerlein gar 25 Pfennige zu entrichten, und »für ein Stück Rindvieh, welches nach Berlin oder der umliegenden Gegend passiert, 7 Pfennige«.

Mit dieser Sehenswürdigkeit konkurriert eine andere: der Bäcker des Ortes, der schönste Schnecken (Stück 10 Pfennig), Marzipankuchen, Hefezöpfe und wohlduftendes Brot zu backen weiß. Von ihm ausgerüstet, schlagen wir uns in die Wälder, die in dieser Gegend vor allem aus Kiefern bestehen. Wir kommen vom Weg ab, verlaufen uns,

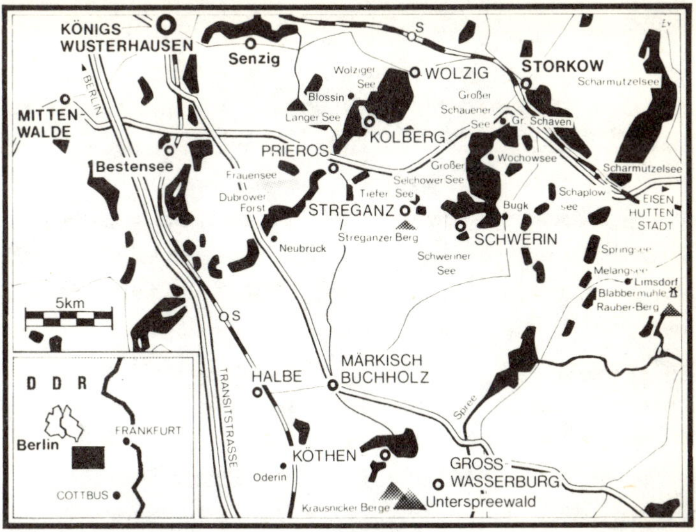

finden zurück dank merkwürdig verwachsener Bäume, die wir uns gemerkt hatten, sind selbst überrascht, als wir, wie geplant, am Trabergestüt ankommen. Pferde rennen uns entgegen, als erwarteten sie Neuigkeiten von uns. Ich finde es beruhigend, daß eine Umzäunung sie in Grenzen hält. Rechts Stoppelfelder, der Sohn besteht darauf, über die Stoppeln zu laufen, sich ins Stroh zu legen. Wir hören Grillen zirpen, gehen dem Ton nach, beobachten sie eine Weile, versuchen ohne Erfolg, die Teilnehmer eines Vogelzuges zu zählen.

Die nächste menschliche Ansiedlung heißt Kolberg, liegt an zwei Seen, dem Langen und dem Wolziger See, und an einem Berg, auf dem, wie ein Bewohner des Ortes uns erzählt, Intellektuelle ihre Ferienhäuser und volkseigene Betriebe Feriensiedlungen haben. Er empfiehlt einen Spaziergang um den Wolziger See: »Es sind nur elf Kilometer«. Obendrein verheißt er gutes Essen in Wolzig, auf der Hälfte des Weges. »In der Saison sind ja die beiden

Restaurants immer mit Urlaubern überfüllt«, erklärt er, »aber jetzt ...«. Jetzt ist es leer. Vorm Restaurant scharren Hühner, und der Sohn sieht zum erstenmal Gänse in lebendem Zustand. Der See ist groß, ruhig und noch warm vom letzten Sommer. »Milchiger Dunst liegt auf der Gegend«, schrieb DDR-Autor Uwe Berger über diese Art von Landschaft. »Durch graue Wolkenschleier schimmert gelb die Sonne. Es ist ein eigenartig herbes Bild, das nur schwarze, graue, graugrüne und gelbe Töne hat.« Für das letzte Stück Weg zum Auto nehmen wir die Chaussee, unter Apfelbäumen entlang, kaufen in der Gärtnerei Tomaten, frisch von der Staude, 1,20 Mark das Kilo.

Prieros bleibt für die nächsten Tage Ausgangspunkt unserer Wanderungen. Ich rüste mich mit dem Buch aus »Die Natur erlebt und beobachtet mit Vorschulkindern« vom volkseigenen Verlag Volk und Wissen und lerne wieder, wie Huflattich und Wegerich aussehen, pflücke Löwenmaul und Kamille. Wir laufen oft querfeldein, über Wiesen, deren Gräser unsere Beine streicheln und kitzeln. Ein Bauer schirrt seine Schimmel vor ein landwirtschaftliches Gerät, wir unterhalten uns über die diesjährige Brombeerernte. Für Blaubeeren, meint er, sei es wohl zu trocken gewesen.

Auf der Suche nach dem Streganzer Berg geraten wir nach Streganzberg, einem winzigen Ort in der Nähe von Streganz, fernab aller Zivilisation. Nur vier, fünf Gehöfte, zu denen eine Pappelallee führt, eine schöne Rotbuchenallee im Ort weist den Weg zum ehemaligen Gut. Mein Sohn nimmt einen Mistkäfer vom Weg, damit er nicht zertreten wird. Den Streganzer Berg erklimmen wir schließlich mit ortskundiger Begleiterin, gehen durch unwegsames Gelände immer am Kamm entlang, dahinter stehen Sperrschilder, Armeegelände. »Bei uns ist die Landschaft entweder Armeegebiet, Staatsjagd, oder sie ist mit Bungalows bebaut«, seufzt unsere Begleiterin. Wir beobachten zwei Mitglieder des örtlichen Jagdkollektivs, die mit Flinte im Wald verschwinden, hören es knallen, konstatieren später erleichtert, daß die beiden ohne Beute den Wald wieder verlassen.

Strapaziös wird der Tag, an dem ich mich zum Umwandern einer ganzen Seenkette entschließe: Schweriner See plus Großer Selchower See plus Großer Schauener See plus Schaplowsee (nicht abzukürzen, weil ein See in den anderen übergeht). Als wir die Akazien erreichen, die die Straße nach Prieros säumen, hat unser Jüngster kaum noch die Kraft, sein Glück an ihren Blättern abzulesen: »Sie liebt mich – von Herzen – mit Schmerzen . . .«

Auf unserer vierten Etappe, die durch den Dubrower Forst führt, nahe dem verwunschenen Frauensee, geraten wir plötzlich in eine DDR-Wandergruppe. Wandern ist in der DDR modern. Es gibt einen Verband für Wandern, Bergsteigen und Orientierungslauf, der Wandertreffen auf Kreis- und Bezirksebene, Mehrtageswanderungen, Leistungswandern organisiert. »Es ginge vieles besser, wenn man mehr ginge!«, dieser Ausspruch von Seume ist einer seiner Leitsätze. Die Wanderer, die wir treffen, sind auf einem Betriebsausflug, sie zeigen entschieden mehr Gefühl für Leistung als wir. Nur kurze Zeit gehen sie neben uns, spornen uns dabei an, schneller zu laufen, dann fallen wir ab, bleiben wieder allein.

Die letzten Tage parken wir das Auto in Märkisch-Buchholz, etwas weiter südlich. Kaum 1000 Einwohner hat die Stadt, die als Tor zum Unterspreewald gilt. Vor mehr als 600 Jahren nannte sie sich »Blockholte«, was soviel wie Buchengehölz heißt. Das älteste Stadtsiegel von 1645 zeigt als Emblem auch einen Buchenstamm. Von den alten, einstöckigen Häuschen aus Lehm, Holz und Fachwerk steht keines mehr.

Wir setzen uns – es ist Sonntagvormittag – auf den

Kirchenvorplatz, in der Kirche ist Kindergottesdienst mit ein paar Kindern. Der Ort wirkt verschlafen, nur hin und wieder fährt ein Radfahrer um den Kirchplatz. Früher verlief hier die Bollenstraße, die die Spreewälder Gemüsebauern benutzten, um mit der Schubkarre oder dem Bollerwagen ihre Erzeugnisse nach Berlin zu bringen.

Wie sehr der letzte Krieg in dieser Gegend gewütet hat, wird auf dem Soldatenfriedhof im nahen Halbe deutlich. 26 000 Tote aus der letzten Kesselschlacht um Berlin sind hier begraben. Der Friedhof besteht aus einer riesigen Rasenfläche, unterbrochen von schmalen Wegen und schmucklosen Steinen. Selten sind die Namen der Gefallenen bekannt, noch seltener das Geburtsdatum. Das Todesdatum ist immer das gleiche: April 1945.

Am vorletzten Tag stößt eine Freundin aus Westberlin zu uns, mit frischen und unternehmungslustigen Füßen. Mit ihr wandern wir nach Köthen; zuerst durch Kiefernwald, dann wird es grün und saftig, Wiesen grenzen an die Straße, später läuft beides parallel: der trockene Kiefernwald auf der einen, die saftigen Wiesen auf der anderen Seite. Wenn schon Straße zum Wandern, dann ist diese ideal zum Laufen. Sie ist notdürftig gerichtet, deshalb kaum befahren, die seltenen Autos fahren vorsichtig, ihren Stoßdämpfern zuliebe. Die Gaststätte in Köthen ist so gut besucht, daß es schon kurz vor 13 Uhr nichts Warmes mehr gibt.

Auf dem Weg zur Försterei sind wir wieder allein, einmal überholt uns ein Radfahrer mit Angel, er ist auf dem Weg nach Groß-Wasserburg. Oben in den Krausnicker Bergen kommen wir in einen richtigen Rumpelstilzchenwald, rechts geht der Blick auf einen der Heideseen, der tief unter uns liegt, von hier aus nicht zu erreichen. Der Abhang ist zu steil. Auf der anderen Seite des Sees eine Farm voller schnatternder Gänse, glückliche Tiere, die im

Freien leben, sogar mit Zugang zum Wasser. Ihr Schnattern begleitet uns noch eine Weile.

Der letzte Tag ist zugleich der einsamste. Wir folgen einem im Plan eingezeichneten Wanderweg südlich vom Scharmützelsee, kommen an kleinen Seen vorbei, dem Tiefen See, dem Melangsee, dem besonders klaren Springsee. Auf dem Räuber-Berg baut der Sohn eine kunstvolle Räuberfalle, nach Plan finden wir sogar die Ruine der Blabbermühle. Wir finden zwei vierblättrige Kleeblätter, verfüttern unser letztes Brot aus Prieros an märkische Schwäne, und ich weiß jetzt schon, daß ich mich spätestens zu Hause an der Schreibmaschine hierher zurücksehnen werde, zu den staubigen Wanderwegen dieser Gegend. Die Stille wird mir fehlen und der Geruch von frischem Stroh und von Kamille und die Geräusche, die Frösche, Grillen und Fledermäuse machen, wenn es draußen langsam dunkel wird.

Die Wanderroute

1. Tag: Von Prieros nach Kolberg, Wolzig und über Blossin zurück (etwa 19 km).

2. Tag: Von Prieros nach Streganzberg und zum Streganzer Berg (15 km).

3. Tag: Von Prieros über Streganz, Schwerin, Bugk und Wochowsee, über Gr. Schauen zurück (28 km).

4. Tag: Von Prieros zum Frauensee durch den Dubrower Forst, über Neubrück zurück (18 km).

5. Tag: Von Märkisch-Buchholz nach Halbe, Oderin und am Oderiner See entlang zurück.

6. Tag: Von Märkisch-Buchholz nach Köthen, durch die Krausnicker Berge zurück (18 km).

7. Tag: Per Bahn nach Scharmützelsee. Wanderung nach Limsdorf, zur Blabbermühle und zum Räuber-Berg (22 km).

INFORMATIONEN UND PREISE

EINREISEBEDINGUNGEN: Alle Formalitäten erklären die Merkblätter »Reisen in die DDR« und »77 praktische Tips für Besuche in und aus der DDR«. Man erhält sie bei Reisebüros, bei der Bundesbahn oder beim Bundesministerium für innerdeutsche Beziehungen. Einreisedokumente sind Reisepaß und Visum, für Autofahrer: Führerschein und Zulassung.

TAGESBESUCHE: Gegen Vorlage des Reisepasses können Besucher aus der Bundesrepublik ohne weitere Formalitäten mit dem Auto von 7 bis 24 Uhr nach Ost-Berlin fahren. Visagebühren 5 Mark, Mindestumtausch 6,50 Mark.

TRANSITREISEN: Man unterscheidet zwischen der Transitreise durch die DDR nach Westberlin (ohne Unterbrechung) und der Transitreise durch die DDR in andere Länder. Für Fahrten nach Westberlin wird das Transitvisum kostenlos an der Grenze erteilt. Wer in andere Länder fahren will (Transitvisum 5 Mark, Straßenbenutzungsgebühren), kann bis zu drei Tagen mit zwei Übernachtungen unterbrechen. (Das Einreisevisum für Polen, die CSSR oder die UdSSR beziehungsweise die Buchung für die Fähre nach Skandinavien müssen vorliegen.) Hotelbuchung spätestens beim Reisebüro der DDR an der Grenze.

BESUCH AUF EINLADUNG: Verwandte oder Bekannte in der DDR können einen Berechtigungsschein für ein Visum besorgen (Aufenthaltsdauer bis zu vier Wochen). Gegen Vorlage des Berechtigungsscheines wird das Visum an der Grenze erteilt. Zu beachten ist die An- und Abmeldepflicht.

EINZELREISEN: Der »Berechtigungsschein« wird vom Deutschen Reisebüro (DER), in Bayern vom ABR oder von Gut-Reisen zusammen mit der Hotelreservierung besorgt (mindestens sechs Wochen vor dem Reiseantritt beantragen). In Ost-Berlin stehen vier Hotels zur Auswahl. Die Preise für Übernachtung mit Frühstück liegen zwischen 30 und 90 Mark. Für Autofahrer stehen neun Grenzübergänge, für die Eisenbahn sieben Übergänge zur Verfügung.

Bei Einzel- und Besuchsreisen kostet das Visum 15 Mark. Je Person und Aufenthaltstag beträgt der Mindestumtausch 13 Mark (ausgenommen Kinder unter 16 Jahren und Rentner). Autofahrer müssen beispielsweise bei einer Strecke bis zu 300 Kilometer 15 Mark Straßenbenutzungsgebühr zahlen.

DEVISEN: Umtausch von D-Mark in Mark der DDR (Verhältnis 1 : 1) in Wechselstuben der Staatsbank der DDR an der Grenze. Auch im Zug kann Geld getauscht werden. Die Ein- und Ausfuhr von DDR-Währung ist verboten.

REISEFÜHRER UND KARTEN: DDR allgemein: Nagel-Verlag, 448 Seiten, 39

Mark; Verlag Ludwig Simon, München/Pullach, 215 Seiten, 12,80 Mark; VEB-Reiseführer, 456 Seiten, 15,60 Mark; Polyglott, Band 843, 64 Seiten, 4,80 Mark; Tips für Reisen in die DDR (M. Menge), Holzapfel, Berlin, 192 Seiten, 7,80 Mark. Große Autokarte DDR, RV 83, 1 : 500 000, 6,80 Mark. In der DDR zu kaufen: DDR-Reiseführer, Edition Leipzig, 196 Seiten, 5,20 Mark; Der grüne Ring, Erholungsgebiete in und um Berlin, Verlag Tribüne. Touristenkarte Berlin Süd, VEB Landkartenverlag, Berlin, 1 : 100 000, 3 Mark.

AUSKÜNFTE erteilen die Vertragsbüros vom DER und die Büros von Gut-Reisen (Zentrale in Eschborn). Außerdem: Bundesministerium für innerdeutsche Beziehungen, Kölner Straße 140, 5300 Bonn-Bad Godesberg, Telephon (0 22 21) 30 61; Gesamtdeutsches Institut, Bundesanstalt für gesamtdeutsche Aufgaben, 5300 Bonn 1, Telephon (0 22 21) 70 71.

VIERWALDSTÄTTER SEE: Zu Fuß durchs Herz

Von Manfred Sack

Es nieselte. Doch viel enervierender waren die tief bis in die Ebene durchhängenden Regenwolken, die uns den Weg über die Berge versperrten und unseren Plan durcheinanderbrachten. Was tun in einem Nest wie Attinghausen, südlich vom Südzipfel des Vierwaldstätter Sees gelegen, obendrein an einem Sonntag, der selbst die wanderwütigen Schweizer auf den Bahnhöfen und an den Seilbahnstationen ratlos machte? Was stellt man an ohne Buch, ohne Radio, ohne jeden Fingerzeig von Kultur, obendrein in einem Gasthof, dessen Wirtin ihre zwei Gäste als lästige Zwischenfälle ansah? Sollten wir mit der Eisenbahn zurück nach Küßnacht fahren, wo das Auto stand, damit ein bißchen herumkutschieren, mürrisch uns irgendein Museum nützlich machen oder irgendeine vom Nebel ausgelassene Gegend abfahren? Oder sollten wir, trotz allem, tun, wozu wir drei Tage vorher aufgebrochen waren, nämlich wandern?

Wir haben das zweite getan, nicht, um auf verquere Weise eine Konsequenz blöde zu durchleiden, sondern: aus Spaß. Wir korrigierten unsere so fabelhaft ausgedachte Route und legten ein Intermezzo ein. Wir spazierten, unseren Sieben-Tage-Haushalt auf dem Rücken, hoch über dem Südufer des Vierwaldstätter Sees, wohin wir sonst niemals gelangt wären, von Treib nach Emmetten. Wir waren glücklich über die Entdeckung, die uns das undurchsichtige Wetter eröffnet hat. Während wir uns an der topographischen Anmut dieser welligen Wiesenhänge berauschten und an der ästhetischen Vollkommenheit ihrer alten Scheunen, war uns auf einmal klar, wie wir auf die Schulaufsatzfrage nach dem »schönsten Erlebnis« dieser Woche Wandern antworten würden: Es war eine nicht mehr gekannte oder niemals wirklich erfahrene Unabhängigkeit. Wir waren mobil.

Und was wir dabei auch noch merkten, war, wie wenig man dafür braucht: ein Paar Stiefel, zu denen sich allmählich ein geradezu sentimentales Vertrauensverhältnis entwickelte, einen Rucksack mit den erstaunlich wenigen Siebensachen, ein paar Landkarten und ein Regencape sowie ein Portemonnaie. Jetzt, wo wir diese Bedingungen kannten, fingen wir an, unsere unerwartet hinzugewonnene Mobilität auszukosten. Wir genossen die Einfachheit wie einen Luxus und hatten plötzlich Zeit für Sinne, Gedanken und Gefühle. Das Auto als Hilfsmittel der Zerstreuung war langweilig geworden, es war uns nicht mehr sympathisch.

Ein Freund aus der Schweiz hatte uns die Route empfohlen: wenn wir schon nichts anderes erlebten, sagte er, würden wir wenigstens in Geschichte (oder Sage) waten. Der Weg, nicht wahr, führt ja durch die Urschweiz, wo die ersten Eidgenossen wuchsen, wo es die Rütli-Wiese gibt und den Schillerstein im See.

Aber zunächst war es ernüchternd zu erfahren, wie schwierig es ist, handgreiflichen Rat zu finden. In der Fremdenverkehrszentrale in Zürich machte uns der Zerberus vom Empfang mit bitterer Beflissenheit weis, die Herren seien damit beschäftigt, die Schweiz als Touristenland in Südamerika zu verkaufen sowie Statistiken aufzustellen, aber nicht dazu da, bei Wanderungen im eigenen Lande zu raten. Dafür gäbe es Buchhandlungen und eine Menge gedruckter Führer, schließlich ein entsprechendes Amt in Luzern. Er stopfte uns die Taschen mit Prospekten voll, die wir gar nicht haben wollten.

Der zuständige »Verkehrsverband Zentralschweiz« in Luzern ließ uns durch eine nette Dame fühlen, daß man mit derlei Fragen auch überfordert sei. Sie stopfte uns ebenfalls die Taschen mit Prospekten voll, aber über Preise, Öffnungszeiten von Berghütten, Verkehrsverbindungen, Fahrpläne, über bestimmte empfehlenswerte Routen, mögliche Fährnisse, den Einfluß der Jahreszeit, über Ausrüstung, Hotels, den Schwierigkeitsgrad von Gebirgspfaden konnte sie nichts sagen. Aus einem Wanderprogramm pickten wir uns schließlich ein paar mögliche Zuständige heraus und fanden Rat: bei Werner Imbach, einem Wanderreiseunternehmer, und bei Fritz Ineichen, einem von denen, die eine Gegend »wie ihre Westentasche« kennen. Seine Westentasche war die Zentralschweiz rund um den Vierwaldstätter See. Beide Herren darf man in Luzern anrufen.

Anfang und Ende der Route, die wir uns zurechtgelegt hatten und von den Experten überraschend gutgeheißen wurde, waren in Küßnacht – weil es so einen hübschen Namen (sowie die Hohle Gasse) hat und am Fuß des Rigi liegt. So ging auch der Weg –

Erster Tag: über den Rigi nach Gersau hinab. Zweiter Tag: mit dem Dampfer nach Treib, zu Fuß zur Rütli-Wiese, über Seelisberg nach Bauen. Dritter Tag: mit dem Schiff nach Flüelen, mit Bussen nach Altdorf und Attinghausen. Vierter Tag: über den Surenenpaß quer über die Berge nach Engelberg. Fünfter Tag: in Engelberg, Seilbahnausflug auf den Titlis, Eisenbahnausflug ins Tal bis Grafenort, Wolfenschiessen oder Städtli. Sechster Tag: zum Trübsee, über den Jochpaß, am Engstlensee, am Tannensee vorbei zum Melchsee nach Melchsee-Frutt. Siebter Tag: mit Seilbahn und Bus bis Melchtal, durchs Melchtal nach Flüeli-Ranft. Achter Tag: zu Fuß, mit Bus und Bahn zurück nach Küßnacht.

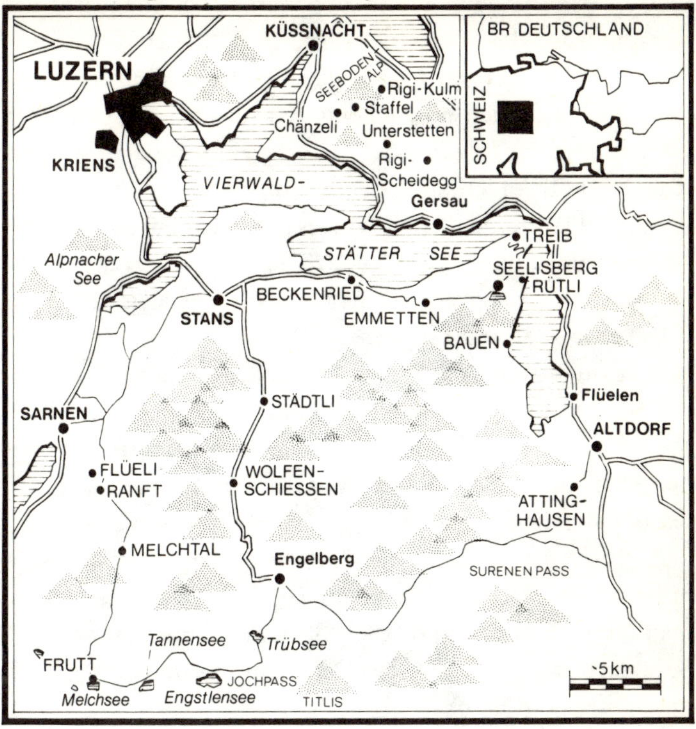

Der erste Tag

»Der Rigi darf ohne Übertreibung als der klassische Wanderberg der Schweiz bezeichnet werden«, schreibt das Wanderbuch und fährt im selben Ton fort: »Es kommt also nicht von ungefähr, daß gerade hier der eigentliche Fremdenverkehr seinen Ausgang genommen hat.« Fast hätte es uns die Lust genommen: am Fuß die Hänge hinauf von Chalets übersät, seit hundert Jahren schon erschlossen mit Zahnrad- und Luftseilbahnen, mit Gasthäusern und Hotels gespickt bis obenhin. Und von jeher gab der Aussichtsberg Anlaß zu literarischen Reflexionen: Hermann Hesse schrieb ein »Rigi-Tagebuch«, voll von dunklen adjektivischen Wucherungen, Mark Twain plauderte leutselig über seine langwierige Tour hinauf, auch Daudet hat sich mit dem Thema aufgehalten, so daß auch der andere Satz reichlich Zeugen hat: »Der Rigi ist berühmt von altersher.« Wir ließen uns dennoch nicht abhalten, dem vierten Satz zu folgen: »Es gehörte zum guten Ton, den Rigi zu Fuß zu erklimmen«, wenngleich wir seine Fortsetzung ausschlugen: »um auf Kulm den Sonnenaufgang zu erleben«. Nicht, weil der Trödler Twain es auch nicht geschafft hat, sondern weil wir den Blick in den hellichten Tag für interessanter hielten.

Wir gondelten von Küßnacht mit einer Luftseilbahn bis zur Seebodenalp, tausend Meter hoch. Es war neun Uhr. Wir waren, kein Zweifel mehr, auf Wanderschaft und noch sehr albern, so daß uns Fragen der Art beschäftigten, warum die Kühe dauernd mit den Häuptern schlenkerten und ob sie das Gedröhn der Glocken unter ihren Gurgeln nicht nervös mache. Wahrscheinlich, dachten wir laut, hätte man jetzt einen phantastischen Blick hinab auf den See. Die Wolken hatten sich um das ausladende Bergmassiv gelegt; unten war es grau, oben schien die Sonne.

Das erste Versäumnis wurde bemerkt: »Mein Haar ist ganz naß, ich hätte ein Tuch mitnehmen sollen«, sagte meine Frau. Die erste Strafe wird spürbar: der linke Hakken in meinen nagelneuen Schuhen wirkt irgendwie wund.

Der Weg ist ohne Rätsel, er kostet keine Kunststücke, er lockert nur den Schweiß. Wir passierten den Knick am Chänzeli (1464 Meter), die Staffel (1605 Meter), erklimmen alsbald den Rigi Kulm genannten Gipfel des gipfelreichen Bergarrangements (1797 Meter). Zwei Tafeln enthüllen, was die Wolken ringsherum verbergen: das Panorama mit einem dichten Kranz von Bergen und von Seen. Es muß wahrhaft prächtig sein. Selbst die Speisekarte im Rigi-Hotel preist den »einzigartigen Aussichtspunkt«. Wir aßen darauf jeder eine »Rigi-Wurst, garniert«.

Eigentlich sind jetzt, für den Weg weiter nach Unterstetten, nur zwei Entscheidungen notwendig, doch sie fallen wie von selber, denn die Verlockungen liegen in den Namen: »Felsenweg« und »Seeweg«, und die Alternativen heißen bloß »bequem«.

Der Felsenweg: das ist ein schmaler Pfad, der als erstes Wunder die Wand präsentiert, in die er gehauen ist, eine Wand aus Nagelfluh, eine Art von Naturbeton von ziemlich buntem Grau, und der als zweites Wunder den Blick in die Tiefe und die Ferne verheißt.

Der Seeweg: er zweigt hinter den Almhöfen von Unterstetten ab und bietet, was im Namen steckt: den Vierwaldstätter See mit seinen bizarren Ausbuchtungen. Tatsächlich ist das eigentliche Abenteuer dieser Rigi-Wanderung nicht irgendeine Kletterei, die einem Momente von Wagemut beschwert, sondern das Sehen, hinab, hinauf, herum.

Das ist auch das eigentliche Abenteuer der ganzen Tour: Der »Makro«-Blick in die Runde, an zackige Horizonte, auf spiegelnde Seen, in Schluchten, die sich schlängeln und immer das kleine Rätsel lassen, wo sie enden und wie sie sich im Tal auflösen – und der »Mikro«-Blick auf den Stein, über den man stolpert, auf Disteln, die bei einer Rast plötzlich ihr ästhetisches Raffinement eröffnen, auf einen Alpensalamander, den man mit der Hand erwischt, oder eine Libelle auf dem roten Rucksack, auf einen winzigen Wasserfall, der dank seiner Stetigkeit eine fließende Skulptur darstellte, die man gern einsteckte und mitnähme.

Knapp unter der Rigi-Scheidegg (1662 Meter) stiegen wir in die Seilbahn, an der Sennerei neben der unteren Station in einen kleinen Bus, der uns im ersten Gang so gemächlich nach Gersau brachte, daß der Ort eine Viertelstunde lang Zeit hatte, zwischen Adler- und Froschperspektive immer größer zu werden.

Das »Hotel Schwert« liegt am See neben der Anlegestelle. Wir sahen die Dampfer kommen und fahren. Der Wirt, der in Hosenträgern und mit dem Bleistift hinterm Ohr durch sein Lokal stolzierte, hatte noch ein Zimmer frei.

Der zweite Tag

Wir erwischten, welches Glück, einen richtigen Raddampfer für die Fahrt hinüber nach Treib. Unterwegs ölte der Maschinist die Maschine, die im Glanze des Metalls und des roten Lacks wie ein Museumsstück aussah, dem man Arbeit nicht mehr zumutet, um die Heiligkeit der Vergangenheit nicht zu stören. Es waren viele Schulklassen unterwegs; wir hatten ihre Gegenwart den ganzen Tag, denn wir befanden uns auf historischem Trip mitten durch das Herz der Schweiz.

Wir folgten dem Wegweiser nach Rütli und erwischten einen graziös sich windenden Wiesenweg, der mit allerlei frohlockte: Man blickte gegenüber nach Brunnen, man sah drüben die Straße zum Gotthard, die sich am und durch die steile Felswand schlängelte, unten schimmerte der See, und wie auf Bestellung sahen wir eine Menge Segelboote verschlafen operieren: eine Regatta wie ein Stummfilm. Man hörte nur Grillen, Vögel und Kühe.

Als wir ein Gasthaus passierten, war es klar: Rütli ist nicht weit. Die berühmte Wiese, auf der der Schwyzer Werner Stauffacher, Walter Fürst aus Uri und Arnold von Melchthal aus Obwalden sich 1291 getroffen und ihr Bündnis beschworen haben sollen, war von butterbrotessenden und postkartenschreibenden Schulklassen bevölkert. Die Schweizer Fahne flatterte am Mast und ließ keinen Zweifel, daß dieser Ort nicht nur ein schöner Flecken ist, sondern ein schönes Symbol. Es war lustig, abends in Bauen zu lesen, was der kleine Reiseführer »Luzern, Vierwaldstätter See, Zentralschweiz« und was Max Frisch in seinem »Wilhelm Tell für die Schule« darüber mitzuteilen haben: das eine ernst und eisern, das andere ironisch und ziemlich wirklich.

Vom Rütli geht es steil aufwärts nach Seelisberg – wo die Kellnerin vom »Alpenblick« fünf nach zwei sagte, Essen gäbe es nur bis zwei –, am Ende steil abwärts nach Bauen. Man konnte bis weit nach Altdorf sehen und den schnurgeraden Lauf der Reuß vor der Mündung in den See erkennen. Wir kamen im »Hotel Schiller« unter, einem Holzhaus von bäuerischem Charme in einem lieblichen Ort mit subtropischer Flora, mit Bambus, Bananen und Oleander. Die Sonnenuhr an der Kirche geht eine halbe Stunde nach.

Die Schuhe

Ich hätte meine Stiefel nicht erst vor der Wanderung kaufen sollen. Ich hätte geduldiger überlegen müssen, ob sie passen und sitzen, denn es entstand der Verdacht, sie seien doch zu groß. Ich fand jetzt, sie seien zu schwer und zu hart. Der schon lädierte linke Hacken, beim steilen Abstieg nach Bauen malträtiert, schwoll, ich eierte auf den Sohlenkanten.

Am Tage darauf versuchte ich es erst mit einer Bandage, abends mit Salbe, unterwegs mit halbzugeschnürtem Schuh. Die Tennisschuhe, die ich »für alle Fälle« gekauft hatte, um wenigstens weiterwandern zu können, wenn es im Stiefel nicht mehr ginge, blieben eine überflüssige Anschaffung. Doch irgendwann kam der Augenblick, da ich ein beinahe pathetisches Gefühl von Zu-Hause in meinen schwierigen Schuhen empfand: mir konnte nichts mehr passieren. Es ist ungemein beruhigend zu wissen, daß man keine nassen Füße kriegt, daß man sicher auf Geröll stehen kann, »mit beiden Beinen fest auf der Erde«.

Der dritte Tag

Ich hinkte ein bißchen, deshalb deklarierten wir den nächsten Tag zum gemächlichen Reisetag: mit dem Schiff nach Flüelen (wo es nichts zu bestaunen gibt), mit dem Bus nach Altdorf (wo das Tell-und-Sohn-Denkmal an die Sache mit dem Hut auf der Stange sowie an Apfel und Armbrust erinnert), schließlich nach Attinghausen, einem langweiligen Dorf mit einem schönen Burghotel, das leider besetzt war; seine Wirtin freilich ist nicht nur eine attraktive, sondern auch eine hilfsbereite Person, die ganz von selber ans Telephon ging und uns ein Bett im Gasthaus nebenan besorgte. Von Attinghausen wollten wir ja morgen aufbrechen über die Berge nach Engelberg, auf dem uralten Weg, den, wenn die Sage stimmt, schon der alte Melchthal entlanggehastet ist.

Der vierte Tag

Unsere Gasthaus-Wirtin hatte noch vor dem frühen Frühstück mürrisch abkassiert und sich gleich wieder ins Bett gelegt. Wir brachen alsbald auf. Zwanzig Meter vor der Seilbahnstation waren wir schon halb in den Wolken, da war der Traum von der Bergwanderung aus. Solche Momente offenbaren einem die selbstgewählte Verquickung von Plan und Realität. Tatsächlich läßt der Entschluß, auf einer bestimmten Route zu wandern, bei Regen oder tiefen Wolken nur die Alternativen zu, schmollend oder grollend zu resignieren oder »irgendwas zu machen«.

Wir machten »irgendwas«. Wir nahmen, wie gesagt, unsere Rucksäcke und begaben uns zu Schiff nach Treib, spazierten nach Emmetten, kamen in Beckenried in einen Regenguß, fuhren mit lustigen Gruppen durchfeuchteter Sonntagswanderer nach Stans und weiter mit der Eisenbahn nach Engelberg – wohin wir eigentlich zu Fuß übers Gebirge hatten kommen wollen. Wir logierten im »Schweizerhof«, genossen seinen Anhauch von altertümlich bewährter Kur-Kultur zu angemessenem Preis. Das Erwägen verschiedener Möglichkeiten für die Fortsetzung der Wanderei erledigte sich am andern Morgen so: Die Sonne schien, wir brachen sofort auf und wanderten die Strecke einfach umgekehrt, von Engelberg nach Attinghausen.

Der fünfte Tag

Ein Lastzug nahm uns viele langweilige Kilometer mit ans Hochtal. Dann liefen wir los: auf einem dieser sogenannten bequemen, gemächlichen, sich endlos dehnenden und durch die Stetigkeit der langsamen Steigung ziemlich anstrengenden Wege. Es dauerte fast fünf Stunden, bis wir am Surenenpaß anlangten. Wir waren ganz schön aus der Puste.

Inzwischen hatte uns der Nebel wieder eingeholt. Wir stapften durch Wolken und nahmen entzückt jede Lücke wahr, die sie sich scheinbar an den Gipfeln rissen, um alles Aufregende zu erhaschen, eine Bergspitze hier, eine Schneeschlucht da, und plötzlich schrien wir vor Vergnügen, weil sich auf der anderen Seite des Passes ein atemraubendes Panorama zu enthüllen begann: wie wenn schneebedeckte Gipfel durch die Wolken blühen. Da fallen einem dann nur Wörter wie majestätisch ein, oder toll.

Auf dem Surenenpaß trafen wir Sepp Herger-Rigi, den alten Wegemeister, mit der Schippe auf der Schulter und der Deckelpfeife im Mund. Er sprach ein routiniert zerknautschtes Schwyzerdütsch und hielt uns, da wir dauernd um Wiederholung baten, für Engländer. Wir waren froh, ihm begegnet zu sein: Wir hätten im Nebel lange nach den Weg-Markierungen suchen müssen auf den Schotter- und den Schneefeldern. Doch auf einmal war der Nebel weg, tief unter uns entlud sich das weite Tal von Waldnachten.

Der steile Weg ging in Knie und Knöchel. Am Brüstle, der Seilbahnstation – und für den viel empfehlenswerteren umgekehrten (aber bitte den oberen, weil angenehmeren) Weg ja der Ausgangspunkt der Wanderung – bestiegen wir eine Gondel und schwebten hinunter nach Attinghausen. In Altdorf machten wir Station. Wir hatten die anstrengendste, die imposanteste, von den meisten »Ah«-, »Oh«-, »Uff«- und »Mensch«-Rufen begleitete, jedenfalls die dramatischste Tour hinter uns. Jetzt waren wir froh und faul.

Das Ding auf dem Rücken

Zu unserer Überraschung machten wir plötzlich eine seltsame Wahrnehmung: Das Ding auf dem Rücken hat uns auch nicht einmal Verdruß gemacht. Ich muß es deutlicher sagen: Je länger uns die Rucksäcke drückten (ohne daß sie ja wirklich drückten), desto weniger bedrückten sie uns, im Gegenteil, desto stärker wurde das umgekehrte Gefühl einer geradezu freundschaftlichen Beziehung. Es hat nicht viel gefehlt, und wir hätten ihnen Namen gegeben.

Der Moment kam etwa um den dritten Tag herum, als wir anfingen, uns auf einander angewiesen zu fühlen, die Rucksäcke und wir. Sie waren jetzt etwas so Selbstverständliches wie Schuhe, Hose und Hemd. Wenn wir abends Spaß daran hatten, die Anstrengungen des Tages, den Schweiß und den Dreck oder eine Blase am Fuß zu beseufzen, freuten wir uns am anderen Morgen beinahe über unseren Ballast.

Inzwischen hatte also eine eigenartige Umdeutung der Werte stattgefunden. Das Negative, die Last, war zu etwas Positivem geworden, das man sogar gleich dreimal begründen kann: Erstens ist der Rucksack ein Trimmgewicht, das einem beim Laufen, besonders bergauf oder bergab, Balance gibt; zweitens kann man sich an ihm festhalten, das gibt Halt; drittens muß man auch das Gefühl von Unabhängigkeit erwähnen, das sein Inhalt – ein ganzer Haushalt – gibt. Schließlich fing ich auch die Überlegungen des

Konstrukteurs zu begreifen an, der die Last nämlich nicht an der dicksten Stelle ins Kreuz drücken läßt, sondern sie über ein leichtes Aluminium-Tragegerüst auf den ganzen Rücken verteilt und einem dabei regelrecht vom Leibe hält. Und dann gibt es diese tausend Taschen und Täschchen, für die man jeden Tag neue sinnreiche Nutzungen findet.

Unbeschreiblich das Gefühl von Leere, wenn man zwischendurch einmal (oder den ersten Tag hinterher) ohne Rucksack geht. Man fühlt sich wacklig, es fehlt einem was.

Der sechste Tag

Wir fuhren mit der Eisenbahn wieder rund um'n See 'rum bis nach Engelberg, um die alte Route wiederzufinden, und arrangierten einen Besichtigungstag zum Ausruhen. Wir gondelten auf den dreitausend Meter hohen schneebedeckten Titlis; wir schaukelten hinab und fuhren mit dem Zug in Richtung Stans durch ein ellenlanges, schmales, hübsch gefügtes Tal und entdeckten dort so etwas wie eine Schweizer Puppenstube, mit Bauernhäusern wir auf Schokoladenschachteln, mit Idyllen wie in Reklamefilmen. Stramme Burschen, dessen bin ich sicher, werden auch diese Strecke in den Beinen haben wollen.

Der siebte Tag

Ein schöner, harmloser, stiller Tag. Wir fuhren mit der Gondel zum Trübsee, der wie eine flache Waschschüssel über Engelberg lagert, schwebten in Sesseln hinauf zum Jochpaß, und begannen eine Drei-Seen-Wanderung in knapp zweitausend Meter Höhe: zum Engstlensee, zum Tannensee, zum Melchsee, drei Stunden lang. Der Ort am See, Melchsee-Frutt geheißen, besteht aus nichts als Hotels, Läden und einem Kurhaus. Im »Glogghuis« trafen wir auf die erste intelligente Kellnerin und bekamen das beste und preiswerteste Mahl, Gemspfeffer zu neuneinhalb und Ziegenfleisch mit Speck und Bohnen zu fünf Franken. Wir blieben dort über Nacht.

Wanderers Kluft

Ich habe mich früher lustig gemacht über den, wie mir schien, sektiererischen Eifer von Wander-Bekleidungs-Predigern: als sei eine richtige Hose erst eine, die unter dem Knie gebunden wird; als sei ein Nylonhemd ein Sakrileg für die schweißnassen Fußfreunde der Natur; als müßten es nicht irgendwelche stabilen Schuhe, sondern Wanderstiefel sein. Die höhnische Verachtung von »Halbschuhtouristen« hatte mich anfangs zum Opponenten der Ideologie von der Kniebundhose gemacht. Jetzt weiß ich's besser: nicht nur verleiht einem solche Kleidung die seltsame Einbildung von Sicherheit, nicht nur fühlt man sich darin irgendwie »zu Hause«; es kommt auch der Moment, wo man Hochmut empfindet gegen wandernde lange Hosen oder einen Schlips am Gipfelkreuz eines (lächerlich leichten) grünen Zweitausenders, den man auf gepflegten Wegen erreichen kann.

Mit der Kleidung wechselt man allerdings leicht die Partei: — als wir — nicht wandernd, sondern »in Zivil« — einen Berg hinaufgondelten, spotteten wir über Fanatiker unter uns, die um des Prinzips willen das Verkehrsmittel mieden und sogar die Überflüssigkeit dieses langen, langweiligen Hanges emporasteten. Wir hörten sie seufzen.

Der achte Tag

Jeder Berg, der verkaufbar scheint, ist mit der Zivilisation verdrahtet. So führt auch hier eine Gondelbahn 3,333 Kilometer lang nach Stöckalp; ein Omnibus brachte uns weiter nach Melchtal. Und hier stellten wir uns wieder auf die Wanderstiefel und gingen – so kann man es jetzt nennen –

spazieren nach Flüeli-Ranft, immer links der Melchaa das wunderschöne Tal entlang, zwei Stunden lang – reichlich Zeit zu sehen, zu riechen, zu lauschen, zu rasten.

Unser Ziel war das, wie wir amüsiert bemerkten, charaktervollste Hotel dieser Tour, das »Paxmontana«, das schon von weitem aussieht wie eine wirtschaftlichen Stürmen standhaft trotzende Kur-Burg, mit Spitzenhäubchen auf den Seitentürmen. Es hat den gemütlichen, zerbrechlichen Charme einer nicht ganz verbleichenden Vergangenheit aus dem vorigen Jahrhundert.

Wir haben noch ein bißchen in der Gegend herumgeschaut und die höchste Holzbrücke der Welt, die Hohe Brücke, betrachtet, dann sind wir zurückgefahren nach Küßnacht. Der Wirt hat uns unser altes Zimmer wiedergegeben, der Parkplatz für unser Auto war kostenlos.

Zweierlei haben wir uns noch geleistet: Wir sind die Hohle Gasse einmal rauf-, einmal runtergegangen, und wir haben mit einem Raddampfer von Luzern aus eine Fahrt über den Vierwaldstätter See gemacht, ganz hin und ganz zurück ohne jeden Ehrgeiz, nicht ganz ohne Sehnsucht, aber mit dem Vergnügen an etwas Vollbrachtem zeigten wir uns die Wege, die wir gerade gegangen waren: Es war eine Vergangenheit, die noch gar nicht vergangen war. – Zum Schluß schrieben wir noch jeder eine Ansichtskarte aus Luzern, bloß weil man mit einem Sujet dieser Art sonst nirgendwo auf der Welt aus den Ferien grüßt. Sie zeigen den in wunderschönen Farben lichterloh brennenden Bahnhof von Luzern.

Informationen und Preise

Anreise: Rückfahrkarten der Bahn kosten von Frankfurt nach Küßnacht 1. Klasse 176 Mark und 2. Klasse 112,20 Mark; bei »Ferienkarten« ermäßigt sich der Preis der 1. Klasse um 16 Mark und 2. Klasse um 10 Mark.

Autoreisende fahren ab Frankfurt die Route Karlsruhe–Basel–Luzern nach Küßnacht (rund 430 km).

Unterkünfte: Bei den Schweizer Verkehrsbüros erhält man kostenlos: den Hotelführer der Region Zentralschweiz, die Broschüre »Auf Wanderwegen durch die Schweiz« (68 Seiten, Routenpläne, Übersichtskarte 1 : 900 000) und ein Jugendherbergsverzeichnis der Gesamtschweiz. Durchschnittspreise für Zwei-Bett-Zimmer (mit Bad/Dusche) in gehobenen Mittelklassehotels und Frühstück für 2 Personen: 50 bis 80 sfr.

Übernachtungspreise (einschließlich Frühstück für 2 Personen) in den Hotels der Etappenziele: ab 36 sfr (»Hotel Adler« in Küßnacht) bis 116 sfr (»Hotel Schweizerhof« in Engelberg).

Jugendherbergen in der Region um den Vierwaldstätter See sind in Luzern, Brunnen, Altdorf und Engelberg. Eine Übernachtung kostet 6 sfr, in den Hütten zwischen Surenenpaß und Engelberg 5 sfr.

Pauschalreisen: Walz-Wanderferien/Neckartenzlingen bietet 6-Tage-Wanderungen um den Vierwaldstätter See ab Brunnen an (3 Termine). Das Arrangement kostet mit Halbpension einschließlich aller Transporte 560 Mark (Hotel Kategorie A) und 495 Mark (Kategorie B), ohne Anreise. Weitere Angebote in der Zentralschweiz: »Wanderwoche über dem Urner Maderantal«, Ausgangspunkt Gurtnellen, »Lehrreiche Wanderungen im Herzen der Schweiz«, Ausgangspunkt Andermatt, »Im Schweizer Zentralmassiv« Ausgangspunkt Göschenen. Der Preis beträgt jeweils 500 Mark, inklusive Halbpension, Übernachtung in Hütten und alle Transporte (eigene Anreise).

Sonstiges: Für den Schiffsverkehr werden auf dem Vierwaldstätter See Raddampfer und Motorboote eingesetzt. Von Gersau nach Treib kostet die Überfahrt beispielsweise 1,80 sfr (etwa 15 Minuten) und von Bauen nach Flüelen 1 sfr (etwa 20 Minuten).

Einreisebedingungen: Personalausweis.

Devisen: Derzeitiger Wechselkurs: 100 Schweizer Franken (sfr) = 105,25 Mark.

Reise-(Wander-)führer und Karten: Grieben Band 257, Zentralschweiz mit Tessin, (Kantone: Aargau, Zürich, Luzern, Zug, Schwyz, Unterwalden, Uri), 238 Seiten, Pläne, Übersichtskarte, 8,80 Mark; Schweizer Alpen-Club, Zentralschweizerische Voralpen: Zürichsee–Vierwaldstätter See–Brünigpaß, 204 Seiten, 25 Mark; Räb, Luzern – Vierwaldstätter See – Zentralschweiz, 104 Seiten, 6,80 Mark; Baedekers-Autoreiseführer Schweiz, 400 Seiten, 43 Karten, Pläne, 78 Zeichnungen 29,80 Mark; Michelin, Schweiz (grüner Führer), 198 Seiten, Karten, Pläne, 15 Mark; Der Große Polyglott, Schweiz, 400 Seiten, Karten, Pläne, 13,80 Mark; – Landeskarten der Schweiz: Spezialblatt 5008, Vierwaldstätter See (mit westlichen Urner Alpen, Engelberg), 1 : 50 000, 12 Mark; Nr. 235 (Rotkreuz) und Nr. 245 (Stans), 1 : 50 000, je 7 Mark; Nr. 1150 (Luzern), Nr. 1151 (Rigi) und Nr. 1191 (Engelberg), 1 : 25 000, je 6,80 Mark; Kümmerly + Frey Nr. 0772, Vierwaldstätter See – Zentralschweiz, 1 : 100 000, 8,80 Mark; Obwaldner Wanderkarte, 1 : 50 000, 6,50 sfr (Verkehrsverein Obwalden).

Auskünfte: Verkehrsverband Zentralschweiz, Pilatusstraße 14, CH-6002 Luzern, Telephon (00 41 41) 22 70 55; Schweizer Verkehrsbüros: Kaiserstraße 23, 6000 Frankfurt, Telephon (06 11) 23 60 61, und Graf-Adolf-Straße 100, 4000 Düsseldorf, Telephon (02 11) 36 43 22.

WICKLOW MOUNTAINS: Grüne Einsamkeit unterm Wind

Von Rolf Michaelis

Ja, bin ich denn verrückt, hier mit Rucksack im Regen rumzutigern. Seit zwei Stunden schleppe ich viel zuviel Gepäck und mich selbst durch die gebuckelte Landschaft der Wicklow Mountains. Die Hausberge der Dubliner erheben sich zehn Kilometer südlich der irischen Hauptstadt. Die Granit-Hügel dieses Mittelgebirges ziehen sich, dreißig Kilometer breit, bis zu neunhundert Meter hoch, fünfzig Kilometer lang durch die ganze Grafschaft Wicklow bis nach Enniscorthy hinunter.

Entgeisterte Blicke aus den wenigen Autos, die vorbeizischen und verkehrsgefährdendes Bauern-Staunen vom tuckernden Traktor auf einen die Straße entlangschleichenden, durchnäßten, roten Rucksack auf Leichtmetallrahmen herab, lassen mich voll Heimweh an die Geborgenheit im Wagen von John Kennedy, dem Leiter des »Bord Fáilte«, des »Irish Tourist Board« und von Tom Cranitch, dem Pressechef von »Aer Lingus« denken. Zwei Tage lang haben die beiden mich durch Dublin und Umgebung kutschiert. Ihre Freundlichkeit wandelte sich in besorgte Verlegenheit nur, wenn die Rede auf den Zweck meiner Reise kam: Wandern in Irland. Wasser von oben, der Drucksack im Rücken, Feuchtigkeit von unten und das Brennen einer ersten Blase schenken mir nachträglich anerkennendes Nicken für das Kopfschütteln, mit dem die beiden Iren dieses teutonische Unternehmen auf Seumes Spuren bedachten. Wieso denn zu Fuß? Wieso so viel mitschleppen, wenn es Leihwagen gibt?

Wie soll ich, in einer Fremdsprache, gastfreundlichen Kollegen, die mich wie einen Verdurstenden von Bar zu Bar, von Theke zu Theke schleppen, klarmachen, daß ich mich mit dem Leichtsinn des Schreibtischmenschen, der glaubt, etwas »für die Gesundheit tun« zu müssen, freiwillig zu dieser Folter gemeldet und auch noch gelobt habe, nicht heimlich mit einem Mietwagen die Strecke abzuschnurren.

Hätt' ich's nur getan. Lieber Leser, wenn du so gern spazierengehst wie ich, aber weder Ausrüstung noch Ausdauer für stundenlanges »Wandern« mit Rucksack und Regenzeug und Wäsche für sechs Tage (und Bücher) hast, mach's besser. Wer in Dublin zu tun und anschließend ein paar Tage frei hat, schnappe sich ein Auto – und steige in den Wicklow Mountains aus, um ohne Gepäck stundenlang herumzustrolchen, bei fast völliger Ruhe, in grüner Einsamkeit unterm Wind. Ohne Rucksack und Ersatz-Schuhe gibt es nichts Erholsameres, Beruhigenderes, der körperlichen und seelischen Gesundheit Dienlicheres als unter dem ständig wechselnden Himmel Irlands in steter Brise täglich ein paar Stunden mit sich allein zu sein.

Weshalb einen Spaziergang gleich zum Wandern ausarten lassen. Und was lese ich, während ich dies tippe? Einen Wanderbericht aus dem Schweizer Nationalpark mit dem (mich zu spät) tröstenden Untertitel: »Wandern in der Gruppe ist hilfreich.« Aha; aber mich schicken sie allein los. Und was berichtet der Gruppenwanderer? »Ich gehe am liebsten vorn, das steigert das Selbstgefühl.« Nun, ich gehe immer vorn, geschoben vom prallen Rucksack, aber von Steigerung des Selbstgefühls – keine Spur.

Im Gegenteil, offenbar mache ich einen so deprimierten Eindruck, daß ich sogar das Mitleid von Autofahrern errege, besser von Autofahrerinnen. Die erste, die anhält, fährt nur in entgegengesetzter Richtung, meint aber, daß man von der fünfzig Kilometer vom Reiseziel entfernten Stadt sicher im Lauf des Tages per Anhalter wieder zurückkäme. Die zweite, Kindergärtnerin aus Dortmund wie sich herausstellt, mit drei quengelnden, breiverklebten Gören – eigenen, wie sie ungefragt beteuert – heißt nicht nur Gaby, sondern bittet auch auf den Sitz in der Citroënente neben sich. Schon will ich – Ferdinand, verzeih! – schwach werden, da weckt ein Blick auf die drei, von mütterlicher Chauffierkunst bleichen Geschöpfe im Fond, von denen mindestens zwei »Papa« rufend, feuchte Hände dem nassen Fremden entgegenstrecken, letzte Durchhalte-Reserven.

Guter Ausgangspunkt für Rundwanderungen ist der kleine, zwischen hohen Bergen versteckte Ort Glendalough, rund sechzig Kilometer von Dublin. Im Sommer gibt es, von St. Stephens Green im Zentrum der Hauptstadt, täglich zweimal eine direkte Busverbindung zu dieser verlassenen Klostersiedlung, einer der bedeutendsten religiösen und archäologischen Stätten Irlands. »Glen« – der Name kommt in den Wicklow Mountains immer wieder vor – ist Bezeichnung für die tiefen, schluchtähnlichen Gletschertäler dieses Gebirgsmassivs der gerundeten Granitkuppen; Lough oder Low oder Loch (das wir von »Nessies« Loch Ness in Schottland kennen) benennt im Keltischen einen See – und so ist Glendalough das »Tal der zwei Seen«. Zwischen oberem und unterem See, die knapp zwei Kilometer auseinanderliegen, gründete der Heilige Coemhgen, den auch Fanatiker des Gälischen heute mit seinem englischen Namen Saint Kevin nennen, eine Klosterstadt, von der die Ruinenreste, sieben Kirchen oder Kapellen, noch erhalten sind.

Neben einem der nicht mehr zahlreichen, für Irland charakteristischen Rundtürme (31 Meter hoch) und einem ebenfalls typischen, monolithischen, über drei Meter hohen Granitkreuz auf dem verwilderten Friedhof zwischen den Kir-

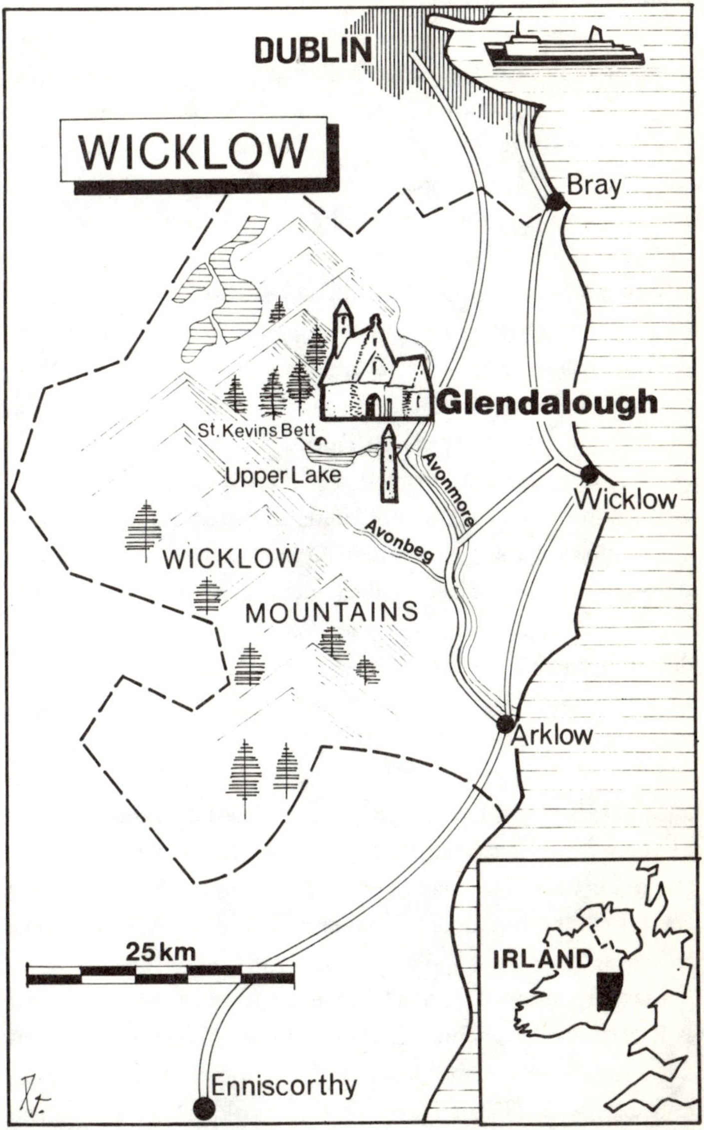
DUBLIN
WICKLOW
Bray
Glendalough
St. Kevins Bett
Upper Lake
Avonmore
Wicklow
Avonbeg
WICKLOW
MOUNTAINS
Arklow
25 km
IRLAND
Enniscorthy

chen, neben all den düster romantischen Mauerresten, wo man über abgetretenen oder moosbedeckten Grabplatten germanische Melancholie investieren oder Filme leerknipsen kann, erhebt sich eine halbwegs erhaltene, mit ungefügen Steinen gedeckte Kapelle, deren kleiner, runder, keck auf die Außenmauer gesetzter, an einen Kamin erinnernder Turm die irischen Pilger inspiriert hat zu dem keineswegs respektlosen, sondern den Heiligen ins Leben zurückholenden Ausdruck »Sankt Kevins Küche«.

Um solche sprachliche Delikatessen abschmecken zu können und andere etymologische oder historische Erläuterungen mitzubekommen, muß man stets in mehreren Reiseführern blättern, diese also immer mitschleppen – und das ist im Auto bequemer als im Rucksack. Denn man hat schon ein bißchen verstanden von der tiefen Religiosität dieses Landes und all den Problemen, die daraus entspringen, wenn man im Lauf einer mehrtägigen Reise liest und nachschlagen kann und lernt, daß nicht nur »kil« oder »cill« Kirche heißt, sondern daß die irische Sprache dafür (mindestens) ebenso viele Ausdrücke bereithält, wie es Kirchen in Glendalough gibt: »donagh«, »eaglais« oder »aglish«, »teas« oder »tass« und »teampull«.

Und mittendrin im Irland noch unserer Tage ist, wer aufmerksam dem Führer lauscht, der die Besucher über den »Upper Lake« rudert, an dessen Steilufer man, zehn Meter über dem Seespiegel, zu der niedrigen Höhle »Sankt Kevins Bett« hinaufkraxeln kann, in der Kevin meditiert haben soll.

Der Heilige war nicht nur eine franziskanische Natur von solcher Demut und Geduld, daß er, als dem tierliebenden Gottesmann eine Amsel ein Ei in die betend zum Himmel gereckten Hände legte, solange ausharrte, bis das Amseljunge ausschlüpfte, sondern auch ein früher Puritaner der schlimmen Sorte, wie sie in katholischen Kirchen voll

Andacht bewundert werden. Den jungen Mönch verfolgte ein Mädchen, »die schöne Kathleen mit Augen von ganz unheiligem Blau«, mit ihrer Liebe. Als es ihr eines Tages gelang, den Geliebten im Wald zu umarmen, »wappnete sich«, wie es einer der Reiseführer beschreibt, »der Soldat Christi mit dem Kreuzeszeichen, riß Brennesseln aus und schlug Kathleen so lange ins Gesicht, auf die Hände, die Brust und die Füße, bis sie voll Blasen war und die Liebe aus ihr wich«.

Weshalb ich dies zitiere? Weil die fröhlich laute Sauferei von Männern, Abend für Abend an jeder Bar in Irland, doch ihre Kehrseite haben muß. Liest man in einem Reiseführer die lüsterne Beschreibung der »Bestrafung« der »liebestollen« Frau aus geistlicher Feder, hört man das schadenfrohe Gelächter von Männern – und Frauen – wenn der Bootsmann die alte Legende zum Besten gibt, dann versteht man Patrick Warners – zunächst rätselhafte Sätze in seinem schönen, von Alfred Andersch eingeleiteten, von Michael Andersch mit Photos geschmückten Buch (»Irland – eine Entdeckung«): »Der Ire fürchtet den Sex.« Und sieht man dann abends an der Bar den Priester, im Kreis seiner (männlichen) Schäfchen, das Halbliterglas dunklen Biers in der Hand – ahnt man, welche Vitalität da mit Alkohol abgetötet werden muß, wie es der irische Schriftsteller Warner erkennt: »Der Ire trinkt eher der Umstände wegen als aus Neigung. Und der Priester, nicht selten mit einer der stärksten Säufer und oft aus demselben Grund, macht es den anderen stillschweigend vor.«

Solcher Einsichten wegen, nach denen man die Iren und ihre Literatur, etwa Sean O'Caseys Priesterhaß, ein bißchen besser versteht, lohnt die Strapaze einer wiederholten Zwanzig-Kilometer-Tages-Tour. Wer den Rucksack schultert, nur um Kalorien zu vernichten oder um sich »fit zu machen«, wie die schreckliche Leistungsvokabel lautet, kann dies im Grüngürtel unserer Städte einfacher (und billiger) haben. Wer aber einmal abschalten will, wer keine Angst hat vor Heinrich Bölls – richtiger – Erkenntnis im »Irischen Tagebuch«: »Der Regen ist hier absolut, großartig und erschreckend« und noch weniger vor der Einsicht, die Alfred Andersch im Vorwort zu Warners »Irland«-Buch ausspricht: »Wer sich vor dem Schweigen und vor dem Alleinsein fürchtet, soll nicht nach Irland gehen«, der streife durch die Wicklow Mountains. Wandervorschläge, besser als ich sie, auf meine eine, zielgerichtete Schneise fixiert, machen könnte, habe ich abends, nach preiswertem Dinner, in billigen, komfortablen Hotels oder Pensionen auf der Karte und in den Reiseführern studiert, die ich einen langen Tag lang mitgeschleppt habe. Man muß nur bereit sein, zu akzeptieren, was alle Führer ein wenig verlegen umschreiben, was etwa bei »Grieben« so heißt: »Die Täler sind im allgemeinen von Straßen oder Wegen durchzogen, die Berge selbst jedoch sind meist unwegsam und pfadlos«. Auf gut Deutsch: man muß auf der Landstraße wandern. Reumütig bin ich die paar Kilometer zurückgekraxelt, als ich einmal einem Kuhpfad folgte, in der Hoffnung, nach zwei Stunden auf einem der Zuckerhutberge zu stehen. Urwald muß so ähnlich sein.

Aber sonst bieten die Wicklow Mountains alle Annehmlichkeiten, wie man sie etwa, von Frankfurt aufbrechend, im Taunus findet. Man ist nach einer Stunde allein, kann stundenlang im Wald so vor sich hingehen – und ist doch nicht weiter als ein oder zwei Omnibus-Fahrstunden von einer Großstadt, den gemütlichen irischen Seebädern oder stillen Dörfchen im Vorgebirge entfernt.

Man muß es dem irischen Dichter Thomas Moore nicht unbedingt nachsprechen, der vor hundertfünfzig Jahren in seinem berühmten Gedicht über den Zusammenfluß der beiden Bergflüsse Avonmore und Avonbeg, des großen und des kleinen Avon, zum Avoca reimte: »In der ganzen weiten Welt gibt es kein Tal so süß / Wie das Tal, in dessen Brust die breiten Wasser sich treffen«; und man darf auch den offiziellen Werbespruch »Glendalough – strahlendstes Juwel in der Krone Wicklows« belächeln – und kann doch dem englischen Romancier Thackeray recht geben, der vor anderthalb Jahrhunderten nach einem Besuch hier aufschrieb: »Hast einmal du es gesehen, wirst du für immer sein Freund sein.«

Die Wanderroute

1. Tag: Flug von Hamburg nach Dublin.
2. Tag: Fahrt mit dem Omnibus (St. Kevin's Bus Service, Abfahrt: 11.30 Uhr an der Westseite des Parkes St. Stephen's Green (vor dem College of Surgeons) nach Glendalough (Ankunft: 13.30 Uhr). Wanderung zu den Sehenswürdigkeiten rund um die beiden Seen (6 km).
3. Tag: Wanderung nach Rathdrum (14 km). Ausflug durch das Avoca-Tal zum Zusammenfluß der beiden Flüßchen Avonmore und Avonbeg (»Meeting of the Waters«) (7 km).
4. Tag: Wanderung nach Rathnew (14 km). Ausflug nach Wicklow, Zentrum der Grafschaft Wicklow (4 km).
5. Tag: Wanderung nach Newtonmountkennedy (19 km).
6. Tag: Ausflüge. Rückfahrt mit Linienbus nach Dublin (40 km).
7. Tag: Rückflug nach Hamburg.

Informationen und Preise

Anreise: Ein Rückflugticket mit Linienmaschinen von Frankfurt nach Dublin kostet 800 Mark, wer mindestens 6 Tage und höchstens einen Monat bleibt, zahlt 719 Mark.
Bahnrückfahrkarten von Frankfurt nach Dublin (über Aachen – Oostende – Dover – London/Victoria Station – Holyhead) kosten 1. Klasse 549,40 Mark und 2. Klasse 396,70 Mark.

Ein Busrückfahrschein von Dublin nach Glendalough kostet knapp zwei Pfund (1½ Stunden Fahrzeit).

Eine direkte Schiffsverbindung besteht zwischen Le Havre/Frankreich und Rosslare (etwa 100 km südlich von den Wicklow Mountains). Die Hin- und Rückpassage kostet pro Person 294 bis 500 Mark je nach Kabinen- und Decksklasse, für Pkws der Mittelklasse werden ab 400 Mark berechnet. Dauer der Überfahrt: 20 Stunden.

UNTERKÜNFTE: Ein ausreichendes Zimmerangebot bieten Hotels, Pensionen und Privatunterkünfte in allen Ortschaften der Grafschaft Wicklow, außerdem kann man sich in Landhäusern und auf Bauernhöfen einmieten.

Durchschnittspreise pro Nacht und Gast für Doppelzimmer mit Frühstück: in guten Mittelklasse-Hotels 20 Mark, in Pensionen 8 bis 12 Mark.

Im Hotel Royal in Glendalough kostet eine Übernachtung im Doppelzimmer mit Frühstück pro Person 25 Mark, »Bed and Breakfast«-Quartiere werden ab 7 bis 10 Mark pro Nacht angeboten (Hochsaisonpreise).

Jugendherbergen gibt es in Dublin und in folgenden Orten der Grafschaft Wicklow: Knockree, Glencree, Tiglin, Glendalough, Aghavannagh, Glenmalure, Baltyboys, Glenbride, Ballinclea. Für eine Übernachtung zahlen Erwachsene 60 bis 70 pence, Jugendliche unter 16 Jahren 20 bis 30 pence (der Internationale Jugendherbergsausweis ist erforderlich).

PAUSCHALREISEN/RUNDREISEN nach und durch Irland bieten zahlreiche Veranstalter an, darunter der ADAC, Atlantik Reisen/Bremen, Bruhns Reisen/Hamburg und DER. Preisbeispiel: Eine Woche im Woodlands Hotel in Greystones/Grafschaft Wicklow, Doppelzimmerunterkunft mit Irischem Frühstück kostet bei Atlantik Reisen 1069 Mark (Zwischensaison). Im Preis inbegriffen: Schiffspassage Le Havre – Rosslare (Fahrer und Pkw), Kabinenplatz und alle Mahlzeiten an Bord.

EINREISEBEDINGUNGEN: Gültiger Reisepaß oder Personalausweis mit Visitors Card. Bei Autofahrern genügt der nationale Führerschein, die Mitnahme der Internationalen grünen Versicherungskarte ist zu empfehlen.

DEVISEN: Ein Irisches Pfund kostet zur Zeit 4,80 Mark. (Irland gehört zum Währungsgebiet des Pfund Sterling, das Englische Pfund wird als Zahlungsmittel anerkannt. Kurswert: ebenfalls 4,80 Mark.)

REISE(WANDER-)FÜHRER UND KARTEN: Irland: Polyglott Band 788 (mit Nordirland), 64 Seiten, 4,80 Mark; Stauff, 349 Seiten, Karten, Pläne, 18,80 Mark; Wagner (Prestel Verlag), 370 Seiten, 26,50 Mark; Morton, Wanderungen in Irland (deutsche Übersetzung von Zweig/Engel), 344 Seiten, 26 Mark; Piehler, Irland für jedermann (deutsche Übersetzung von Feldhoff), 320 Seiten, 19 Mark; Warner, Irland – Eine Entdeckung (deutsche Übersetzung von Andersch), 208 Seiten, 48 Photos, 28 Mark; Böll, Irisches Tagebuch, dtv Band 1, 148 Seiten, 3,80 Mark; Informationsheft ER2E »Wicklow & South County Dublin« (wird kostenlos von den Fremdenverkehrszentralen abgegeben); – Irland-Karten: Bartholomew Travel Mape, Blatt 2 und 3, Quarter-inch, je 6,50 Mark; Ordnance Survey, Blatt 13 und 16, 1 : 125 000, je 5,80 Mark.

AUSKÜNFTE: Irish Tourist Board (»Bord Fáilte«), Baggot Street Bridge or P.O. Box 273, Dublin 2; Irische Fremdenverkehrszentrale, Untermainanlage 7, 6000 Frankfurt, Telephon (06 11) 23 33 41. (Außenbüros der Irischen Fremdenverkehrszentrale in Düsseldorf, Frankfurt, Hamburg, München [c/o Aer Lingus]).

PRAKTISCHE RATSCHLÄGE

Von Armin Ganser und Ferdinand Ranft

Wander-Ausrüstung

Wandern ohne richtige Ausrüstung kann zur Plage werden, darüber haben die meisten Autoren dieses Buches berichtet. Wie aber sieht die »richtige« Ausrüstung aus? Rudolf Walter Leonhardt beispielsweise plädiert in seiner Schwarzwald-Wanderung für leichte Leinenschuhe mit dicker Kreppsohle. Er ist freilich nicht, wie er selber schreibt, querfeldein gelaufen, geschweige denn auf einem Bergpfad, sondern wohl mehr auf gut angelegten Spazierwegen.

Auf unserer Wanderung durch den Schweizer Nationalpark, manchmal steil bergauf über Wurzeln und Steine, hätten wir uns mit Leinenschuhen nicht nur die Knöchel aufgestoßen, vielleicht wären wir auch mit verstauchten Knochen zum Ziel gehumpelt. Bei Wanderungen, die nicht mehr unter die Kategorie »Spaziergänge« fallen – diese Erfahrung haben wohl alle Autoren auf ihren Touren gemacht –, spielt das Schuhwerk eine entscheidende Rolle. Ich plädiere für richtige Wanderstiefel aus Leder mit starker Profilsohle aus Gummi, sie sind für jede Art von Bodenbeschaffenheit geeignet. Natürlich ist es töricht, mit neuen Schuhen auf Wanderung zu gehen, auch in der Stadt kann man Wanderstiefel ein oder zwei Wochen lang einlaufen.

Über zweckmäßige Strümpfe gehen die Ansichten auseinander. Wollsocken fusseln, dadurch kann man sich leicht die Füße wundlaufen. Besser ist es, zunächst ganz normale, dünne Strümpfe anzuziehen und dann darüber den Wollstrumpf zu ziehen. Er muß weit übers Knie reichen und sollte oben am besten einen Gummizug haben, sonst wird das Ganze eine nervenaufreibende Rutschpartie.

Gute Stiefel kosten heute 70 bis 100 Mark, ein Paar lange Wollsocken fast 20 Mark, ein zweites Paar zum Wechseln gehört unbedingt zur Ausrüstung dazu.

Viele wandern heute, auch im Gebirge, mit Jeans. Bequemer und zweckmäßiger sind Bundhosen (die außerdem auch die Strümpfe festhalten); 50 Mark muß man dafür schon anlegen. Erfahrene Wanderer raten zu baumwollener Unterwäsche, weil sie den Schweiß, den wir wohl oder übel vergießen werden, besser aufnimmt. Bunte Flanellhemden, das kann ich aus eigener Erfahrung berichten, eignen sich für Männer besonders gut, man muß sie auch nicht täglich wechseln; für die Weiblichkeit haben sich baumwollene Blusen bewährt.

Den guten alten Rucksack können Sie getrost vergessen, heute wandert man mit einem leichten Perlon-Rucksack mit Traggestell und Hüftgurt, eine Anschaffung, die mit 70 bis 100 Mark zu Buche schlägt.

Alle weiteren Ausrüstungsgegenstände hängen von Art und Dauer der Wanderung ab. Ist man genötigt, all seine Habe über viele Kilometer mit sich herumzuschleppen, dann wird man schnell wählerisch bei der Auswahl der unbedingt notwendigen Utensilien. Die Pfunde kommen schnell zusammen, andererseits ist man überrascht, auf wie viele Dinge man gut und gerne verzichten kann. Die nachstehende Aufstellung soll also nur einen Überblick über mögliche Wanderausrüstungsgegenstände geben, jeder stellt sich danach die für ihn passende Kombination zusammen.

Zum Rucksackinhalt gehören: ein dicker Pullover, ein Ersatzhemd, Ersatzstrümpfe, Unterwäsche zum Wechseln, Taschentücher, Anorak, Handschuhe, Waschzeug. Für Regenwetter benötigen wir einen Regenumhang mit geschweißten

Nähten, in manchen Gegenden sind auch entsprechende Hosen zu empfehlen. Als kleiner Regenschutz empfiehlt sich eine Perlonkotze. Auf keinen Fall dürfen wir die Kopfbedeckung vergessen, dazu Sonnenbrille und Sonnenöl. Für die Übernachtung auf der Hütte sind ein Paar Hüttenschuhe nützlich, ein Trainingsanzug, gegebenenfalls auch ein Schlafsack.

Als Notverpflegung eignen sich Trockenfrüchte, Nüsse, Traubenzucker, Fruchtschnitten und Schokolade. Zur Ausrüstung gehören ferner: Schreibzeug, Zündhölzer, Feuerzeug, Taschenlampe, Bindfaden, Papiertaschentücher, Karten, Kartentasche, Kompaß, Fernglas, Feldflasche, Trinkbecher, Messer, Flaschenöffner und Korkenzieher, Verbandszeug, elastische Binde, Sicherheitsnadeln, Fußpuder, Schuhputzzeug, Trillerpfeife, Photoapparat, Schlangenserum, Klopapier, Badezeug und für ganz Unermüdliche: ein Kartenspiel.

Wandern mit dem Jugendherbergswerk

Längst ist das Deutsche Jugendherbergswerk (Bülowstraße 26, 4930 Detmold, Telephon [0 52 31] 2 27 22) nicht mehr nur eine Organisation, die sich über ihre Landesverbände ausschließlich um Bau, Unterhalt und Betrieb von Jugendherbergen kümmert. Aus den preiswerten Übernachtungsstätten für junge Leute wurden zusätzlich Stützpunkte für eine Fülle von Ferienaktivitäten. Das Deutsche Jugendherbergswerk (DJHW) will heute junge Leute, aber auch Familien, bei Wander- und Hobbywochen zusammenführen.

Bei sämtlichen Wanderungen des DJHW werden natürlich ausschließlich Jugendherbergen zum Übernachten benutzt. Wer dort schläft, muß Mitglied des Verbandes sein.

Bis zum vollendeten 24. Lebensjahr kostet der Jahresbeitrag 8,50 Mark. Ältere Einzelpersonen und Familien zahlen 16 Mark Beitrag. Übernachtungspreis und Verpflegung sind jeweils in den Pauschalen für Wanderwochen inbegriffen. Bei Einzelreisen zahlen Erwachsene jetzt pro Nacht (ohne Frühstück) 4,70 Mark, Jugendliche drei Mark. Frühstück, Mittag- und Abendessen sind für einen Pauschalpreis von 8 bis 9,30 Mark zu haben. Zuschläge werden für Warmwasser, Bettwäsche und Eintreffen nach 22 Uhr erhoben.

Das jährliche Freizeit- und Ferienprogramm des DJHW sieht allein in der Bundesrepublik über 60 Termine für Wanderungen zwischen vier und 23 Tagen vor; der Tagessatz liegt zwischen 15 und 20 Mark. Dazu kommen Bergwanderwochen und Lehrgänge für Bergwanderführer (unter Leitung des bekannten Alpinisten Anderl Heckmair). Außerdem gibt es im Programm des DJHW Radwanderungen und Wanderfahrten im Ausland. Steigender Beliebtheit erfreuen sich, nach Angaben des DJHW, »Wanderungen mit Rucksack und Notizblock«. Bei diesen Reisen stehen Zeichenstudien in der Natur und das Malen von Landschaftsaquarellen, verbunden mit Exkursionen und heimatkundlichen Wanderungen, im Mittelpunkt. Auch Familien mit Kindern können an einigen Wanderungen gemeinsam teilnehmen. Die interessanteste Tour dieser Art führt durch das Hochsauerland zur ersten und ältesten Jugendherberge der Welt, der Burg Altena.

Auslandsreisen auf Jugendherbergsweise ist das Motto einer Reihe von Angeboten, die nach Dänemark (Familienwanderfahrten), Frankreich (Burgen- und Schlösserwanderungen) Holland (Reiterferien) und Schottland (Wanderwochen) führen.

Ausführliche Informationen findet man im Deutschen Jugendherbergsverzeichnis, Preis 2,50 Mark, zu beziehen über das DJHW oder Buchhandlungen.

Wandern mit Vereinen, Verbänden, Hüttenunterkünfte

So mancher Wanderlustige hat etwas gegen Vereine und Verbände. Warum sich »organisieren lassen«, wenn man doch auch allein oder mit Hilfe von Reiseführern die rechten Pfade findet? Dennoch: Die Mitgliedschaft in einem Wanderverein verschafft passionierten Naturfreunden manchen Vorteil, zum Beispiel: Führungen, bei denen es weniger darum geht, den richtigen Weg zu finden, als darum, neue Entdeckungen in der Pflanzen- oder Tierwelt zu machen; Übernachtungsmöglichkeiten in verbandseigenen Schutz- und Berghütten; Teilnahme an Vorträgen und Filmvorführungen, die unbekannte Wanderregionen vorstellen oder Tips für Ausflüge geben; preiswerte Transporte (Busse, Bahn) für Gruppen und schließlich die Gelegenheit, unterwegs Gleichgesinnte kennenzulernen.

Die Anschriften von Wandervereinen erfährt man über deren Zentralverbände. Wichtigste Adresse: Verband Deutscher Gebirgs- und Wandervereine, Hospitalstraße 21 b, 7000 Stuttgart 1. Ihm gehören 48 Wandervereine mit rund 2500 Ortsgruppen und etwa 420 000 Mitgliedern an. Darunter sind 40 000 Jugendliche unter 25 Jahren, für sie gibt es 910 Jugend- und Kindergruppen (Deutsche Wanderjugend). Der Mitgliederstand des Verbandes steigt ständig: Allein 1975 wurden über 10 000 Neuaufnahmen registriert. Die größten Mitgliedsverbände sind der Schwäbische Albverein, der Schwarzwaldverein, der Sauerländische Gebirgsverein, ferner der Eifelverein, der Pfälzerwald-Verein und der Odenwaldklub.

Der Zentralverband pflegt auch internationale Beziehungen (und vermittelt daher auch Wanderinformationen über das Ausland). 1969 war er Gründungsmitglied der Europäischen Wandervereinigung (Billmannstr. 10, 7000 Stuttgart 1), der heute 28 Wanderverbände aus 13 europäischen Staaten mit 1,3 Millionen Mitgliedern angehören. Eine Großtat dieser Vereinigung war der Beschluß, ein Netz von europäischen Fernwanderwegen anzulegen. Bisher wurden fünf derartige Tippelpfade ausgeschildert (ein Merkblatt gibt darüber Auskunft).

Die Beiträge für die Mitgliedschaft in einem örtlichen Wanderverein bewegen sich derzeit zwischen 15 bis 20 Mark im Jahr. Für das Übernachten in vereinseigenen Hütten oder für Transporte muß extra bezahlt werden. Generell kann man jedoch sagen, daß sich die finanziellen Aufwendungen bei diesen Vereinen in bescheidenen Grenzen halten.

Der Deutsche Alpenverein (Praterinsel 5, 8000 München 22) widmet sich mit seinen Mitgliedsgruppen in erster Linie dem Bergsteigen, daneben aber auch dem Wandern im Mittelgebirge. Ein 1974 in 5. Auflage erschienenes Hüttenverzeichnis (Bergverlag Rother, München) beschreibt 252 vereinseigene Einrichtungen in den Alpen und 46 im Mittelgebirge. Es kostet im Buchhandel 12,80 Mark, für Mitglieder 9 Mark. In einigen Hütten können auch Nichtmitglieder übernachten.

Als besonders familienfreundlich gibt der Alpenverein folgende Hütten an:

Allgäuer Voralpen: Mahdtalhaus, Schwarzwasserhütte.

Allgäuer Alpen: Landsberger und Pfrontner Hütte.

Lechtaler Alpen: Freiburger und Ravensburger Hütte.

Wetterstein: Kreuzeckhaus.

Karwendel: Neue Magdeburger Hütte.

Bayerische Voralpen: Ludwig-Aschenbrenner-Hütte, Blecksteinhaus, Bodenschneidhaus, Brauneck-Gedächtnis-Hütte, Jubiläumshütte, Lenggrieser Hütte, Rotwandhaus, Taubensteinhaus, Weilheimer Hütte.

Berchtesgadener Alpen: Neue Traunsteiner Hütte, Ostpreußenhütte.

Chiemgauer Berge: Hochries-Gipfelhütte und Riesenhütten, Priener Hütte, Traunsteiner Skihütte (Winkelmoos), Straubinger Haus.

Rätikon: Schwabenhaus auf der Tschengla.

Samnaun: Ascher Hütte.

Stubaier Alpen: Guben-Schweinfurter-Hütte, Potsdamer Hütte, Starkenburger Hütte (ausgenommen Wochenende, Anmeldung erforderlich).

Tuxer Alpen: Meißner Haus, Weidener Hütte.

Kitzbüheler Alpen: Neue Bamberger Hütte, Bochumer Hütte (Kelchalm), Fritz-Hintermayr-Hütte, Oberlandhütte (am Wochenende überfüllt).

Zillertaler Alpen: Karl-von-Edel-Hütte, Friesenberghaus.

Goldberggruppe: Niedersachsenhaus.

Radstädter- und Schladminger Tauern: AV-Haus Obertauern.

Katschberg/Oberkärnten: Neue Bonner Hütte.

Niedere Tauern: Kleinarler Hütte.

Ferner bringt der Alpenverein alljährlich einen Reisekatalog heraus, der interessante Gruppenfahrten in die Bergwelt der ganzen Erde zusammenfaßt. Nichtmitglieder können allerdings nur die Fernreisen des Katalogs buchen.

Ob eine andere Form organisierter Marschiererlust noch etwas mit Wandern im herkömmlichen Sinne zu tun hat, ist mehr als fraglich: Gemeint sind die zahlreichen Volksmärsche, bei denen für fußgängerische Rekordleistungen Medaillen verliehen werden. Kritiker beanstanden, daß bei solchen Märschen oft völlig Untrainierte mitmachen, die dann mit gesundheitlichen Schäden im wahrsten Sinne des Wortes »auf der Strecke« bleiben. Zu den Volksmärschen strömen auch aus weitesten Entfernungen Fans herbei, denen es nur um Preise, nicht aber um das Wandererlebnis geht.

Einige andere Verbände, so der Touristenverein »Die Naturfreunde« (Postfach 380, 7000 Stuttgart 60), widmen sich nur noch in Teilbereichen ihrer Tätigkeit dem Wandern. Die Naturfreundejugend beispielsweise ist heute eine eher politische Jugendorganisation. Aber in den Unterkunftshäusern und Hütten dieser Organisation finden auch heute noch Wanderer ein Quartier. Das Verzeichnis »Naturfreundehäuser in Deutschland« kann für 7 Mark, zuzüglich Versandkosten beim Bundesverband der Naturfreunde in Stuttgart bezogen werden.

Ferner gibt es noch den (dem Deutschen Sportbund angeschlossenen) Deutschen Trimm-Club (Henschelstr. 7, 8000 München 60), der Wandern als »Gesundheits-Lauftreffs im Sportpark Natur« definiert. Auskunft über österreichische Wanderrouten erhält man auch beim Österreichischen Alpenverein, Postfach 282, A-6010 Innsbruck und beim Österreichischen Jugendherbergsring, Postfach 67, A-1096 Wien.

Wandern mit Bergschulen

Zwei Typen von Bergschulen sind zu unterscheiden: einmal große, überörtlich tätige Schulen, die mit ihren Bergführern und -lehrern auch für Reiseveranstalter und Sporthäuser Wanderwochen und Tourenführungen übernehmen, daneben gibt es in den Alpen eine Vielzahl örtlicher Bergschulen, die ihre Aufgabe in erster Linie darin sehen, für Urlauber Tages-Gruppenwanderungen zu veranstalten.

Bei den Wanderwochen der überörtlichen Schulen in der Bundesrepublik, in Österreich und in Südtirol werden unterschiedliche Vorkenntnisse vorausgesetzt, da gibt es beispielsweise bei der Alpinschule Innsbruck Grundkurse für Anfänger, die mit dem Bergsteigen im Fels bekanntmachen. Für Urlauber, die bereits einen Grundkurs besucht haben und genügend Kondition mitbringen, bieten sich als Steigerung Tourenwochen an, bei denen jeweils mehrere Gipfel bestiegen werden. Fortgeschrittene nehmen sich dann die Durchquerung einer ganzen Gebirgskette vor.

Mit Umfang und Qualität der Programme der überörtlichen Schulen der genannten drei Alpenländer können sich die örtlichen Schulen der Schweiz messen, die alle auf eine lange Tradition zurückblicken.

Sporthäuser wie Scheck und Schuster in München oder Entress in Stuttgart bieten sowohl geführte Wochenendwanderungen in den Alpen als auch Bergtouren mit mittleren Anforderungen an. Sport-Scheck besitzt in München sogar einen eigenen Klettergarten für Übungszwecke.

Die Angebote der Berg- und Skischule des Deutschen Alpenvereins (DAV) sind – mit Ausnahme einiger Fernflugreisen zu Bergtouren, beispielsweise nach Südamerika oder Indien – den Mitgliedern des Alpenvereins oder gleichgestellter Vereine vorbehalten. Der Jahresbeitrag beträgt regional unterschiedlich um 30 Mark. Für die Wandertouren erhebt die Bergsteigerschule des DAV als gemeinnützige Organisation lediglich Gebühren, um die anfallenden Kosten zu decken. Teilnehmer, die den Anforderungen einer gebuchten Tour nicht gewachsen sind, kann der Kursleiter ausschließen.

Anschriften von Bergschulen

Berg- und Kanuschule Oberallgäu, Postfach 74, 8980 Oberstdorf (größter Anbieter von Bergwanderungen, Kletterkursen und Tourenwochen in der Bundesrepublik);

Berg- und Skischule des Deutschen Alpenvereins, Praterinsel 5, 8000 München 22;

Sport-Scheck-Reisedienst, Sendlinger Str. 85, 8000 München 2;

Sport-Schuster, Rosenstr. 5, 8000 München 2;

Entress-Sportreisen, Königstr. 32, 7000 Stuttgart 1;

Alpinschule Innsbruck, Etrichgasse 18 a, A-6020 Innsbruck;

Hochgebirgsschule Tyrol, Innrain 67, A-6020 Innsbruck;

Alpinschule Dachstein, Korda 15, A-8972, Ramsau/Steiermark;

Bergsteigerschule Reinhold Messmer, I-39 040 Villnöß/Südtirol;

Bergführergruppe Val d'Isère (eine der wenigen Schulen in Frankreich mit deutschsprachigen Kursen), Programm über das Office du Tourisme, Postfach 28, F-73 150 Val d'Isère.

Alle genannten Bergschulen und Sporthäuser verschicken Sommerkataloge. Ein Verzeichnis der 14 Bergsteigerschulen der Schweiz bekommt man beim Schweizer Verkehrsbüro, Kaiserstraße 23, 6000 Frankfurt. Wanderungen durch den Schweizer Nationalpark und Bergtouren veranstaltet das Kurvereinsbüro von CH-7524 Zuoz.

Informationen über örtliche Bergschulen gibt es für die Bundesrepublik über den Verband Deutscher Ski- und Bergführer (der auch ein Verzeichnis der Tarife für Bergführungen herausgibt), Lindenstr. 16, 8980 Oberstdorf; für Österreich über die Österreichische Fremdenverkehrswerbung, Roßmarkt 12, 6000 Frankfurt, sowie über deren Außenstellen in München, Berlin, Köln und Hamburg. Außerdem gibt es in diesen Büros eine Broschüre: »Bergwandern in Österreich«.

Wandern mit Reiseveranstaltern

In den Programmen der Reiseveranstalter werden verschiedene Formen des Gruppenwanderns angeboten: 1. Tageswanderungen innerhalb einer Wanderwoche von einem

Standort aus. 2. Wanderungen von Ort zu Ort mit Übernachtungen in einfacheren Unterkünften. 3. Trekking-Touren, die an Kondition und Ausdauer höhere Anforderungen stellen.

Deutsches Reisebüro

Bergwanderungen in Österreich und Südtirol für 14- bis 60jährige. Sie dauern jeweils eine Woche und führen in die Stubaier Alpen, Zillertaler Alpen, das Kaiser-Gebirge und die Dolomiten. Übernachtungen in Hütten und Gasthöfen.

FIT Gesellschaft für gesundes Reisen (Ravensteinstr. 2, 6000 Frankfurt 60)

Tiroler Bergwanderferien mit je zwei Ganz- und Halbtageswanderungen innerhalb einer Woche. Dafür Zuschlag zum normalen Aufenthaltspreis in Obsteig/Tirol. Wanderwochen im Bayerischen Wald zwischen den Steigenberger-Hotels Lam und Grafenau. Auf der Wanderung Hüttenunterkunft. Zwei Wochen Wandern an Seen, durch Wälder und an den Fjorden Norwegens. Ähnliche Programme des Veranstalters für Italien, Provence, französische Seealpen, Andalusien und Engadin.

Vobis Reisen (Gräfstr. 18, 8000 München 60)

Vom Standquartier auf der »Chilko Lake Wilderness Ranch« in Kanada Fußwanderungen rund um den See. Zelt- und Kochausrüstung wird gestellt. Bootstransport zu den Ausgangspunkten der Wanderungen. Wer will, kann auch fischen und reiten. Das gleiche Programm wird auch vom ADAC angeboten.

Wikinger Reisen (Tillmannstraße 13, 580 Hagen-Haspe)

Wanderwochen in Island, 250 Kilometer zu Fuß, Gepäck im Landrover, Übernachtung in vom Veranstalter gestellten Zelten. Norwegische Wanderwochen in Oppdal, eine Woche im Sporthotel, eine zweite Woche Wandertour, Übernachtung in Hütten.

Kuoni

Katalog »Wanderreisen in kleinen Gruppen« mit Wanderungen in Griechenland, Jugoslawien, auf Sardinien, Mallorca, Korsika, in den Karpaten und in Nepal.

Neckermann

Trekking-Touren durch Nepal, als Zusatzprogramm für Bangkok-Besucher, sechs Tage mit Vollpension und Zeltübernachtung.

Dr. Tigges-Fahrten

Wanderferien im schottischen Hochland mit Tagestouren ab Standort Carrbridge bei Aviemore. Wanderferien in Norwegen mit Touren von den Standorten Lom/Gudbrandsdal und Fagernes/Valdrestal aus, dazwischen Bus- und Schifftransfers. Ähnliches Programm für Mittelschweden. Wanderreise Deutsch-Luxemburgischer Nationalpark. Eine Woche vom Hotel Bollendorf aus mit Halbpension. Ähnliches Programm für die Vogesen.

Touropa und Transeuropa

Bergwanderungen auf Korsika, acht Tage mit Übernachtung in Zelten und Vollpension. (Nur als Anschlußreise zu einem Hotelaufenthalt auf der Insel.)

Seven Ocean Tours (Bayerstr. 2, 8000 München 2)

Touren mit isländischen Wandervereinen, Dauer bis zu zehn Tagen; Zelt- und Hüttenübernachtung. Preise, Termine, Tourenverlauf und Sonderflüge nur auf Anfrage beim Veranstalter.

ADAC Reise

Himalaya-Trekking: An sechs Tagen der 17tägigen Reise, Flug von allen deutschen Flughäfen nach Delhi, Transfers, Hotel- und Zeltübernachtungen, Gepäcktransport, Führung. Ähnliches Programm bei Airtours International.

Hauser Exkursionen International (Neuhauserstr. 1, 8000 München 2)

Leichte Wanderungen (22 Tage) in Nepal, Annapurna-Himalaya und im Bergland Rolwaling-Hanumante sowie zu weiteren Zielen. Anspruchsvollere Bergwanderungen im Himalaya und anderen Gebieten. Fuß-Safari Zambia, 17 Tage. Wandern auf der Inkastraße nach Macchu Picchu in Peru. Wanderungen in Alaska, Pamir/UdSSR, Grönland, Griechenland, ČSSR, Lappland.

In den Informationskapiteln wurden bereits drei Spezialbüros für Wanderferien erwähnt: Walz-Wanderferien, 7441 Neckartenzlingen; Baumeler Wanderferien, CH-6002 Luzern, Grendel 11 und Imbach-Reisen, CH-6002 Luzern, Weggisgasse 1. Wanderferien in fünf Kontinenten veranstaltet das Reisebüro Inter-Air Voss und Laun GmbH, Triftstraße 28–30, 6000 Frankfurt-Niederrad; Wandern kann man schließlich auch mit dem Jugendreisebüro Kontakt-Reisen, Kolpingstraße 13, 5600 Wuppertal 1, und dem Institut für wissenschaftliche Reisen Fahrtenring, Unterer Seeweg 3, 8130 Starnberg.

Angebote der Fremdenverkehrsverbände

Wer Urlaub in Deutschland macht, sollte – so müßte man annehmen – allerorten ein reichhaltiges Angebot an Wandervorschlägen vorfinden: Touren, geführt von Ortskundigen, an denen sich alle Feriengäste beteiligen können. Haben die Verkehrsvereine und die örtlichen Kurverwaltungen derartige Angebote vorbereitet? Eine Umfrage bei den Landesfremdenverkehrsverbänden ergab, daß die Verbandszentralen zwar genau wissen, daß hier »etwas zu tun wäre«, aber Pauschalprogramme, die Unterkunft, Verpflegung und geführte Gruppenwanderung kombinieren, fehlen noch weitgehend – ausgenommen im Schwarzwald.

Der große Erfolg der Rundwanderungen im Schwarzwald »Wandern ohne Gepäck« zeigt, daß die Verbindung von Komfort und Naturerlebnis durchaus auf Interesse stößt. Auch ganz neue Publikumsschichten sind offenbar für Wandern ansprechbar, jedenfalls zeigen das die Teilnehmerzahlen der Rundwanderungen durch den Bayerischen Wald, die der Steigenberger-Konzern veranstaltet. Der Fremdenverkehrsverband Franken weist zwar ebenfalls auf solche Wanderungen hin, sie werden jedoch von Untergliederungen des Verbandes Deutscher Gebirgs- und Wandervereine (Hospitalstraße 21 b, 7000 Stuttgart 1) ausgeschrieben. Die begleitenden Wanderwarte kümmern sich aber nicht immer um die Quartierreservierung, und auch ein Voraustransport des Gepäcks mit Lkw findet nicht statt.

Hier nun eine Auswahl aus den von den einzelnen Verbänden eingegangenen Hinweisen auf Pauschalwochen beziehungsweise Gruppenwanderungen (Abkürzungen: ÜF = Übernachtung mit Frühstück, HP = Halbpension, VP = Vollpension, DZ = Doppelzimmer, LFVV = Landesfremdenverkehrsverband):

LFVV Baden-Württemberg, Postfach 304, 7000 Stuttgart 1

(1) »Wandern ohne Gepäck«, drei Routen im Schwarzwald, eine Woche mit HP ab 250 Mark für alle Etappen: »Auf der Fährte des Rothirsches«, Kurverwaltung 7290 Freudenstadt; »Auf dem Weg der Uhrenträger«, Kurver-

waltung 7740 Triberg; »Rund um den Feldberg«, Kurverwaltung 7820 Titisee-Neustadt. (2) Kurverwaltung 7847 Badenweiler: Vom Kurdirektor und Bürgermeister geführte »Wanderungen ins Markgräflerland« für Ortsgäste.

LFVV Hessen, Postfach 3084, 6200 Wiesbaden

(1) »Wandern ohne Gepäck im Naturpark Bergstraße-Odenwald«, ohne Führung, viermal ÜF, Wanderkarte, Gepäcktransport. Buchung: Verkehrsbüro 6149 Fürth/Odenwald, Rathaus. (2) »Wandern auf den Höhen des Mümlingtals«, dreimal HP, 99 Mark. Buchung bei allen DER-Reisebüros.

LFVV Ostbayern, Richard-Wagner-Straße 10, 8400 Regensburg

(1) »Bayerwald-Wanderwochen« der »Sonnenhof«-Hotels des Steigenberger-Konzerns in Bodenmais, Grafenau und Lam. Eine Woche mit Ü in den drei genannten Hotels und in einer Hütte auf dem Falkenstein mit HP, Gepäcktransport, 385 Mark. (2) Wanderwochen in der Vor- und Nachsaison, veranstaltet vom Hotel Dischinger, 8374 Viechtach, eine Woche mit Führung ab 160 Mark.

LFVV Nordsee-Niedersachsen-Bremen, Postfach 295, 2900 Oldenburg

Keine Pauschalarrangements, aber geführte Gruppenwanderungen für Gäste in Bippen, Langen Kr. Lingen, Marienhaafe/Brookmerland, Neukirchen/Oldenburg und Uelsen. Naturkundliche Exkursionen in Horumersiel-Schilling, Lembruch/Dümmer. Geführte Wattwanderungen in vielen Küstenorten der Nordsee.

LFVV Kurhessen und Waldeck, Postfach 869, 3500 Kassel 2

»Rhönwanderwochen« im September und Oktober in den

Orten Ehrenberg, Gersfeld, Hilders, Hofbier, Poppenhausen und Tann jeweils mit Halb- und Ganztagswanderungen. Eine Woche mit VP, Führung, Eintrittsgeldern ab 220 Mark. Gesamtprogramm über den LFVV.

LFVV Franken, Postfach 7, 8500 Nürnberg

Der LFVV verweist auf örtliche Pauschalangebote, bei denen gelegentlich Wanderungen vorgesehen sind. Diese Programme enthält die Broschüre »Unterhaltsamer Urlaub in Franken« des LFVV. Im übrigen informiert der LFVV Interessenten über »Rucksackwanderungen«, die – wie erwähnt – Mitgliedsvereine des Verbandes Deutscher Gebirgs- und Wandervereine in Franken veranstalten, etwa ein Dutzend von Ende Mai bis zum Herbst. Auch der Zentralverband verschickt eine Terminliste, in der die Anschriften der jeweils zuständigen Wanderwarte genannt werden.

LFVV Allgäu/Bayerisch Schwaben, Halderstraße 12, 8900 Augsburg

(1) Hindelang: Bergsteiger-, Wander- und Sportpauschale von Mitte Juni bis Ende September, zwei Wochen ÜF mit Alpwanderungen, Hochgebirgstouren und Kletterkurs, 185 bis 330 Mark. (2) Füssen: Wanderwoche, fünf Tage mit Führung, Bergbahnen und Bustransfer 80 Mark (ohne Unterkunft und Verpflegung). Der LFVV verweist auf seine Sonderdrucke »13 Wanderungen in den Allgäuer Alpen«, »Über den Grat« sowie auf die Wander- und Routenkarten »Trauchgau«, »Wandern am bayerischen Bodensee«, »Großer Alpsee« und »Nebelhorn«.

LFVV Rheinland-Pfalz, Postfach 1420, 5400 Koblenz

Moselweinwanderungen im Mai/Juni und September/Oktober, geführte Wanderungen ab und bis Cochem (Rückkehr mit Schiff), mit Weinproben und Besichtigungen, eine

Woche mit VP 330 oder 365 Mark. Der LFVV empfiehlt Wanderern außerdem die Prospekte »Parken und Wandern« für die Bereiche Pfalz/Rheinhessen, Eifel/Ahr, Hunsrück/Nahe-Glan, Westerwald/Lahn-Taunus, sowie die Broschüre »Autofahrt und Wanderungen in der Eifel«.

LFVV Lüneburger Heide, Rathaus, 3140 Lüneburg

Für interessierte Gruppen stellt die Verbandsgeschäftsstelle individuelle Routen zusammen. Näheres in der Broschüre »Info 77 – Wissenswertes für den Gast«.

Die hier nicht genannten Landesfremdenverkehrsverbände konnten keine Pauschalangebote benennen, beziehungsweise verwiesen – wie alle Verbände – auf örtliche Wanderwegenetze, Wanderkarten und Naturlehrpfade.

Wandern mit der Bundesbahn

Opas autofreier Familien-Sonntagsausflug findet auch heute noch statt: Nichts anderes sind nämlich jene Wandervorschläge, die die Deutsche Bundesbahn seit 1968 mit ihrem Gesamtwerk »Die Wanderfibel« verbreitet. Ursprünglich war die Reihe, deren einzelne Bände die Ausflugsgebiete jeweils einer Bundesbahndirektion behandeln, ohne sich freilich starr an das Organisationsschema zu halten, für das gesamte Bundesgebiet geplant. Seitdem die Bahn jedoch auch im Kundenservice sparen muß, geriet das Gesamtwerk ins Stocken, so daß heute einige weiße Flecken auf der bundesdeutschen Landkarte übriggeblieben sind, beispielsweise Franken oder das Saarland.

Die Gestaltung des Gesamtwerks lag zunächst ausschließlich beim Verlag Willi Hühne, Nieder-Roden, während die Bundesbahn-Direktionen als Herausgeber fungierten. Der letzte Band: »Hamburg« – was Übersichtlichkeit und stilistische Farbigkeit betrifft, die bisher beste Wanderanleitung der Bahn –, kam beim Heide-Wegweiserverlag Buchholz/Nordheide heraus. Den Text dieser Fibel hat allerdings nur ein einziger Autor geschrieben, während bei den anderen Führern jeweils eine Vielzahl von Bundesbahnbeamten, Lehrern oder Verkehrsamtsdirektoren am Werke waren.

Die neueren Bände »Südbayern« und »Hamburg« haben das Format 11,5 mal 19,5 cm, das man leicht in die Tasche stecken kann. Alle anderen Fibeln wirken mit 14,5 mal 21 cm unhandlich und sind teilweise auch schlecht gebunden. Die einheitliche Schutzgebühr für alle Bände beträgt drei Mark. Die hier aufgezählten Fibeln stellen nach Angaben der Direktionen das derzeit greifbare Angebot dar.

Ein Manko einiger Bände sind die mehrere Jahre zurückliegenden Erscheinungsdaten. Gelegentlich dürften Schienenstrecken, die zur Anreise in die beschriebenen Wandergebiete empfohlen werden, inzwischen stillgelegt, beziehungsweise durch Busverkehr ersetzt worden sein. Die an solchen Schienensträngen genannten Bahnhöfe behalten jedoch als Orientierungspunkte für die Wandertips Gültigkeit.

Die Wanderfibeln enthalten sowohl Rundkurse von einem Bahnhof aus und zu diesem zurück als auch Wege, die an anderen Bahnhöfen der gleichen Strecke, oder an Haltepunkten anderer, benachbarter Strecken enden. Schließlich gibt es in den Führern auch Stadtbeschreibungen mit Vorschlägen für Rundgänge.

Übersicht der angebotenen Bahn-Wanderführer:

Wanderfibel der Direktion Hannover, Stand Sommer 1968: 778 Wandervorschläge, 24 Stadt- und acht Inselbesichtigungen; Weser-Ems-Gebiet, Ostfriesische Inseln, Teutoburger Wald, Lipperland und Wiehengebirge, Lüneburger Heide, Weserbergland, Harz, Harzvorland und Elm, Schleswig-Holstein; 208 Seiten.

Wanderfibel der Direktion Köln, Stand 1971: Niederrheinische Bucht und Tiefebene, Sauerland und Bergisches Land, Westerwald, Rheintal, Pfalz, Moseltal, Eifel; 240 Seiten.

Wanderfibel der Direktion Karlsruhe, Stand 1970: 1634 Wandervorschläge und 17 Stadtbesichtigungen; Madonnenland/Taubertal, Odenwald/Neckartal, Pfalz, Kraichgauer Hügelland, Nord- und Südschwarzwald, Kaiserstuhl, Hochrhein, Bodensee, Hegau, Donautal; 320 Seiten.

Wanderfibel der Direktion Stuttgart, Stand 1970: 1806 Wandervorschläge und 29 Stadtbesichtigungen; Neckar- und Kochertal, Fränkische Alb, Odenwald, Spessart und Taubertal, Rheintal, Pfalz, Schwarzwald, Schwäbische Alb, Oberschwaben und Bodensee, Allgäu; 368 Seiten.

Wanderfibel der Direktion München, Stand 1973: 673 Wandervorschläge; Vier-Seen-Gebiet, Isartal, Werdenfelser Land, Tegernsee-Schliersee, Inntal, Chiemgau, Berchtesgadener Land, Salzachgau, Altmühltal, Allgäu, Bodensee, Bayerischer Wald und Nordtirol (Österreich); 175 Seiten.

Wanderfibel der Direktion Hamburg (keine Angabe des Erscheinungsjahrs); Umgebung von Hamburg und Bremen, Schleswig-Holstein, Kopenhagen; 288 Seiten.

Die Wanderfibeln enthalten als Beilagen Prospekte, die über Ausflugsfahrten der Bahn mit Wanderungen, Wochenendreisen zu Sonderpreisen und über die Tourenkarten für Pauschal-Bahnurlauber informieren.

»Unterwegs mit Bundesbahn und Wanderstock«, 24 Wandervorschläge im Bereich der Bundesbahndirektion Stuttgart, mit 50 Wegvarianten von Bahnhof zu Bahnhof auf der Schwäbischen Alb, im Schwarzwald, im Schwäbischen Wald, im Unterland, in Hohenlohe, in Oberschwaben, am Bodensee und im Allgäu. Herausgegeben von der Bundesbahndirektion Stuttgart, 1976, 98 Seiten, 2,– Mark. (Verkauf bei allen größeren Fahrkartenausgaben im Bereich der Bundesbahndirektion Stuttgart.)

In den Sommermonaten vermietet die Bundesbahn außerdem auf 200 Bahnhöfen in der Bundesrepublik Fahrräder zum Tagesmietpreis von vier Mark für alle, die mit der Bahn anreisen (andere Interessenten: sieben Mark). Näheres aus Spezialprospekten »Fahrrad am Bahnhof«.

Wandern in Persien

Markierte Wanderwege, komfortable Rasthäuser, genaues Kartenmaterial, alles das gibt es nicht im Iran. Wohl aber ein interessantes Wandergebiet mit warmen Tälern, kühlen Höhen, vielen klaren Bächen und leicht zu besteigenden Gipfeln zwischen 4000 und 5000 Meter Höhe. Und es gibt auch einen Menschen, der sich das Elbrusgebirge bereits »erlaufen« hat: Hans Losse, Lehrer an der Deutschen Schule in Teheran. Über seine Erfahrungen hat er einen kleinen hektographierten Führer im Selbstverlag herausgegeben, der gegen Einzahlung von 2,50 Mark plus 4 Mark Porto auf das Postscheckkonto Hamburg Nr. 290 301-202 bei Hans Losse erhältlich ist (Deutsche Schule Teheran, P.O.B. 13 23, Iran).

Bücher fürs Wandern

Jeder Reiseführer erfüllt natürlich beiläufig auch den Zweck, Ratgeber für Wanderungen zu sein: Hinweise wie »Ausflug zum X-Berg eineinhalb Stunden – schöne Fernsicht« mögen manchen anregen, das mit Auto oder Bahn erreichte Ziel zu Fuß zu durchstreifen. Seitdem jedoch Wochenend- und Ferienwanderungen zum bevorzugten Hobby einer immer größer werdenden Zahl von Bundesbürgern avancieren, haben sich die Verlage rasch auf die wachsende Nachfrage nach Wanderführern eingestellt. Die Wander-Literatur ist sogar inzwischen so umfangreich geworden, daß ein vollständiger Überblick beim besten Willen nicht mehr möglich ist. Eine Orientierungshilfe für den Ratsuchenden muß sich deshalb auf eine Typisierung der wichtigsten Führer beschränken.

Da gibt es zunächst eine Unzahl von Wanderführern für Wochenendausflüge. Sie beschreiben Wanderziele im Umkreis von Großstädten oder Ballungsgebieten, wobei nicht nur Autofahrer, sondern auch die Benutzer von öffentlichen Verkehrsmitteln angesprochen werden. Typisches Beispiel für einen lokal gebundenen Ratgeber: »Münchner S-Bahn-Wanderungen«, BLV Verlagsgesellschaft (München), Preis 8,80 Mark. Auch die Wanderfibeln der Bundesbahn-Direktionen (siehe Kapitel »Wandern mit der Bundesbahn«) sind größtenteils diesem Typ von Wochenend- und Kurz-Wanderführern zuzurechnen.

Nicht minder groß ist das Angebot an Wanderliteratur für beliebte Feriengebiete im In- und Ausland; hier handelt es sich um Führer, die der Urlauber als praktische Reisebegleiter für seine Fußwanderungen benutzen kann. Pionierleistungen auf diesem Gebiet hat der J. Fink Verlag (Stuttgart) vollbracht, der bisher allein rund 60 »Rundwanderbücher« für Landschaften der Bundesrepublik und der angrenzenden europäischen Nachbarländer vorgelegt hat – vom »Allgäu und Kleinen Walsertal« bis zum »Wienerwald«, Preis 9,80 Mark je Band. Im gleichen Verlag erschienen: »Führer für Radwanderungen«, ferner drei Bände »Naturpfad-Wanderungen« und ein Band »Wanderparkplätze zwischen Tauber und Bodensee«.

Eine dritte Gruppe von Wanderführern widmet sich – teils für Wochenendtouren, teils für Ferienwanderungen konzipiert – den Alpen. Wandten sich früher diese Gebirgsführer in erster Linie an professionelle Bergsteiger und Kletterer, so haben die Bände des Münchner Schriftstellers Walter Pause das Wandern in den Bergen auch für Familien und körperlich weniger Trainierte populär gemacht. Einige Titel von Pauses Bergbüchern: »Von Hütte zu Hütte – 100 alpine Höhenwege und Übergänge«; »Wandern bergab – 100 Abstiegswege zwischen Chamonix und Wiener Schneebergen«; »Berg Heil – 100 schöne Bergtouren in den Alpen« (alle BLV Verlagsgesellschaft, München).

Im Bergverlag Rudolf Rother (München) erscheinen die BV-Tourenblätter; jede Mappe enthält 16 achtseitige Faltblätter, mit Tourenbeschreibungen, Bildern, einer mehrfarbigen Karte (1 : 50 000) und einer Plastikhülle zum Auswechseln der Faltblätter. Bis jetzt sind elf Mappen erschienen (Oberbayern bis zu den Dolomiten), zum Preis von je 12,80 Mark.

Für jene zahllosen alpinen Wanderführer, die jeweils nur für ein begrenztes Gebiet Tourenvorschläge unterbreiten, sei hier noch stellvertretend ein sehr beliebter Band genannt: »Südtiroler Wanderbuch«, Verlag Athesia/Tyrolia, Auslieferung Echter-Verlag, Würzburg, Preis 24,80 Mark.

Eine informative Übersicht über Bergwanderungen, wie man sie übrigens häufig bei Fremdenverkehrsämtern erhalten kann, ist die Broschüre »Bergwandern in Österreich«, kostenlos zu beziehen bei den Niederlassungen der Österreichischen Fremdenverkehrswerbung (zum Beispiel: Roßmarkt 12, 6000 Frankfurt).

Neueren Datums sind ein paar anspruchsvolle Wanderbücher, die sich freilich nicht mehr im Rucksack unterbringen lassen und mehr für die häusliche Vorbereitung gedacht sind. 1975 erschien im Verlag alpha 9 GmbH/Hallwag (Bern) der Band »Wanderungen durch Deutschland«, Preis 49 Mark. Hier wird eine Wanderung in acht Etappen durch die Bundesrepublik vorgeschlagen. Die ausgezeichneten Farbtafeln reizen unmittelbar zum Aufbruch. Weniger empfehlenswert ist das im J. Fink Verlag (Stuttgart) erschienene »Große Deutschland Wanderbuch«, Untertitel »Die schönsten Erholungsgebiete für Familienferien, Wandern und Freizeit«, Preis 29,80 Mark. Das Buch trifft zwar eine Auswahl aus 130 000 Kilometer Wander- und 40 000 Kilometer Rundwanderwegen sowie 7000 Wanderparkplätzen in der Bundesrepublik, aber trotzdem erscheint der Gebrauchswert eines solchen Kompendiums für den Wanderer, dessen Aktionsradius ja beschränkt ist, gering. Abgesehen von der Konzeption gibt es aber auch Einwände gegen manche Wandervorschläge, gegen ihre Qualifizierung, gegen ihre Routenführung, gegen die Auswahl überhaupt. Die norddeutschen Wanderer werden etwas besser bedient als die süddeutschen.

Der Fink Verlag ist im übrigen auch Herausgeber der neuen Reihe »Europäische Fernwanderwege«, in der zwei Bände vorliegen (Bodensee-Adria und Flensburg-Genua).

Die wachsende Wanderlust hat auch Autoren auf den Plan gerufen, die zum Wandern allgemeine praktische Tips beitragen, aber auch Gesellschaftskritisches anzubieten haben. Ein Beispiel dafür das 1975 von Econ (Düsseldorf/Wien) verlegte Werk »Die Kunst zu wandern« von Siegfried Sterner, es kostet 18 Mark.

Karten zum Wandern

In den meisten deutschen, aber auch in vielen ausländischen Wandergebieten sind heute die Wege durch Farbtafeln, Symbole und Hinweisschilder gut markiert. Viele Wandervereine in der Bundesrepublik setzen ihren Ehrgeiz daran, die Kennzeichnung der Wege laufend zu verdichten und in Stand zu halten. Urlauber, die vom festen Standort aus Rundwanderungen unternehmen, erhalten in vielen Fremdenverkehrsorten Wanderanleitungen mit den eingetragenen Markierungszeichen – aber eben nur für diesen Ort.

Die Forstverwaltungen vieler Bundesländer haben an Waldparkplätzen Tafeln aufgestellt, die Wanderlustige über die ausgeschilderten Rundwege informieren. Für alle diejenigen aber, die in unbekanntem Terrain größere Strecken wandern wollen, sind gute Karten nach wie vor unentbehrlich. Immer seltener können Einheimische an Fußgänger zuverlässige Wegauskünfte geben: Kenntnisse über Wanderwege sind heute die Ausnahme, fahren doch sogar die Landwirte fast nur noch mit dem Auto zur Feldarbeit. Im Gebirge kann der Besitz einer zuverlässigen Karte bei Nebel und Unwettern sogar von lebensrettender Bedeutung sein.

Obwohl für andere Zwecke konzipiert, eignen sich die Meßtischblätter der Landesvermessungsämter im Maßstab 1:25 000 auch für Wanderer. Hier ist die zuverlässige Information im Detail zu finden, auch wenn diese Karten nicht in erster Linie auf Sehenswürdigkeiten oder Naturdenkmäler verweisen. Für längere Wanderungen ist das Mitschleppen der Meßtischblätter freilich lästig, weil man sie nur in einer größeren Kartentasche unterbringen kann.

Wanderkarten im Maßstab 1:75 000, das heißt, ein Zentimeter auf der Karte = 750 Meter in der Natur, aber auch der Maßstab 1:100 000 (Freytag-Berndt-Touristenkarten) genügen normalen Ansprüchen. Maßstäbe über 1:100 000 weisen dann jedoch bereits Lücken auf, so daß sie das Wegenetz nicht mehr ausreichend wiedergeben.

Der Reise- und Verkehrsverlag Berlin-Stuttgart bringt eine Wanderkarten-Serie im Maßstab 1:50 000 heraus. Sie entsteht unter Mitarbeit von Forstdirektionen, Flurbereinigungsämtern und Fremdenverkehrsvereinen. Neben den »offiziellen«, von den Wandervereinen markierten Wegen zeigen die Karten auch von Gemeinden angelegte Rundwanderwege für Urlauber, Erholungseinrichtungen, Schutzhütten, Waldlehrpfade und Parkplätze. Über 50 Wanderkarten des Verlages liegen inzwischen für die ganze Bundesrepublik vor. Der RV-Verlag bezeichnet sich selbst als »größter Verlag für Wanderkarten in der Bundesrepublik«. Ebenfalls im Maßstab 1:50 000 erscheint die »Österreichische Wanderkarte«.

Herausgeber der bekannten »Alpenvereinskarten« ist der Deutsche Alpenverein (Praterinsel 5, 8000 München 22). DAV-Mitglieder können diese sehr detaillierten Karten (1 : 25 000) zu ermäßigten Preisen beziehen (3 bis 3,80 Mark; im Buchhandel 4 bis 4,90 Mark). Besonderer Wert wurde bei diesen Karten natürlich auf die exakte Wiedergabe der Gebirgsformationen gelegt, wobei sich auch der jeweilige Neigungsgrad des Geländes genau ersehen läßt. Rot eingetragen sind Skirouten für Läufer abseits der Piste. Gletscherspalten und andere Gefahrenstellen werden deutlich hervorgehoben. Diese Karten eignen sich freilich in erster Linie für Bergwanderer, die bereits einschlägige hochalpine Erfahrungen besitzen.

Die Aufzählung von Wanderkarten könnte beliebig fortgesetzt werden. Die genannten Reihen veranschaulichen jedoch, worauf es bei einer guten Karte ankommt: Die Wegebeschreibung muß es möglich machen, sich vor Antritt der Wanderung genau zu informieren. Unklarheiten in der Wegeführung müssen vorher erkennbar sein, damit man rechtzeitig zusätzliche Unterlagen (Wanderführer, Karten anderen Maßstabs) beschaffen kann. Dazu haben Wanderer heutzutage den Wunsch, nicht mehr mit kompliziert zu faltenden Karten belastet zu werden, sondern eine knapp gefaßte »Taschen-Information« einstecken zu können.

DIE AUTOREN

STEPHAN BIRK wurde 1953 in Frankfurt am Main geboren. Als Kind spielte er in der Trümmerwelt der zerbombten Stadt. Mit den Trümmern verschwand der noch verbliebene Spielraum – Spielraum zu leben. Das Umherstreifen in der Natur wurde immer wichtiger, anfangs eine Flucht aus der jetzt toten Stadt, später, bei der Wanderung durch Dörfer vergangener Zeiten, auf der Suche nach einer Utopie. Stephan Birk studiert seit 1972 Architektur in Darmstadt, seit 1975 Städtebau in Aachen. Er ist Mitarbeiter des Aachener »Klenkes«, der Zeitung Aachener Bürgerinitiativen.

WOLFGANG BOLLER (Jahrgang 1928) lebt als freier Journalist und Reiseschriftsteller in München. Von allen deutschen Passionen, einer Sache um ihrer selbst willen zu dienen, scheint ihm das Wandern die anspruchsloseste und bekömmlichste neben den anderen Lieblingsbeschäftigungen, wie Schreiben und Lesen, im Garten arbeiten und über Weinjahrgänge fachsimpeln. Nach Syrakus ist er noch nicht spaziert, aber durch den Rheingau und durchs Land der Franken, nach Aix-en-Provence, Angoulême, Sils Maria, Salzburg und Eisenstadt – so auch, mit dem Fallmerayer im Rucksack, zu den Klöstern des Heiligen Berges Athos.

DIETER BUHL, politischer Redakteur der ZEIT, ist regelmäßiger Spaziergänger. Nach seiner Tour mit kleinen Kindern entlang der Jagst weiß er, daß auch eine Wanderung keine Strapaze sein muß, sondern zum unvergeßlichen Erlebnis für die ganze Familie werden kann.

INGEBORG FLAGGE (33) ist Dolmetscherin, Archäologin, Ägyptologin und Redakteurin der Zeitschrift »Der Architekt« des Bundes Deutscher Architekten (BDA) in Bonn. Durch das Studium reisewütig und fernsüchtig, war sie zuletzt in China.

ARMIN GANSER, Reisejournalist in München, definiert Fußwandern als »Konditionstraining fürs Skifahren« und ist deswegen auf Schusters Rappen fast ausschließlich im Herbst in den Bergen unterwegs. Neben den Alpen sind seine bevorzugten Reviere der Bayerische und der

Oberpfälzische Wald, die Fränkische Schweiz und das Fichtelgebirge, weil diese Gebiete »nicht so anstrengend sind«. Am liebsten wandert er jedoch nicht zu Fuß, sondern mit dem Paddelboot auf Flüssen und mit dem »Drahtesel« auf Landstraßen abseits der Hauptverkehrsstrecken.

GISELA GRAF, Jahrgang 1927, Hausfrau, drei Kinder. Nach dem Kriege absolvierte sie eine Photographenlehre, heiratete und betreibt jetzt den beabsichtigten Beruf als Hobby. Ein weiteres und damit engverknüpftes Hobby ist für sie das Wandern, sie ist Spezialistin im Familien- und Langstreckenwandern. Einige Beispiele: Schwarzwald von Pforzheim bis Säckingen, Dolomitenweg Nummer eins von Toblach bis Belluno, Alpenüberquerung Tegernsee bis Bozen, und eben auch die Karnischen Alpen.

RUTH HERRMANN studierte englische und deutsche Literatur, schrieb Erzählungen, einen Roman, Bücher, Serien und Hörspiele für Kinder und Reportagen. Seit 1950 ständige Mitarbeiterin der ZEIT. Bei ihrer ersten größeren Wanderung (in der Provence) merkte sie, daß man auf weniger Kilometern mehr von einem Land sieht, wenn man Luft holt, anstatt Gas zu geben. Bosnien machte sie um die Erfahrung reicher, daß das Wandern am schönsten ist, wo Ziele anders als zu Fuß gar nicht erreichbar sind.

SYBILLE HERRMANN ist zwar an der »Waterkant« geboren. Durch die Kriegsereignisse verschlug es sie aber in die bayerischen Berge, wo sie von Kindesbeinen an gern die heimatlichen Gipfel stürmte. Ihr alpiner Tatendrang führte sie inzwischen über die Alpenländer hinaus bis in den Himalaya und in die Anden.

CORNELIA JACOBSEN, gebürtige Berlinerin, gelernte Münchnerin, Mutter von drei Kindern, hat ihre Wanderlust erst in fortgeschrittenem Alter entdeckt und fürchtet, daß es in direktem Zusammenhang mit der Familie steht: Da Kinder über die Maßen ungern mit den Eltern laufen, ist Wandern ein meist todsicherer Tip, dem Nachwuchs, der ja bekanntlich ständig etwas will, hin und wieder zu entkommen.

BARBARA VON JHERING, seit 1971 bei der ZEIT, hegte lange eine eher platonische Liebe zum Wandern: Über Sonntagsspaziergänge in der zweifellos schönen Umgebung Hamburgs kam sie nicht hinaus, und im Urlaub zog es sie meist nach Süden, wo ihr ein dem Wandern abträgliches Klima zu herrschen schien. Eine Autotour durch Schottland weckte ihre Neugier auf die Hügel jenseits der Straßen, und heute, nach geglückter Heimkehr, ist sie auch vom praktischen Wert – das heißt der physischen und psychischen Bekömmlichkeit – des Wanderns überzeugt.

KARL-RICHARD KÖNNECKE, Journalist in Hamburg, hat viele Jahre in Skandinavien gelebt. Er kennt es zu Lande, zu Wasser und aus der Luft – am genauesten aber aus der Perspektive des passionierten Spaziergängers. Daß – und mit welchem Erfolg – sich ein solcher Spaziergänger zum passionierten Wildmarkwanderer mausern kann, verrät sein Bericht aus Lappland.

RUDOLF WALTER LEONHARDT kam 1955 aus London zur ZEIT und wurde dort 1957 Feuilletonchef. Sein im Piper Verlag erschienenes Buch »77-mal England« brachte ihm den Auftrag eines amerikanischen Verlegers ein, »das gleiche Buch« über Deutschland zu schreiben (es erschien 1961, »This Germany« oder auch »X-mal Deutschland« genannt, wieder bei Piper). Bei dieser Gelegenheit lernte er den Schwarzwald kennen und wie – außer Sylt im Sommer – keine andere deutsche Landschaft lieben.

HAYO MATTHIESEN, Jahrgang 1938, ist der für Bildungs- und Wissenschaftspolitik zuständige Redakteur der ZEIT. Er hat in Hamburg, Göttingen, Freiburg und Kiel Germanistik, Geschichte und Politische Wissenschaften studiert, war ein Jahr als Lehrer an Schwedischen Volkshochschulen in Stockholm und Uppsala und hat nach dem zweiten Staatsexamen als Gymnasiallehrer unterrichtet. Danach war er zwei Jahre bildungspolitischer Redakteur des »Spiegel«. Außer einer Monographie über den Dramatiker Friedrich Hebbel hat er drei Bücher über Probleme der Schulen und Hochschulen geschrieben. Wann immer und wo immer es möglich ist, versucht er zu wandern – leider gelingt ihm das viel zu selten. Eine der schönsten Ausnahmen war die 14tägige Wanderung durch die Karpaten.

MARLIES MENGE schreibt seit Jahren für die ZEIT, mit Hauptinteresse für die DDR und Westberlin. Zum Wandern ist sie erst durch den hier veröffentlichten Artikel gekommen. Sie hält Wandern für die anstrengendste und – wenn man bedenkt, wie umweltverschmutzend, energievergeudend und unsozial das Auto ist – für die progressivste Art der Fortbewegung.

ROLF MICHAELIS, seit 1973 bei der ZEIT, mag die Iren und ihr Land so sehr, daß er dort sogar mit Rucksack im Regen läuft, auch wenn er seither an der Weisheit des Spruches zweifelt, den Johann Gottfried Seume 1805 nach seiner Fußwanderung von Leipzig nach Syrakus prägte: »Fahren zeigt Ohnmacht, Gehen Kraft.«

EDUARD NEUMAIERS Geburtsort und Geburtsjahrgang prädestinieren geradezu zum Wandern. Haslach im Kinzigtal liegt in einer der schönsten Wandergegenden zwischen Ortenau und Hochschwarzwald, und der Jahrgang 1939 war vom Schicksal ja nicht dazu bestimmt, die Schönheiten einer solchen Landschaft im Auto zu entdecken. Was blieb, war das Wandern. Es wurde nie zu einer Manie, sondern blieb während der sechs Jahre als Bankkaufmann eine heiter und lässig geübte Leidenschaft. Zwölf Jahre lang, während des leidenschaftlichen Bemühens, im politischen Journalismus Fuß zu fassen, blieb dann das Wandern auf der Strecke, bis es vor fünf Jahren wieder zu einer festen jährlichen Tradition wurde.

JÜRGEN PETERS, Jahrgang 41, kam 1971 vom »Stern« zum ZEIT-Magazin. Er wuchs auf einer autolosen Nordseeinsel auf, mag Autos auch heute noch nicht, und ist daher im Urlaub immer irgendwo auf Schusters Rappen zu finden. Seine Liebe zur ostfriesischen Heimat, zu Meer und Strand ließen ihm für diese Wanderserie kaum eine andere Wahl: einige Tage durch Flandern zu wandern.

DIETER PIEL, Jahrgang 1938, seit 1970 als Wirtschaftskorrespondent der ZEIT in Bonn, ist ein überzeugter Sonntagswanderer – manchmal zum Leidwesen seiner kleinen Tochter, die wehklagend Schritt zu halten versucht. Größere Wandertouren unternahm er durch den Taunus, vom Rhein zur Weser und durch Korsika.

FERDINAND RANFT kam über den Bayerischen Rundfunk und das Zweite Deutsche Fernsehen zur ZEIT. Er ist seit 1969 Ressortleiter für »Reise und Verkehr«. 1969 startete er im Zweiten Deutschen Fernsehen die Sendereihe »Aktuelle Reisetips«, die drei Jahre lang ausgestrahlt wurde. 1972 wurde auf seine Initiative und unter seiner Mitwirkung im ersten Fernsehprogramm das »Reisemagazin« ins Leben gerufen. Auf das Abenteuer Wandern ließ er sich probehalber erst mal in einer Gruppe ein. Jetzt hat er sich freigewandert und versucht es auch auf eigene Faust.

WOLFRAM RUNKEL, 38 Jahre alt, gelernter Jurist, ist seit 1971 ZEIT-Redakteur. Seitdem auch Mitautor der Piper-Buchreihe »Zwei Tage (oder Wochen) in (oder auf, oder zu) ...«. Unter anderem schrieb er Reportagen über Danzig (Städteporträts), die Eifel (deutsche Landschaften), Telemark in Norwegen (Wintersportziele), die Tremiti-Inseln in Italien, Kuba und Japan (Inseln). In diesem Band schildert er seine Erlebnisse während einer 14-Tage-Hiking-Tour in der Wildnis der Smoky Mountains in Tennessee und bei einer Bergwanderung in Rondane in Norwegen.

Manfred Sack, seit 1959 bei der ZEIT, hat in Berlin Musikwissenschaft und Kunstgeschichte studiert. Er ist Redakteur im Feuilleton und hat auch ein paar Jahre den Reiseteil mit redigiert. 1972 bekam er den Theodor-Wolff-Preis. Als einen Flachlandbewohner zieht es ihn in den Ferien meist hinan, vorzugsweise auf nicht allzu komplizierte Berge, erstens, weil's ihm Spaß macht, sich wandernd auszutoben, zweitens, weil es die beste Gelegenheit bietet, alle fünf Sinne zu beschäftigen.

Julie Stewart, gebürtige Deutsche, ist mit einem Schotten verheiratet und lebt seit langem in Großbritannien. Seit 16 Jahren berichtet sie als freie Journalistin über ihre Wahlheimat für deutschsprachige Rundfunkanstalten, Zeitungen und Zeitschriften. Sie unterrichtet Deutsch an der Pädagogischen Hochschule in Aberdeen.

Stefan Woltereck, Jahrgang 1939, ist Motorjournalist. Er testet Autos, beschreibt neue Modelle, beschäftigt sich mit Technik, Reifen, Öl- und Kraftstoff-Fragen. In den Urlaub fährt er begeistert mit dem Auto (möglichst einem offenen). Angekommen, läßt er es aber stehen: Seine Ferien-Passion ist das Wandern, das Bergwandern, das Bergsteigen (allerdings nur das milde, ohne Pickel und ohne Seil). Auch die zwei Kilometer ins Büro schätzt er zu Fuß.

Rolf Zundel, politischer Redakteur der ZEIT, wanderte schon als Schüler und Student durch die Schwäbische Alb. Nach mehr als zwanzig Jahren kehrte er wieder dorthin zurück – weniger flott im Schritt, aber noch mehr beeindruckt von der herben Schönheit dieser Landschaft.